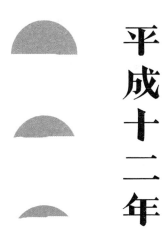

平成十二年

以邻为鉴，可知兴衰。

徐杭／著

北京联合出版公司
Beijing United Publishing Co.,Ltd.

图书在版编目（CIP）数据

平成十二年 / 徐杭著. — 北京：北京联合出版公司，2018.12
ISBN 978-7-5596-2736-0

Ⅰ. ①平… Ⅱ. ①徐… Ⅲ. ①日本－近代史 ②日本－现代史 Ⅳ. ①K313.4

中国版本图书馆CIP数据核字（2018）第237905号

平成十二年

作　　者：徐　杭
产品经理：刘云志
责任编辑：夏应鹏
特约编辑：郭　梅

北京联合出版公司出版
（北京市西城区德外大街83号楼9层　100088）
北京联合天畅文化传播公司发行
天津光之彩印刷有限公司印刷　新华书店经销
字数 200千字　880mm×1230mm　1/32　印张 9.5
2018年12月第1版　2018年12月第1次印刷
ISBN 978-7-5596-2736-0
定价：49.80元

东邻启示录

1853年，一队军舰突然出现在日本江户湾，300名全副武装的美国士兵在炮火的掩护下抢滩登陆。

德川幕府已锁国二百多年，日本人从未见过如此大的船。惊恐万状的江户市民把这些浓烟滚滚、舰体被统一涂成黑色的庞然大物称作"黑船"。

武士刀不敌洋枪炮，《日美神奈川条约》叩开了日本紧闭的国门，西方列强纷至沓来，日本在亡国灭种的危机下开始了艰苦卓绝的转型。

明治维新后，在以福泽谕吉为代表的学者的大力推动下，日本走上了一条脱亚入欧的自新之路。然而，选择君主立宪制而非民主共和制，在效率与公平、传统与现代之间折中，固然使得一个蕞尔小国迅速跻身列强之林，却也埋下了军国主义的隐患，一朝爆发，伤人害己。

第二次世界大战结束后，日本被打回原形，满目疮痍。在美国的威逼下，日本开始进行"民主改革"。仅仅用了二十年，日本便从废墟上站立起来，经济腾飞，国力日强。

这中间到底发生了什么？

从本尼迪克特的《菊与刀》到索菲亚·科波拉的《迷失东京》，日本展现给世人的总是一种说不清道不明的朦胧，宛若绿树丛中隐隐露出的玲珑佛塔和唐式飞檐，又好比渐渐消散在浓浓雾气中的一阵悠远钟声。

正当你迷惑不已时，被海雾浸润得湿漉漉的石板街道上蓦地走过一个身穿和服、手撑花伞的仕女，惊鸿一瞥间，只留下窈窕的背影和渐行渐远的木屐声，引人遐想……

在许多人看来，日本患有"加拉帕戈斯综合征"。

加拉帕戈斯是太平洋上的一个群岛，岛上的物种与世隔绝，自成体系。当这些动物被带到其他地方时，很快就会死掉。这种现象被称作"加拉帕戈斯综合征"。

也许有鉴于此，日本更注重吸收外来文化，以避免使自己成为近亲繁殖的孤岛。俳句里的柔肠千转哀吾生之须臾，《东京物语》里的寂寞人去却安静祥和；三岛由纪夫极美的文字和惨烈的人生对立、统一，宫崎骏的动画里浪漫的蒸汽幻想与传统日本元素东西合璧……

这一切在让人迷醉的同时，也使人心生好奇：我们这个懂得欣赏"物哀之美"的近邻，这几十年到底经历了什么？翻开徐杭的这本《平成十二年》，不难找到答案。

吕峥

谨序于北京

目　录

第一章

战后初期的日本

1945年8月15日凌晨的叛乱

　　1945年的日本就像电影《海角七号》中的那段配乐一般哀婉、忧伤。一个自诩将给亚洲带来"繁荣"的帝国倒下了，它拼命挣扎了几下便轰然倒地。

　　当年8月15日，天气晴朗，日本人将迎来一个特殊的时刻，全国的报信人都在飞奔，从城市到乡村，满街乱跑发布号外："天皇陛下今天要放送玉音[1]啦！"听到的人都无比惊奇，感觉大事将临。因为日本自首位天皇登基以来，不曾有哪位发表过全国讲话。这样的第一次怎能不令人激动？地头的农民放下手中的锄头，聚集到破烂收音机前；城里有的小商贩则干脆抽出刀来，做好切腹准备。军方最近一直在宣传"一亿玉碎"计划！或许天皇即将发出倡议，让大家一起……

　　其实，当人们揣摩玉音内容的时候，一股暗流正在涌动。这玉音能否顺利放送还是个问题。

　　就在前一天，14日上午10点50分，日本召开了战时最后一次御

---

[1]　玉音：此处专指日本天皇的言辞，其语法从汉语文言文改造而来，只有天皇、少数皇室成员及天皇的专属翻译官能够学习。因此，在玉音放送时，一般日本人无法完全听懂其内容。

前会议。主和派与主战派数日来争执不下的局面，未有丝毫变化。而且主战派大臣的演技有所提高，参谋总长梅津美治郎、军令部部长丰田副武和陆军大臣阿南惟几都声泪俱下地表示，除非有条件投降，否则就要"继续作战，以死求活"。对此，裕仁天皇不时用白手套擦拭着脸颊上的泪水，似乎在予以配合。此刻，大家都心领神会，摊牌的时刻已经近了。

首相铃木贯太郎早就准备好了，他曾任天皇的侍从长，在"二二六"兵变中被乱枪打成重伤，侥幸活命，却仍敢担负重任。他站起来直接走到天皇面前请求"圣断"。裕仁做出了大家难以接受的决定：接受《波茨坦公告》[1]，带领日本走投降程序。

然后，裕仁要求内阁迅速起草《终战诏书》，由他亲自站在麦克风前向国民发出呼吁。负责起草诏书的大臣们赶紧去编词了，而另一批人也开始行动了。

14 日晚上 10 点多，裕仁在自己认可的诏书上签字、盖印。

晚 11 点 25 分，裕仁来到宫内省二楼会议室录音。他径直走到麦克风前，问："说话时声音应该多大？"情报局总裁[2]下村宏回答："用圣上平常讲话的音量便可。"说罢，下村宏举手示意隔壁的工作人员开始录音。裕仁虽然事先练习过，但毕竟不专业，还是有点儿紧

---

[1] 《波茨坦公告》：发表于 1945 年 7 月 26 日，主要内容是，声明中、美、英三国在战胜纳粹德国后一起致力于战胜日本以及履行《开罗宣言》等对战后日本的处理方式的决定。主要目的是迫使日本尽快投降，并规定了日本投降后的处理事宜。《波茨坦公告》为战后国际秩序奠定了法律基础。

[2] 总裁：组织内部的职位名称，汇总、裁决的意思，是政党或企业的决策者的称谓。

张。八分钟后，他读完了。声音有点儿小，还有些地方念错或漏念了。他问："行吗？"下村宏答："很好，只是有几处没读清。"

天皇建议再录一遍，于是下村宏又把戴着白手套的手举起。这次裕仁的声音偏高了些，但仍有漏念的地方。天皇很执着，打算再录一遍。

"这样就可以了。"旁边的宫内相和侍从长都很善解人意。录完后，由裕仁的侍从德川义宽将录音带锁进宫内省的保险柜中，准备第二天送往广播协会。谁知，意外却突然降临。

其实也不算意外，该来的早晚会发生。因为无条件投降太可怕了，它意味着美军将随意进驻日本，而后可以随意抓人并判刑。抓谁呢？谁会被抓，谁心里清楚。

所以，少壮派不甘心就这样收场。陆军省军务课的畑中健二少佐、椎崎二郎中佐纠集东条英机的女婿古贺秀正和皇宫近卫师团参谋石原贞吉等人，准备发动政变，剪除主和派，由军部成立新政府，实施本土决战。

经过一番谋划，15日凌晨1点多，畑中等人赶到近卫师团团长森赳中将的办公室，要求他支持政变。对这帮人，森赳打心眼里佩服。他知道，美军来了，自己也好不了。但对于是否参加政变，他还犹豫不决："让我到明治神宫去理一理不清醒的脑子，然后正式做出决定。"

事先没与他商量，临起事却突然拉他入伙，森赳去理理脑子里的想法，从心理学角度看这确属正常，但畑中显然对此很不理解。"这完全是浪费时间！"他拔出手枪就扣动扳机，森赳中将顿时倒在了血泊中。接着，畑中拿出森赳的印章往伪造的《第584号帝国近卫师团战略命令》上盖下去，随即拿给卫兵，命其往下传达。不明就里的近卫步兵第二联队长芳贺平次郎接到"命令"后，马上调集军队出动了。

他带队包围了皇宫，解除宫内警卫的武装，封锁皇宫的各个出口，切断了宫内与外界的一切联系。另外，他还派兵占领了广播协会大楼，控制了媒体。以上行为，条条都是死罪，但芳贺平次郎当时并不清醒，还感觉挺美，以为自己是在保卫皇宫呢。

说来也倒霉，正在这时，参与录音的情报局总裁下村宏睡眼惺忪地带着人出来了，在宫门口被逮个正着。在士兵的逼问下，其随行秘书把几个人的身份供了出来，还交代有盘录音带存于宫内侍从手中，但不知道放于何处。这下好了，整个宫内省顿时乱了套，一群士兵闯进停电的楼里大搜特搜。

住在宫内省四楼的天皇内大臣木户幸一被吵醒了，有人向他报告了政变的消息。这位大臣的第一反应是找地方躲起来。他一头钻进存放"保险银库"的地下室，却发现宫内大臣石渡也躲在那儿。木户开口便骂："我早就料到会发生这类事，陆军是该死的笨蛋。"

早料到为何不事先防范？此时的天皇已被困在宫中，形势危急。但就在这时，被畑中派去联络东部军的人却传回了坏消息。东部军明确表示不介入政变。这样一来，只有近卫师团支持的政变就很难成功。人心出现浮动，原本认真执行"命令"的芳贺联队长也感觉有点儿蹊跷，因为这么重要的场合，他的上级森赳却迟迟没露面。他向畑中询问，却没得到答复。后者正在接电话，是东部军参谋长高岛辰彦打来的，他明确要求畑中立刻停止叛乱，服从天皇大命。可畑中毫不退缩，竟要求在播放玉音前给他十分钟阐述观点。

这是不可能被同意的，旁边的芳贺吼了起来："原来你们一直在骗我，利用我，这是造反，我决不加入！"他要求畑中等人赶紧滚蛋。

15日凌晨5点，东部军大将田中紧急赶到皇宫，他告诉芳贺，近卫师团团长森起已经被杀，芳贺急忙把部队撤回原地。政变总算平息了。此时，皇宫里的裕仁都把大元帅服穿好了，正准备出去和叛军对话。听说政变已平，他就又折了回来，坐在椅子上自语道："这些人到底想干什么？难道他们一点儿也不理解我的处境吗？"

玉音内容

15日正午时分，收音机里准时传出了天皇拘谨而严肃的声音。《终战诏书》可谓人类语言文学中的"精品"，其中含有大量的中国古汉语词汇，而且是在发生非常事件的背景下写就的。它既表现出了日本政府终止战争的意志，又掩盖了其发动战争的目的；既表明政府对普通百姓的痛苦充满同情，同时又把自己的责任推得一干二净；既指出了国家命运的凄惨下场，又保住了天皇的权威。它的最大特点是，不论你的受教育程度如何，你都听不大懂。

《诏书》采取递进式装糊涂策略，开篇还能明白："朕深鉴于世界大势及帝国之现状，欲采取非常之措施，收拾时局。"然后就说："朕已饬令帝国政府通告美、英、中、苏四国，愿接受其联合公告（《波茨坦公告》）。"

接下来的话越来越含糊："前者，帝国之所以向美、英两国宣战，实亦为希求帝国之自存于东亚之安定而出此，至如排斥他国之主权，侵犯他国之领土，固非朕之本志。然交战已阅四载，虽陆海将兵勇敢善战，百官有司励精图治，一亿众庶克己奉公，各尽所能，而战局并未好转，世界大势亦不利于我。加之，敌方最近使用残酷之炸弹，频杀无辜……"

最后这些话倒是真的，可它对一件事没说清楚：大家都这么努力，而且是跟着"神"一起努力，为何还会吃败仗？连这个都不交代，简直太说不过去了。

把日本人当傻子骗，这事绝对只有日本人自己才能做出来。外人无从插手。一些人说，日本乃神之国度，天皇是活着的神，皇军是必胜的，武运是长久的，天皇领导我们闹革命。天皇指哪儿，我们打哪儿，一直是这样干的。前几天还这么说，怎么突然间，世界大势就不利于我们了？

广大农村群众听了这话感觉新鲜完全可以理解，因为天皇自己的理解也不过如此。

战败之初，裕仁曾给儿子明仁写过一封信，解释了失败的原因："我国人过分相信皇国而轻视英、美，我军人过分以精神为重，而忽视科学；明治天皇之时，拥有诸如山县（有朋）、大山（岩）、山本（权兵卫）等陆海军名将……"

　　这就是裕仁的真知灼见。放送玉音的时候，全国的人都站着，要不就跪着，只有他坐着。整篇《诏书》最有价值的部分不在投降本身，那没悬念。它的亮点在于，对自己臣民的期许和对日本未来的憧憬："今后帝国所受之苦固非寻常……宜举国一致，子孙相传，确信神州之不灭。念任重而道远，倾全力于将来之建设，笃守道义，坚定志操，势必发扬国体之精华，不致落后于世界之进化，望尔等臣民善体朕意。"裕仁天皇念的这最后几句才使他看上去更像一个人，而非神灵。

　　人们的心境随天皇的玉音飘荡，像海风般吹向太平洋。未曾长期被灌输思想、欺骗、压制的人是无法理解的，玉音使人获得的是一种从炼狱中挣脱而出的快感。

　　在这之后，很多人的脸上浮现出久违的迷茫。广播没停，仍在噼里啪啦响着。著名主持人和田信贤用平淡的语调又读了一遍《诏书》，并进行解说。其中有一句谁都能懂的话："日本军队将被解除武装并被准许遣返归国。"这也就意味着，日本彻底完蛋了。其实，在这场战争结束前，日本民众的生活早已苦不堪言。

　　美国对日本本土无休止的轰炸早在1944年6月便已开启，此后一直在持续。燃烧弹所过之处，城市一座接一座地被夷为平地，最后是广岛和长崎。冲绳门户在1945年7月被美军敲开。民众的生活随着战局的恶化早已惨不忍睹，军队人数已扩充到创纪录的720万，但全国正在发生饥荒。饥饿的人用废墟中被烧焦的木头搭建栖身之所。人们在忍耐，仍幻想着靠浴血奋战闯过这关。毕竟，在"三赌国运"中，前面的甲午中日战争和日俄战争，他们都赌赢了。哪一次没有

"牺牲",哪一次没有苦痛,但结果都是好的。这次会不会也迎来转机呢?其实身体早就撑不住了,人们仅靠"为了天皇玉碎"这最后一根稻草支撑着。

国运的兴衰用人的生命当赌本,最后只能是以血还血。今天日本民众算是满足了,听到《终战诏书》的那一刻,一切幻想都破灭了。很多日本人像垮了一般瞬间瘫倒在地,精神崩溃。有的人过了几天、几个月,甚至几年后,才回过神来。

在所有的日本人中,有一个孩子,叫大江健三郎。他后来成为著名作家,并获得了诺贝尔文学奖。他曾回忆说,《终战诏书》播放当天,他们全村的人,包括小孩,都聚集在村长家及其周围,听着收音机里传出的声音。最先听懂的是村长,他走出屋门,流着眼泪跟村里人说:"日本完了。"

懵懂少年大江健三郎也觉得日本完了,但就在此时,大江的母亲用极低的声音在他耳边悄悄告诉他:"这只是他完了,你将可以迎来新的人生。"

这就是诺贝尔文学奖获得者的母亲,这样的母亲在日本是极少的。大多数的母亲都会把自己的孩子送上战场,还引以为荣。

不过,我们得承认,人跟人是有差距的。占据高位的官僚阶层,那些曾经制造神话的人,在收听《诏书》的第一时间就已醒来,并立刻盯上了近千亿日元的战略物资。他们知道,这些民众从牙缝里挤出来、用来支持"圣战"的储备,对自己多重要。因此,他们神速至极,毫不吝惜地对庞大的国有资产采取了"三光政策":偷光,拿光,卖光。同时,他们毁灭一切犯罪证据,在屋顶到处点火,造成空气污染。

麦克阿瑟抵达日本

麦克阿瑟，1880年1月26日出生于阿肯色州的首府小石城，成长于军人世家。父亲是美西战争中的英雄。小时候，老麦克阿瑟无意中说的一句"这孩子有军人气质"让他牢记于心。在西点军校，他以全校第一名的成绩毕业，也是全校唯一一个有母亲陪读的学员。

麦克阿瑟桀骜不驯，钟情于军旅生活，只因妻子不支持其事业就果断与其离婚。即便他如此投入，也有吃败仗的时候。第二次世界大战初期，美军部队被日军围困于巴丹时，他接到命令提前撤离了。他虽用"蛙跳战术"最终收复了菲律宾，但巴丹之耻长留他心中。在日本投降的前一天，他被杜鲁门总统任命为驻日盟军的最高司令。

和德国被分区占领不同，日本的一切都将处于麦克阿瑟的统辖之下。他回来了，带着对上帝的信仰和救世主般的情怀。这种情怀是很少见的。对占领军来说，占领区的人民通常不受尊重，而不受尊重也可能意味着新的战争。对还没有被击败的敌人当然要心怀仇恨，对已承认失败的残忍之敌又该怎样做呢？这是个必须咬牙回答的问题。

日本是幸运的，它只受到了美国这一股势力的占领。更幸运的是，对占领问题，麦克阿瑟颇有经验。他在第一次世界大战后曾驻防德国莱茵地区，亲眼见过地方文官政治如何被吞噬、刺刀的统治如何压倒一切，以及种族优越感如何使被占领区的人民丧失理智，以致轻易被极端思潮的幽灵所裹挟，最终导致新的更残酷的战争。

明白这一点，对一个占领军的统帅来说，比获得千军万马更可贵。麦克阿瑟深感日本的情况比德国更复杂，这个东方民族在最近数十年间对天皇的崇拜已到无以复加的地步，人民把脑力和体力用于疯狂的自毁。这种情况该如何收场？他想赶紧过去一趟。

对于麦帅的这种冲动，其手下的参谋人员都极力反对。其实他们错了，不拿梦冒险，拿什么冒险，难道没有梦的人还敢冒险吗？不过，话说回来，参谋们的顾虑也不是多余的，因为当时天皇也在怀疑自己的统治。8月15日，铃木内阁总辞后，天皇立即任命东久迩稔彦为首相。

"恶战当用少将，国危当用老臣。"东久迩稔彦时年57岁，不光资格老，还是天皇的叔父以及陆军大将。由他组成皇族内阁，就跟为自己买保险一样，裕仁也算出了狠招。日本明治维新后的首相多为山县有朋和伊藤博文这样的重臣，由皇族出任首相，还是第一次。

东久迩稔彦也确非凡人，他性格怪诞，富于谋略。他还在陆军大学读书时，就敢拒绝出席明治天皇的宴会。他嘴上说："我认为日中应该亲善，绝不应兵戎相见。"然而，在侵华战争中，他带领日本第二军参加了武汉会战。他的组织能力极强，曾长期在军国主义者中担任总召集人。他非常支持东条英机在首相任内干一番业绩，可惜事与愿违。如今，裕仁希望他做的，肯定不是这方面。

1945年8月17日，东久迩内阁成立。当前，如何"迎接"美国人是头等大事。日本人喜欢向彻底打倒自己的人献媚，他们对美国人

　　摆出恭顺模样。但狼性的献媚是被迫的，而且是需要回报的。当时，许多在日本服苦役的华人劳工半夜里被叫醒、释放。有位劳工注意到，日本人看报纸的时候竟拿烟头在烫照片上一个人的脸。那人是谁呢？正是麦克阿瑟。那些战时的当权者，都痛恨他。

　　不过，麦克阿瑟去日本是必定的，有梦最美，希望相随。救赎那些显然已经无法自我救赎的人，是一种使命。麦克阿瑟不仅会打仗，还是个"万能通"，博览群书，对亚洲人有自己的研究。当然，如果他知道日本人正拿烟头烫他，肯定会感到恐惧。可惜他不知道，65岁的男人，仍坚信自己很有魅力。

　　1945年8月29日，麦克阿瑟从马尼拉直飞冲绳，30日上午从冲绳飞往他坚持降落的地点，即往昔"神风特攻队"的训练大本营——东京厚木机场。在"巴丹号"座机里，其助手惠特尼途中将他推醒，让他向下看。"啊，富士山，真美呀！"麦克阿瑟情不自禁地赞美起雪山的壮丽。飞机下面的这个国家曾给他留下巴丹之耻，把他的副将温赖特折磨成"瘦皮猴"（此人在巴丹被俘），但他仍能发现这个国家的美，并以这种美来增强他企图重塑"魔兽世界"的力量。这种伟大的力量是这个国家所不具备的，所以它被征服了，它动弹不了了，像砧板上的肉。

　　到达机场后，麦克阿瑟的队伍驱车直奔横滨，参加即将在"密苏里号"战列舰上举行的受降仪式。这条短短二十英里[1]的路，花费了整整两个小时。日方提供的老掉牙的"林肯"在途中多次抛锚，在前

[1]　约为32千米。

面开道的消防车启动时跟放鞭炮一样。东久迩内阁安排了3万名日本军警沿路背朝盟军车队站岗值勤，他说这是给天皇的待遇。其实，现场的情形只能用吓人来形容。车上的美军都没携带武器。他们就这样到达了横滨市的新大饭店，聚在一起的美军像做了一场噩梦般心神不宁。麦克阿瑟却津津有味地吃着端上来的牛排，笑着说："没人能长生不死。"是的，这趟路走下来，日本人也很受用。他们看到了美国人是什么样的，并不像他们那样每到一处就奸淫掳掠。以己度人是不好的。联军统帅给人的第一印象还不错。

　　9月2日清晨，麦克阿瑟登上停泊在东京湾横须贺港的"密苏里号"战列舰，他的同事太平洋舰队司令尼米兹已先他一步到达。两人并排将旗升上这艘战列舰的最顶端，星条旗在阴霾的空中飘扬。在万目注视之下，代表天皇和日本政府签字的人过来了。来人是拖着一条残腿的外相重光葵（他的另一条腿在1932年4月29日上海虹口公园爆炸案中被炸飞）。天皇派一个身有残缺的人来签字别有寓意，像是刻意在盟国面前表现低调。和重光葵同行的还有代表军方签字的陆军参谋长梅津美治郎及其他九名随员。受降仪式只进行了短短十分钟，之后天开云散！当美军的2000架战机雷鸣般飞过众人的头顶时，日本代表团的成员终于松了口气，还好它们不是来轰炸的。

　　参加完受降仪式，麦克阿瑟直到9月8日才进入东京。他先给日本人吃了颗定心丸，宣布："最高统帅部的职责并非抑制日本，而是使它重新站起！"然后，他把家安在美国大使馆，将司令部设在离此不远的第一大厦。麦克阿瑟想，他的占领班子虽已建立起来并开始运作，可这不等于美国将直接统治这片土地。他想通过日本政府间接统治这个国家，这种希望不仅是出于仁慈和自身人力的不足，更是由于日本往昔的战斗力已完全证明了它有这种力量（这并不是所有民族都具备的）。现在是和这种力量零距离接触的时候了。

最首要的任务是解除日本军队的武装，毁掉这台生产罪恶的"播种机"。麦克阿瑟的原则是连人带物都不要。日本本土的300万军队和海外的400多万军队通通被遣散。至于坦克、火炮和战机等装备，找到就炸。有些美军图省事，甚至直接将日军的装备扔进大海。

对这项铲除日本军国主义的政策，东久迩首相还是比较配合的，他希望以此安抚美军的情绪。事到如今，他更在乎的不是维持军国主义的苗，而是保住军国主义的根。这根就是天皇制度和皇家的权力。为此，他想把战争的责任淡化，让人们搞不清究竟是谁发动了战争。早在8月28日，即美军先遣队到达厚木机场当天，东久迩首相在记者提问时就说："我认为，包括军队、政府和民众在内的全体日本国民必须进行彻底的反省和忏悔。我相信，全体国民总忏悔是我国重建的第一步，也是我国团结的第一步。"

东久迩首次抛出了"一亿总忏悔"的概念。表面上，它跟"一亿玉碎"形成了一百八十度的大转弯。实际上，他是想让国民向天皇忏悔。忏悔什么呢？是忏悔发动战争的罪恶，还是忏悔自己无能，然后总结教训，以图东山再起？前一个还好，后一个就麻烦了。麦克阿瑟显然不喜欢玩虚的，他要马上逮人。

东久迩首相也明白，美国人不想让牢房空着。于是他抢先行动，在9月2日匆忙通过了一项决议：由日本自己的司法机构逮捕并审讯战犯嫌疑人。谁知还没等麦克阿瑟发火，就有一个人先出来反对了，那就是天皇本人。反对的理由是，天皇认为："敌方所列举的战犯均是竭尽忠义之人，如以朕的名义处罚他们，实在于心不忍。"可东久迩呢，他还不罢休，最后争取到了由日本人参与逮捕战犯再交给美国宪兵的"权力"。

9月10日，第一批39名战犯名单确定，全都是昔日帝国的精英，前首相东条英机名列榜首。9月12日下午，美军到东条家准备抓他的时候，他照着胸脯上画好圆圈的位置开了一枪，结果没打中要害（其心脏畸形，呈长条状）。美军听到枪响冲进屋内，看见他正倒在椅子上，脸痛苦地扭曲着，口中仍在说："这么长时间才死，我真遗憾。大东亚战争是正当的、正义的。我对不起我国和大东亚各国所有民族。我不愿在征服者的法庭上受审。我等待着历史的公正裁决。"

东条被及时送到医院救了过来。美国人给日本人上了一堂生动的司法正义课：自杀时不让你死，要根据你的罪行进行审判，让你听到判决再处治你。

随着那一声枪响，天皇制本身已经动摇。而且，后面的枪声还多着呢。9月21日，四名美军在鹿儿岛县的一个村庄里，向身着戎装的天皇及皇后御像举起了机枪。哒哒哒……一阵射击，御像被打成粉末，飘散在空气中。损害御像可是"大不敬"，是杀头之罪。东久迩内阁对此提出严正抗议，要求盟军最高司令部保证不再发生同类事件，但毫无成效。因此，为避免同类事件发生，宫内省向全国发出通知，要求民众送回御照，集中销毁。随着曾安放于全国各处的御像被投入熊熊燃烧的烈火之中，天皇再也坐不住了。

天皇的邀请

1945年9月底，有人预约求见麦克阿瑟，他就是裕仁天皇。27日上午，他从皇宫出来，身着燕尾服和条纹裤，戴着礼帽，前往麦帅官邸。天皇亲自出来见人是罕见的，但也不能说没有前例。当年溥仪以伪满洲国皇帝的身份访问日本时，天皇也去车站迎接过他。但天皇这次的心态完全不同，上次是去迎接傀儡，这次则是去看看自己还能不能当傀儡。

天皇在参谋人员的指引下来到了麦克阿瑟的客厅，两个不熟识的男人碰面了。寒暄一阵后，彼此仍然找不到感觉。两个陌生男人如果想拉近彼此之间的距离，靠什么？抽烟。虽然吸烟有害健康，但它确实是拉近男人之间距离的良方之一（还有喝酒）。麦帅拿出一支美国香烟递过去，天皇赶紧伸出双手接受这份馈赠，麦克阿瑟又上前亲自为他点燃。那一刻，麦克阿瑟惊奇地看到，日本最高统治者的手在颤抖。这位天皇可能在畏惧自己将受到的惩罚。其实，麦克阿瑟早就盘算要"挟天子以令日本"，所以不一定会惩办他，而是想借助他在日本人心中的威望，实现自己的宏图。今天，麦克阿瑟只想看看能不能与他合作。观察过天皇的表现，麦帅有点儿担心。

但这种担心很快就消失了。天皇开口道："麦克阿瑟将军，我到您这儿来，是为了接受您所代表的各国的裁决。我对我国在这次战争中所做的一切政治、军事决定和所采取的一切行动，负全部责任。"这一发言令人震惊。天皇还是有勇气的，至少他表现出了勇气。或许他是想探一探麦克阿瑟的底牌，但后者显然被其"真诚"打动了。应该救赎有勇气的人，所以麦克阿瑟在第一时间就确认了自己能与这个日本人合作，而且可以与之共担改造日本的艰巨使命。这就是日本人，当他在你面前表现得战战兢兢、唯唯诺诺的时候，并不一定是在示弱，也许他正琢磨着如何吃掉你。

麦克阿瑟对天皇寄予厚望，但这只是个人的感性认知，国家政治容不得感情用事。封建的天皇制必须被取消，代之以民主制。为此，他需要"贬低"天皇，于是他让日本报纸刊登了这次会见的照片。照片拍了好几张，其中一张上面天皇还张着嘴。最后选取了一张两人姿势都不错的：麦克阿瑟神情放松，双手叉腰而立，腿也是分开的；天皇垂手站在旁边，嘴唇紧闭。

东久迩首相看完照片就皱起了眉头，让人民看到这样的"景色"，无疑会泄露天机。他马上授意宫内省连夜发出紧急指令：禁止出售第二天的报纸。盟军司令部则针锋相对，于第二天中午发布通告：撤销对新闻及通信自由的一切限制。同时，司令部指示，必须发行被禁售的报纸。

日本人还是有眼福的，照片一出，大家都惊呆了。麦克阿瑟在天皇身旁居高临下的姿态撼动着每个人的心，冲垮了他们往昔夸耀的"神国"防线。再也没有"神国"了，连天皇都臣服了，现在除了听命于美军，别无选择。

　　1945年10月4日，麦克阿瑟发布了"民权自由指令"，要求日本政府立即解除对政治、公民和宗教信仰自由的一切限制，同时废除一切镇压法令，释放一切政治犯（包括共产主义者），取消一切新闻检查，解散一切镇压机构。接着，他还要修改宪法，扩大选举权。麦克阿瑟除安抚一下天皇之外，根本不给其他人"打麻药"。

　　可当时的现状是，大批政治犯还被关押在狱中，一些自由主义者和社会主义者虽然可以聚会，但开会时便衣警察仍如影随形，监视发言者。东久迩任命的内务大臣山崎严（后来被定为战犯）原来是总管镇压的警保局长，说白了就是特务头子。依靠这种人，怎么可能认真执行"民权自由指令"呢？

　　麦克阿瑟已经没有多少耐心了，这时，早先发布的《日本投降后美国的对日政策》派上了用场。该文件中写道："在天皇及其他日本当权者不能满足最高统帅实施投降条款的要求时，最高统帅将要求改组政府机构和人事变动，或以直接行动之权限和义务加以限制。"

　　东久迩稔彦从情报局总裁绪方竹虎那里听到了盟总（盟军总司令部）要求政府将以山崎内务大臣为首的内务省相关人员、各道府县警察部长、所有特高科警察及思想指导员共计4000多人一律免职的消息。

　　面对突如其来的冲击，东久迩首相显得力不从心。他要维护住天皇制，就不能放松对社会的控制。两者相辅相成，一旦控制社会的机器被撤掉，天皇制就将不保。现在，麦克阿瑟逼他自己动手，他怎么忍心呢？既然不能维持天皇制，那就走人吧。

东久迩稔彦意识到，内阁单方面的决定已经毫无效力了。这个乱摊子，他是看不住了。

币原喜重郎

1945年10月8日，执政仅54天的东久迩稔彦内阁倒台。关于谁来接班，万众瞩目。天皇的近臣们经过仔细研究后推举了一个能与盟总充分协作，熟悉美、英的人物——币原喜重郎。

币原喜重郎1872年出生于大阪市的一个地主家庭。他少年聪颖，从东京帝国大学毕业后成为三菱财阀的女婿。他凭借深厚的资本，历经5届内阁，4次出任外相，是个资格非常老的外交家。老到什么程度呢？20世纪20年代，币原在出任日本驻美国大使的时候，堂堂山本五十六海军大将还在他手下当武官呢。作为帝国外交的中坚力量，他对国际形势看得比较透彻，坚持"协调外交"，强调维护日、英、美之间的关系。他还提出了"尊重"中国的要求，反对使用武力，主张以经济渗透的方式，巩固和扩大日本的在华权益。这些主张引起了军部和满洲日本人的强烈不满，他们称其为"软弱外交"的代表人，直接要他下岗。"九一八"事变后整整十四年，他一直被隔离在权力核心之外。

如今，日本败了，昔日狂热的军国主义"愤青们"面临审判，而币原的政治生命却拨云见日。因此，他精神抖擞，容光焕发，老骥伏枥，志在千里。

10月10日，上台第二天，他就把监狱大门打开，释放了众多政治犯（包括共产党人）。10月11日，他去拜会了麦克阿瑟。此前，外相吉田茂曾向麦克阿瑟介绍过币原，当得知他已73岁时，麦帅问："年龄太大了吧，他会讲英语吗？"两人见面时，币原当场用英语背诵了一段莎士比亚的作品，令麦帅吃惊不已。麦克阿瑟随即向他口述了将要实行的"人权五大改革"。

第一，解放妇女。这项改革对日本来讲非常有意义。妇女并不喜欢战争，日本之所以会走上军国主义，跟生养这些男人的妇女集体失语有很大关联。她们长期没有发言权，只有听命权，所以现在政府要给她们参与改造社会的权利。

第二，鼓励工人成立工会。工会不但可以促进一个社会的平衡发展，同时也是工人强有力的发声筒。日本工人原先只是军国主义链条上永不生锈的螺丝钉，如今他们可以为自己争取权利，而想争取权利，首先就得组织起来。

第三，学校教育自由化。坚决不能再像过去那样，小学老师给学生发糖，然后问："甜不甜？"学生回答："甜！"再问："哪儿产的？"学生不语，老师说："中国台湾，你们长大以后就去那儿吧，那儿有好多呢。"然而，随便侵占别人的东西是要付出代价的。这浅显的道理老师没讲，或者不敢讲，导致很多毕业生出国吃糖却再也没有回来，吃完糖就"躺"在那儿了。教育要讲求真实性，力求开阔视野，用真知启迪灵魂，不能搞歪门邪道，蛊惑众生。

第四，废除一切恐怖制度。人民是有辨别能力的，可又经常会被强权者拉着走。为什么呢？因为恐惧。强权者用秘密逮捕、刑讯逼供、强行关押等手段虐待人民，并控制其精神自由，使人民不敢发声，变得唯命是从，最终放弃思考。为了不重蹈覆辙，今天的日本不但要废除原先的恐怖制度，还要建立完整的司法体制，以保障人民享有充分的思想自由、言论自由和宗教自由。

第五，经济结构民主化。这是最艰难的一步，也是必走的一步。日本原先属于垄断型经济体制，国家工业和金融财富的80%都被三菱、三井、住友这样的少数财阀控制着。仅三菱重工在八年侵略战争中就生产了18 000多架各类战机，成为支撑军国主义扩张的强大堡垒。瓦解和分散财阀势力的工作势在必行。

这些艰难的改革计划，币原都在用心推行。除了第五条"经济结构民主化"遭遇了顽固的抵制外，其他四条都进展顺利。和东久迩稔彦不同，币原喜重郎对占领军的改革抱有热忱，自觉自愿地付出努力，没人强迫他。

他为何甘愿如此呢？其实很简单。币原本来已经没有机会了，一大把年纪了，政治生命已经结束。如今占领军让他重回用武之地，他又怎会抱怨呢？若想触动一个旧利益集团，就只有把原先受到排挤又同自身理念相合的另一批人扶持起来，才能达到目的。昔日被军国主义者踩在脚下的人何其多，今天像币原这样重获重用的人有一大批，麦克阿瑟对他们有再造之恩。暂不说士为知己者死，光是重获新生，谁不愿拼尽全力去实现自我？

话虽这么说，但人心隔肚皮。就跟日本吸收外来文化一样，对于美国人的指令，币原绝不是照单全收。他认为对日本发展不利的那些改革措施，他也在运用自己的智慧，希望能玩出些花样，蒙混过关。有些手段，甚至比东久迩更高明。

例如，在对待日本宪法问题时，他就采取了先发制人的措施。1889年，日本自主制定了第一部《宪法》。其中把天皇说成是活着的神，拥有巨大权力。币原非常清楚，美国人对此嗤之以鼻，早晚必改。与其如此，不如他先动手，还能争得主导权。

1945年10月，币原召集国务大臣松本烝治等人起草新宪法。起草新宪法时，有一条重要原则：不改变天皇对大权的统揽权力。其他具体条例，诸如扩大议会权限、国务大臣与议会有连带责任、确立臣民的权利和自由等，都要围绕这条原则编写。在起草时间上，也是能拖就拖，前后用了三个多月。新宪法可以说是旧帝国宪法的转世投胎之作。最神来之笔是，把"天皇神圣不可侵犯"改成了"天皇至尊不可侵犯"，将"天皇统帅陆海军"改为"天皇统帅军队"。日本人企图公开、严肃地跟连老虎屁股都敢随便摸的人玩文字游戏。

麦克阿瑟看到这个草稿后拍案大骂，他发现，有些人虽表面西化，骨子里依旧对皇权忠心耿耿。于是，他直接撇开日本人，改由自己的助手惠特尼领导的新创作班子完成此项使命。惠特尼等人参考英、美的政治制度，没日没夜地干，很快就编写了一个蓝本，并总结出了订立日本新宪法的三条重大原则。

第一，"天皇处于国家元首地位，皇位世袭。天皇依据宪法所行使的职能要体现国民的基本意志。"这条原则实际上架空了天皇的权力，扫除了集权的障碍，为日本社会成功过渡到民主社会打下了基础。

第二，"日本要废止运用国家权力发动战争，放弃以战争作为解决争端的手段。日本不拥有军队和交战权。"放弃战争、没有交战权、没有军队，这招太狠了。让一个曾经穷兵黩武的国家拥抱和平，这与下水道里蹦出卫生球一样不可思议。这种情况只有在日本被彻底征服时才有可能出现，也完全符合物极必反的原理。该原则奠定了日本和平宪法的性质，当今世界绝无仅有。

第三，"废除日本的封建制度；贵族的权力仅限于尚在的一代。"这条原则动摇了以天皇为首的专政基础，日本战前有一批享受特权的"华族"，正是他们坚决承托着天皇制。特权是美好的，但当你无依无靠，只能看着别人享有特权时，它还美好吗？不平等的社会何谈民主？

美国人以上述三项原则为主体制定的新宪法修正草案确立了日本将实行"象征天皇制"。它包含了明确的三权分立精神和议院内阁制政体的内容。它规定：司法权独立；立法机关即国会两院（参议院和众议院）由选民直选产生；首相则依众议院的选举结果推出，直接对国会负责。

币原喜重郎对这样的草案感到惊慌，它明显与自己的世界观不符。他立马去拜会了麦克阿瑟，希望寻求松动。但麦帅明确地告诉他："象征天皇制和放弃战争，这是不容变更的两大原则。"他还指出，只有这样，才能使其他盟国同意不再审判天皇，接受草案是保留天皇地位的底线。

币原企图轻微修宪的做法彻底泡汤了。他只好硬着头皮去面见天皇，请求圣断。天皇还是通情达理的，起码比币原更能认清形势。他表示，即使新宪法剥夺他的一切政治权力，他也将全力支持。可见，人是可以为了尊严而抛弃权力的。天皇的态度让币原安心许多。早知今日，何必当初？币原首相最终还是将美国人拟定的《宪法修正草案要纲》对外公布了，将其交给民众去讨论。

《宪法修正草案要纲》一经披露，立刻在广大民众中激起了强烈反响。为了让大家都能读懂，宪法的内容还被编绘成了卡通漫画，给每条都配上了生动的插图，看起来比小人儿书更过瘾，更贴近生活。为说明宪法第83条"处理国家财政的权限，必须根据国会的决议行使之"，就配了两幅插图。一幅画的画面左侧是两个人在上缴税金，右侧画了一个旧时的当权者，他一副咧开嘴、满不在乎的样子，用又脏又大的爪子把漏到眼前的税金向空中随意抛洒。这很容易使人们联想起那段国会遭受排挤的苦难行军岁月。人们勒紧裤带上贡的钱，从不知流向何方！另一幅是表现新宪法的，它同样在左侧画了一个在缴税的小人儿，右侧则是位穿西装的议员，他捧着漏下来的钱，其身后是三个箭头，分别指向学校、道路和医院。这多一目了然啊，钱的用途非常清楚，国会的作用也被突出了。

这种轻松易懂的形式，让日本人的参与热情更加高涨。街头巷尾、家里、单位，甚至夫妇枕边，都能听到议论之声，可谓全民参与。人们第一次感受到了自己的主人翁身份。草案中，保留天皇地位和尊重人权被完美结合，人们对此感到安心。据《每日新闻》调查，85%的民众都支持草案中有关天皇地位的规定，反对者只占13%。关于放弃战争权的条款，有70%的人赞成，28%的人反对。如此高的支持率反映了民众对新宪法草案的极大认同，这可是出自美国人之手呀。作为"始作俑者"的麦克阿瑟怎样开怀大笑都不过分。

人神互换

　　如果以为一部《宪法修正草案要纲》就能安定人心，那就太天真了。事情没那么简单。日本过去欠账太多，现在刚开始连本带利还。改革是顺利的，现实是残酷的。绚烂的改革虽然终将起效，但眼下人民的生活正滑向苦难的深渊。原先的日子还能勒紧皮带过，因为可以从朝鲜、中国和东南亚掠夺粮食、橡胶和煤炭等各种资源。如今这些都别指望了，别人的东西不能随便拿了，而日本1945年的收成又出奇的差。

　　美国大兵在这片土地上找到了做"上帝"的感觉，昔日的"鬼畜米英"（日本管美国叫米国）现在只要一出现，就会被孩子们团团围住。破衣烂衫的孩童全都伸出脏兮兮的小手讨要口香糖和巧克力。而大兵们也很享受施舍的快感，他们经常坐在吉普车上举着巧克力慢条斯理地逗这些孩子玩，直到企盼的眼神近乎绝望时，才把手中的东西送出去。

　　一般这种事只可能发生在非洲，但日本人当时就是那样的。福泽谕吉要是看到这一幕该多么伤心。他首倡的"脱亚入欧"曾那么成功，日本人作为黄种人的代表处处给亚洲"争光"，对亚洲人施暴时，唯恐落他人之后。他们牛气冲天，用几十年工夫就混到了跟白种人平起平坐的地位。如今，日本人终于给全体亚洲人"长脸"了，把脸都丢在了大街上。

虽然人民的生活这样困苦，物质如此匮乏，但对事物要辩证来看，没吃没喝的人，精神食粮却很丰富。即将到来的1946年注定是日本人精神上的解放之年。

麦克阿瑟改造日本的步伐从未稍停。他暗示日本的大臣：天皇应自觉自愿地彻底破除天皇至高无上的观念。对此，裕仁内心的真实想法恐怕很难形容，但他嘴上表示"非常好！"。币原首相也认识到这是长久维持象征天皇制的办法，于是用英文起草了一份诏书。

人民的吃饭问题都迫在眉睫，为何还要操心这种事？只有一个原因，这个国家太特殊了。从1868年明治维新起，它就是亚洲最先进入文明世界的国家，对西方科技的学习和掌握速度也最快，有能力独立思考的知识分子也最多。可正是在这一时期，日本对"人神"的崇拜被推向了极致。日本很早就有了天皇，远古时期留传下来的三件神器——铜镜、宝剑和勾玉——承载着人与神的奇特关联。在人民眼中，天皇就是统治日本的现实的"神"。不过，自首位天皇即位后，"神"的命运并非一帆风顺。日本虽面积不大，却出现过六十六个国家，诸侯割据的局面曾长期存在。在统一国土的进程中，天皇跟各地崛起的将军大名[1]争夺权力，常被挤到一边，到处逃跑也是家常便饭。广大民众依附在幕府及各地大名的羽翼下讨生活。对于居住在京都的

---

[1]　大名：日本古代封建制度中对领主的一种称呼。

天皇，人民知道，他必须存在，却指望不上。

到了近代，天皇的境遇却发生突变。日本南部的萨摩、长州两番武士响亮地喊出了"王政复古"的口号，并通过战斗为天皇夺回了失去已久的权力。从那时起，天皇的地位被重塑，国家的现代化进程反而起到了给神权加码的作用。国家越进步，神权越巩固。明治时期的政治家重新改造旧的偶像以实现自己的抱负。伊藤博文写的《日本帝国宪法义解》里说得很明确："开天辟地之时，确立神圣皇位。天皇实乃天神至圣，英明神武超乎全体之臣民。须崇而敬之，不可亵渎。天皇当尊重律法，然律法无权约束天皇。非惟不得对圣躬不敬，指斥言议亦不可犯之。"

传说中记载的天照大神的弟弟在姐姐的居室里乱拉大便的那种有趣情形再也不可能发生了。只要天皇一声召唤，就算只有根竹矛也要奋战到底，问题是这个"底"究竟在哪儿？获胜了好办，战败了呢？结果只能是，一人称"神"，万户泣泪。这万户还不知泣泪由何所致，竟仍一味求神庇佑。并不是大家都无知，有知的人要么在监狱里躺着，要么不敢说话。这种状况必须改变，文明国家应该实现人人平等，而不是嘴里喊着打倒人剥削人的制度，最后自己骑在所有人头上当家做主。

1946年1月1日，元旦，风云际会，万象更新。裕仁天皇发表《关于建设新日本之诏书》（即"人间宣言"），宣称自己是人，不再是神。他说道："朕与尔等国民之间的纽带，始终以相互信赖和敬爱而结成，绝非依神话与传说而产生，也非因天皇为现世神、日本国民优于其他民族并注定要统治世界这种空想观念而产生。"话说得很明白，天皇自己把神的外衣脱了。麦克阿瑟则在当天发表的新年献词中对天皇回归凡尘举双手赞成。一夜之间，有关神道教的标志物、宣传品和节假日都被销毁或废止。除了天皇的三个弟弟，其余十一户宫家全部脱离皇籍，降为平民。皇室的财产90%以累进税的名义充公。被尊严与权力笼罩的日本皇室终于和人民坐到一起"吃苦受难"了。

"人间宣言"振聋发聩。它对日本人的触动不亚于《终战诏书》。前一年"8·15"没舍得切腹的军国遗老，这次该切了。天皇竟承认自己是人，所有复兴帝国的黑梦随之破灭。日本人在民主化进程中取得了一大胜利，然而这种胜利是被动的，是由少数精英完成的。

饭还是要吃的，但现在得拿东西去换，因为钱早就没了。1946年，苦日子刚开头。大城市的平民普遍过着典当生活，家里的家具、铁器、珍贵的和服全被拿去换粮食了，说得艺术点儿，这叫"笋式生活"，即城里人层层扒下自己的衣服和财产换吃的。过着这种生活，谁不会难过得流泪呢？农民不用革命就翻身做了主人。农林大臣松村谦三到乡下四处奔走，恳求高价买粮，就差给农民跪下了，愣是没人理他。这些情景可能会让人产生日本社会正在倒退的错觉，其实不然，日本正朝着新的方向前进呢。谁最符合历史潮流，谁就会被写进历史，新生事物早已涌现。

东洋之花

"潘潘"和黑市，是东洋的两枝花。

"潘潘"缘起于日本刚刚投降那会儿和美国军队即将大举登陆之前。日本抢先修建了一批专供美军使用的"慰安设施"。里面的女人从全国招募而来，美其名曰"为国献身"。她们还在皇居前广场召开了誓师大会，举行就职典礼，宣称："由此同志结盟，信念引领我等勇往直前……筑起一座阻挡狂澜的防波堤，共同护持培养民族的纯洁，为维护战后社会秩序之根本，甘当地下之柱石。"再看看下边那些妇女，她们都是为了吃顿饱饭才来的，年龄在18岁至25岁之间，个个衣衫褴褛，有的甚至光着脚丫。

为何非要这么干呢？这是"没有办法的办法"，可谓用心良苦。这是完全按照日本人自己的行为逻辑推出来的。过去，"皇军"每到一地，不论老幼，大肆奸淫女性，此中危害他们心知肚明。所以，日本人认为，美国大兵来了也会这么干。为保全本国女性的身心健康，就只有使出"苦肉计"，牺牲其中的一部分，出卖她们的灵魂与肉体。于是他们盖起慰安所，希图把美国大兵拴在其中，使绝大部分日本女性免受侵害。可实际上，美国兵固然好色，但美国政府压根儿就没要求日本盖这些玩意儿。

再看日本这边，美军还没到，他们就大盖妓院，还一群一群地往里送人。这算什么？胜则出国奸淫他国妇女，败则任由外人奸淫本国妇女。苍天在上，谁给你们的这个权力？！

日本人才不管那么多，只要美国大兵高兴就行。美军士兵来到日本就被这儿的姑娘深深吸引了，个个高兴得发狂，"慰安设施"变成了美国兵的"狂野之城"。没过多少日子，性病流行的趋势就初见端倪。虽然麦克阿瑟发现得早，并及时喊停，但依然阻止不了多少年后人们动情地唱起《草帽歌》。

自此，一种专门满足美国大兵各类需求的职业女性"潘潘"诞生了！这一职业发展迅猛，在这战后的新纪元，她们靠自己的力量支撑着生活。她们挺着胸脯，光着大腿，她们是时代的宠儿，穿着最时髦的衣服，登上了最畅销的色情杂志（从前是被禁止的）。在这个国度，她们比任何人都更早掌握了一门外语，见到美国大兵便打招呼说"哈罗"，要不就是"饭已OK了，过来米西吧"。她们从美军手里轻而易举地赚取大把美元，然后毫不犹豫地花出去，拉动日本经济。她们还哄骗美国兵给自己带回各种礼物，这些东西在物资匮乏的年代弥足珍贵，它们几乎都流向同一地点——黑市。

所谓黑市，顾名思义就是不被官方认可的交易场所。在任何一个经济崩溃的国家，你都能找到它。其实，为平均分配粮食，日本在1946年年初实行了配给制。该制度规定，每人每天可分配到4两大米、35克土豆，还有1个鸡蛋。这看起来还凑合，但若真能这样，还要黑市干吗？事实上，日本政府连这点儿可怜的东西都不能保证按时按量供应。大街上的商场和食品店也已经全部歇业。所以，去黑市才是正道，那里保证有你想要的任何东西，但你买到一天的口粮后，钱袋就已空空了。那高得离谱的价格"归功"于在里面摆摊的店主们，他们中大部分人从前都不经商，而是帝国的军人，有海军、陆军，还有神风特攻队幸存的飞行员。这些人昨天还在为保卫祖国出生入死，今天就拿着战后掠夺的物资毫无怜悯地大肆敲诈人民。为何会有这种转变？因为人家当初宣誓效忠的是天皇，不是人民。现在，天皇都承认自己是人了，难道他们还不赶紧为生计狂捞吗？那些拿着可怜的钞票买不起东西的人，注视着这帮昔日"帝国精英"的嘴脸，一下子清醒了。

这些昔日以战争的名义压在人们头上指挥一切的家伙，如今战败了依然丝毫不知收敛。虽然币原喜重郎应麦克阿瑟的要求开始清除政府中的"七种人"（曾参与军国主义事业的七类人员），但看来他们的日子过得还挺舒服。人民不被饿死，也得被他们气死。那怎么办呢？武装暴动根本别想，既然是美国人当"太上皇"，那就以美国的方式处理——用选票解决问题。

日本战后第一届国会选举即将拉开序幕！过去，日本也有国会选举，但那只是男人的事，女性完全被排除在外。这次不同，妇女解放了，没米下锅的家庭主妇却拥有投票权，也有权被选为议员。这是天翻地覆的变化，全国突然多出一半人参与投票，对原有的政治格局必将产生强烈冲击。选票虽不能当饭吃，加在一起却可以扭转乾坤。只要能把自己中意的人选上去，能挺过饥荒，命运就会有转机。

1946年4月10日，选举当天，全国1300万妇女怀着紧张而兴奋的心情奔向投票站，为自己属意的候选人投上了庄严的一票。由于这次一张选票能连选多名候选人，所以它造成的冲击犹如一场海啸。当那些身着雪袴的妇女走后，点票工作立即展开。通常情况下，第一次实行广泛民主普选时，选票会比较分散，因为大家对候选人还比较陌生。计票结果显示，总计466个议席中，没一个政党的得票率超过1/3。其中，自由党获141席，进步党94席，社会党93席，协同党14席，共产党5席，其他党派及无党派人士119席。老牌政客们纷纷落马，却有39名妇女破天荒地当选议员。这是日本值得骄傲的突破，更令人瞩目的是，她们中有一名妇女身份特殊。

选举结果宣布后的第二天，一位立法界人士急匆匆地来找麦克阿瑟："我遗憾地告诉您，一件可怕的事发生了。有个妓女被选入众议院了！"麦克阿瑟忙问："她得了多少票？""25.6万张。"麦帅装作镇定地继续问："那这么说，这（选票）恐怕不是全靠她那暧昧职业得来的吧？"当听到否定的答案时，麦克阿瑟认了。是的，他应该认，他必须认。这是人民的选票，谁敢嫌她的职业有什么问题。那25.6万选民的眼睛是雪亮的，在人民眼中，她比那些恬不知耻的政客和那些双手沾满鲜血的武夫干净、纯洁得多。

世上没有任何一件惊天动地的事情能让大家都高兴。选举结束后，有人欢天喜地，有人当场傻眼。币原就是这样，他才干了不到一年就要光荣下岗了，因为他所在的进步党只得了94席。在议会民主制下，只有取得议会多数席位的政党才能组阁。币原原想抬出"稳定政局"和"正在修宪"两个理由继续撑下去，无奈权力不饶人，席位最多的自由党纠集社会党、协同党和共产党，组成"打倒币原内阁联合委员会"，迫使币原于4月22日宣布内阁总辞。

即使昨天你是首相，今天所获议席不够，你也得下台，没人会再把你当回事儿。币原喜重郎对此也无可奈何，这半年多来，他已尽本分。权力的滋味，他也品尝过了。

他撤了，谁来顶？当然是获得议席最多的党派上台。深孚众望的自由党总裁鸠山一郎正踌躇满志地准备登上首相之位。这个位置对他而言似乎唾手可得。

粮食危机

鸠山一郎是鸠山家族的第二代掌门人。他1883年出生于东京，父亲鸠山和夫曾连任9届众议院议员和多届众议院议长。他的母亲春子是明治时代有名的"教育母亲"。上小学时，鸠山和弟弟每天早上3点半就会被母亲叫起来，学习英语、数学和汉文。这种斯巴达克式的教育持续了十年。鸠山一郎的家族是政治世家，他的孙子鸠山由纪夫2009年出任日本首相。

精英教育是很痛苦的，但如果方法得当，孩子确实能成长得很快。1907年，鸠山一郎以第一名的成绩从东京大学法科毕业。他32岁当选众议员，曾担任田中义一内阁的书记官长，还出任过犬养毅内阁的文部大臣。战后，当许多"老虎"要么偃旗息鼓，要么身陷囹圄时，鸠山却凭借出众的能力成为其中的霸主，创建了自由党并任总裁。

正当他企图组阁之时，令人意想不到的事发生了。鸠山是个"有故事"的人。他曾加入政友会（伊藤博文创建的老牌政党），于1926年成为其干事长，与担任总裁的姐夫铃木喜三郎纵横政坛多年，还接受过张学良的政治献金。1937年，鸠山出任政友会代理总裁，还写过吹捧希特勒和墨索里尼的书籍。虽说1940年政友会已经被解散，1943年他还因反对《战时刑事特别法》跟东条英机拍过桌子，但麦克阿瑟显然认为此人不好控制。1946年5月3日，盟军总部将其列为清洗对象，并开除其公职。鸠山一夜之间就从"山"上掉了下来，当不成首相了。

于是，自由党只能跟进步党联合组阁，物色一个新总裁当首相。鸠山一郎很自然地想到了党内的二号人物——自己那位多年好友。鸠山于是试探性地找他谈话，那人答应得倒爽快，还诚恳地保证："只要你解除公职的处分一撤销，我马上把总裁的位置还给你。"他有这种态度，鸠山非常满意。可他还没在喜悦中沉浸几分钟，那人就又提出了三个条件：第一，自己不管钱，政党的活动经费要由原来的班子筹集；第二，内阁人员由他自己定；第三，自己想辞职的时候就可以走。鸠山听罢立刻转喜为怒，他想要发作，但最后还是全答应了下来，因为他自认为组阁的时间紧迫。

这是哪位？不经选举就当首相，吃着天上掉下来的"馅饼"还敢开条件？他就是东久迩和币原两届内阁的外相吉田茂，他对战后的日本极富影响力。

缘何又是个外交家？这不难理解。回首日本往昔穷兵黩武的日子，既有资历又无亲手杀人纪录者并不多，外交领域反而是个避风港，这里面的人比较斯文，那些接触英、美的外交官最早被盟军所熟知，并被认为是"信得过"的人。

新首相在美国"太上皇"的眼皮底下能否撑起半边天？民众翘首以待。

吉田茂1878年生于东京，他出生时，其父竹内纲正因支援"西南战争"被关在狱中。一岁半时，他被过继给横滨富商吉田健三，从此改姓吉田。他11岁时，吉田健三去世，给他留下50万日元的巨额遗产。可是，中学时他却写了一首名为《孤儿》的诗歌："思念家却无家可归，没有给我慈爱的父母，孤寂的学子心中，充满哀愁。"

吉田茂成长于孤独中，养成了是非分明的性格。当然，这只是对日本而言。吉田茂的外交生涯带有明显的中国烙印，中国的锦绣河山曾留有他的足迹。20世纪20年代初，他先后被派往天津、沈阳任总领事。郭松龄反奉时，他强烈要求出兵支持张作霖。1927年，时任日本首相的田中义一为替中国"决定命运"召开了著名的东方会议[1]。他在上呈裕仁天皇的奏疏中提出："惟欲征服满蒙，必先征服朝鲜；惟欲征服中国，必先征服满蒙；如欲征服世界，必先征服中国。"这场会议吉田茂也赫然在列。此后，吉田茂在外务省次官任内推行奏折

[1] 东方会议是1927年日本田中义一内阁为制定侵略中国的总方针而召开的重要会议。在日本侵华史上，东方会议是一次决定日本"国策"的重要会议。《对华政策纲领》勾画出田中内阁企图攫取"满蒙"和武力侵华的"积极政策"的基本轮廓，标志着日本帝国主义决定攫取整个东北，加快实现大陆政策。"满蒙特殊论"则成为后来日本侵略中国和亚洲的理论根据。东方会议预示着一系列重大的武力侵华行动即将展开。

中的方针时自然不遗余力，结果他却因与军部争权而被解职。1930
年吉田茂被改派为驻意大利大使，1936年又出任驻英国大使，从此
与英、美结下良缘。1939年他悄然隐退。当时珍珠港事件还未爆发，
此后太平洋战场上美、日的兵戎相见也跟他没关系。1945年6月，他
还因秘密参与策划与美、英缔结合约之事而被宪兵逮捕，坐了四十天
黑牢。日本投降后，他跟币原喜重郎一样"翻身出头"。1946年，他
取代鸠山一郎任自由党总裁，准备出任首相。

　　跟一般的官僚不同，吉田茂不是官迷，也不靠事事尊奉美国人来
讨好对方。他身上有武士的血，有一种出离油滑的智慧。在他还是外
长的时候，他就跟麦克阿瑟有过接触。有一次，两人在麦帅的办公室
话不投机，针锋相对。这种事在麦帅刚来时非常少见，气得他在屋内
来回踱步。站在一旁的吉田茂见到此状竟笑了出来，麦帅恼火了，质
问道："笑什么？"吉田茂倒不隐瞒："我感到像是在狮子笼里听教
诲，忍不住就笑了。"麦克阿瑟一下怔住了，他从来没见过这样"失
礼"的日本人。日本人平常很少吐露心声，何况是在大人物面前。麦
帅紧盯着吉田的脸，最后竟也忍不住大笑起来，一场僵局就此解开。
这位占领军统帅因此反而对吉田多了几分信任，他表露的率真在美国
人那里化解了矛盾。

　　吉田茂在率真之余还有另外一面。有一回，他观察到麦克阿瑟
愁眉苦脸，心情不佳。一打听，他才知道，原来麦帅最宠爱的长耳
狗"布莱基"不幸突然去世了。吉田立刻找到那只狗的照片，让农业
相去寻只一模一样的。世上哪里有两只完全一样的狗？可最后愣是被
他们找到了。当吉田茂亲自将这只"复活"的新宠送到麦克阿瑟眼前

时，麦帅和他的儿子激动得几乎蹦了起来。

有了多次愉快的交往，麦帅对吉田茂非常看重，对他即将出任首相也感到很满意。可谁知，吉田茂根本就不着急当首相。

那个时候，谁着急当首相，谁的脑子就有问题。老百姓正在饥饿中挣扎，为了吃饭，大家连人该有的尊严都顾不上了。当时的主妇们很喜欢亲近自然，去郊外到处找寻野菜。大家彼此传着一个可怕的预言：日本将有 1000 万人被饿死。

在美军舰艇停靠的东京湾，只要过了饭点，就会有好多小船靠近舰艇，靠近后这些小船之间还经常发生冲突。美国人对此起了疑心，怕发生破坏活动，因而进行驱逐。直到有位日本贵妇登上美舰澄清：这些人绝无敌意，他们太饿了，来此只为争抢美军丢掉的食物垃圾。明白真相后，舰上的食堂就把每天剩下的食物分赠给附近居民。

单就这么一个局面，谁还敢堂而皇之地登上宝座？在政权交接的当口，1946 年 5 月 1 日劳动节当天，全国吃不饱饭的民众走上街头，举行了大规模的游行示威。5 月 12 日，东京要米大会的民众直接拥进皇宫，给天皇上书。接着，5 月 19 日，东京 25 万民众再次走上街头，举行大规模的粮食集会！面对可能失控的民众，麦克阿瑟急忙于 20 日发表声明，企图稳定局势："我认为，有必要提醒日本国民，这种有组织、有领导的群众性暴力活动和人身威胁行为日益增加的倾向将严重威胁日本未来的发展……如果日本社会中少数分子不能保持现阶段和当前形势下所要求的自制和自重，为了管制和纠正这种值得忧虑的状态，我将不得不采取必要的手段。"

同时，麦克阿瑟催促吉田茂赶紧组阁，好一同应对动荡的时局。

吉田茂则不慌不忙，他知道那个宝座现在是个火炉，坐上去非被烫坏不可。真正的政治家善于用看不见的手"玩"人。就像吉田茂，他很会在艰难中博弈，抓住对自己有利的条件，拿目前的乱局当牌打。你不是想让我尽快上台帮你解压吗？那你先得帮我解压。看见了吧，人民找不到饭辙正在大规模闹事。他跟手下人打赌："如果全国的老百姓举着旗示威游行一个月，美国人很快就会把粮食运来。"果然，面对持续不断的抗议声，麦克阿瑟坐不住了。5月21日深夜，他派车把吉田茂接到了他的办公室。这可是天大的面子啊。麦帅亲口保证："只要我当最高统帅，就不会让一个日本人饿死。"吉田茂听了心里暖乎乎的，他知道，组阁的条件已经成熟。

为兑现诺言，麦克阿瑟要求调运太平洋地区的五十余万吨军粮到日本。这事可不是一句话就能办到的，美国众议院拨款委员会对此提出了质疑，对于拿军粮去喂敌国民众这件事，他们不能接受。其实麦帅这么做也是被迫的，但他还是直截了当地回答："给我面包，要不就给我子弹！"

给你子弹？那还得了，还是给你面包吧。吉田茂内阁于5月22日正式宣告成立。5月底，整船的粮食便源源不断地被运往日本。新首相的形象一上台就树立了起来，麦帅也赢得了更多的尊重和信誉。人民终于看到了一丝希望，大家都高兴了起来！至当年9月，美国运送来的粮食占到日本居民全部配给量的80%。日本有惊无险地度过了最艰难的时期。

关键性变革

粮食危机总算缓解了，可吉田茂就靠进口粮食过日子吗？不能，因为他们没有那么多钱。国民经济的列车还停在轨道上纹丝不动，等着他去推呢。昔日被连哄带骗弄出去的几百万人口刚刚开始大举遣返；"农地改革"问题也迫在眉睫，搞不好百姓为了吃饭还得上街；再有，旧《宪法》早已长毛发霉，新宪法何时执行？对一个政治人物而言，考验刚刚开始。吉田茂是政客还是政治家？政客只会应付一时的危局，政治家则是可以掌握并扭转一个民族命运的人。吉田茂开始行动了，要办的事一大堆。他惊喜地发现，每件事的历史包袱打开一看都那么沉重。

就像遣返，日本战败后，散落在全亚洲等待归国的非战斗人员高达289万。这么多人是从哪儿冒出来的？还不是日本当初的殖民工作干得太出色了，仅中国就有200多万待遣返人员，且大部分集中在东北。为送走他们，中国政府选择了葫芦岛港（苏军当时占领的其他港口不让用）。而葫芦岛之所以能成为港口，还是日本"所赐"，因为这港就是他们主动修的。冥冥中自有定数，为他们回家做好了准备。

"世乱遭飘荡，生还几人回。"1946年5月7日开始的"葫芦岛大遣返"前无古人。两年四个月内，超过105万日本侨民从此起航。在饥寒交迫中苦等归舟的人们绝没心情作诗。他们曾经有梦，哄他们的人说："可以把别人的家当成自己的窝，来东北'开拓'就有好日子过。"他们曾经很豪迈，到这儿以后把2000多万公顷的耕地（占当时东北耕地面积的60%）划为己有，使大批中国百姓沦为无业游民。而今，他们自己终于变成了"海归"，回国后即将成为"海待"。

在众多两手空空走下轮船的旅客中，有个小女孩格外引人注目。她叫渡边千鹤子，在她面色苍白的脸上，一字形的头发帘像刀切的一般，两个鬓角被削成直角，头发垂在两颊，一看就是标准的日本学生头。这张脸上有着难以名状的凝重。和别人不同，她有件大行李挂在脖子上，那是一个大白口袋。不过，里面装的并不是她的传家宝，也不是从中国掠夺的文物，而是她父母的骨灰！她的父母是战死的还是饿死的，我们不得而知，但最起码小女孩很有孝心。当年，父母把她带出去。今天，她又把父母带回来了。她一定相信，在未来的茫茫旅程中，逝去的父母将会在远方祝福她，这种归根的心与我们何其相近。

令人寒心的是，日本宣布无条件投降后，采取了"弃民"政策。原来海外日侨是一块"殖民砖"，"东西南北任我搬"。现在仗打输了，子民命悬于外，政府却弃之不顾！正是这种态度让东北日侨的处境雪上加霜，在溃逃过程中，自杀、饿死、病亡的人数多达17.4万人。能坐船活着回来的都是幸运儿，但很快他们就发现，这种"幸运"根本不招人待见。由于回国后没有工作，还要吃饭，在国人眼中他们成了最熟悉的陌生人，被归为异类。

归国日侨几乎在所有的圈子里都遭到了排斥，受到不公的待遇。

不过，他们中大部分是农民，只要有地就能过活。吉田茂已经任命有经验的和田博雄出任农林大臣，正在加紧推行"农地改革"，说不定能给他们分点儿地种。

谈起土地，它总与生命相连。千百年来，农民与地主的关系是个"剪不断，理还乱"的难题。战前日本的土地所有制与新中国成立前大致相仿，农民受剥削的程度名列世界前茅。日本地主占据着全国一半的可耕地，他们不爱劳动，依靠收高额地租赚钱。这种制度实际上属于麦克阿瑟所说的"实质上的奴隶制"。在日本粮食匮乏的当下，这种现状必须改变，否则是要出乱子的。应该说，"农地改革"是由麦克阿瑟领导的占领当局率先提出的，而吉田茂首相非常情愿地贯彻执行了。他的主要做法是，由国家统一征购不在村地主名下的全部出租土地（不在村里只能自认倒霉），然后以分期付款的方式转卖给佃农。不过，即使在村里，地主也逃不过去。"农地改革"规定，对在村地主名下的土地进行限制，地主最多只能保留2.4亩，超出的部分也由国家收购，然后转卖给佃农。剩余出租地的地租一律改为以货币形式支付。

这些政策遭到了利益攸关方的强烈反对。但依靠占领军的权威做后盾，"农地改革"从1946年下半年开始执行，收购价格为每亩水田760日元，旱田450日元。钱是不少的，问题是，当时的通货膨胀情况十分严重，如果地价随着通货膨胀水涨船高，那农民还是买不起土地。关键时刻和田博雄出手了，他经过艰苦谈判达成了地价不随通货膨胀上涨、始终岿然不动的成果！到农改后期，一双橡胶靴还卖842日元呢。卖地等于白送！有些地主因而不断上告。和田博雄曾总结说："如果让农地价格随着物价的变动而变化，政府就会背上沉重的财政负担，就不会有今天日本经济的发展！"所以，"感谢"地主吧。

在整个农地改革的推行过程中，没流一滴血，事情就被摆平了。原先的佃农没造反就有了小块可耕地，自然高兴。地主们毕竟也得到了些"补偿"，所以没组织"还乡团"。吉田茂曾自豪地宣称这是"非共产主义世界进行的最彻底的土地改革"。此后，在同样的土地上收获更多的粮食完全值得期待。

古今中外，土地所有权的变革有多种模式，有很强硬的，也有相对温和的，不论哪种，成功与否才是关键。而成功与否应该以土地的最终使用效率作为衡量标准。截至1950年，日本共有3000万亩土地被征购，全国85%的可耕地被易手，475万佃农买到土地（占全国农户的75%）。纯粹的佃农比例骤减到5%。封建的租佃关系被取代，新的自耕农经济成为主流。到1960年，农业产量增加了60%。这场改革在日本的顺利推行为人类提供了一种效果良好、社会代价相对较小的和平模式。

土地问题的解决使农民的"暴力"倾向大为减弱，日本社会逐渐稳定。温饱问题解决后，人民开始关心起那部新宪法草案。

1946年11月3日，依照该草案制定的《日本国宪法》经第一届国会批准后正式颁布，1947年5月3日起正式执行。这部"和平宪法"奠定了日本民主的基石，它就如同五行山上的那个法帖，只是下面压的不是悟空而是群魔。新宪法标志着日本从此将走上新的道路。然而，没有交战权和军队的国家，在冷战的铁幕下能坚持多

久？麦克阿瑟口口声声说："你们就是太平洋地区的瑞士！"这话真
的能信吗？

那就要看此后形势的发展了，目前的形势对日本还是有利的。

东京审判

旷日持久的东京审判终于走到了尽头。远东国际军事法庭于
1946年1月19日成立，整整审理了近三年，到1948年11月12日
完成宣判。中国人遍体鳞伤地坐到了审判席上，但我们对审判并不
习惯。

我们习惯的是"成者王侯，败者寇"的规律，审判纯属多余。刘
邦就从没审判过项羽，刘秀也没审判过王莽，朱元璋更没审过大元天
子，都是直接灭掉对方的。审判，这一实现民主、正义的必经程序经
常被我们忽略。因此，在东京审判初期，我们的准备并不充分，以致
原二十九军副军长秦德纯（跟土肥原贤二签过《秦土协定》）在证人
席上无词以对。当法官让他举证日军的暴行时，他说："日军烧杀抢
掠，无恶不作。"法官让他谈具体点儿，他却又重复一遍："日军烧杀
抢掠，无恶不作。"气得法官差点儿把他轰下去。相比于普通人，"末
代皇帝"溥仪倒是表现得不错，他此时已是苏联人的俘虏。他带着浓
厚的北京腔，连续八天出庭举证，将其在满洲的"帝王生涯"描绘得

有声有色，其淡定的发挥为审判提供了强有力的证据。"皇帝"毕竟没有白当！

世界在变，而有些人的命运却将永远搁浅，未来将没有他们的乐章。被判了死刑的战犯总共七名：东条英机、广田弘毅、松井石根、土肥原贤二、板垣征四郎、武藤章、木村兵太郎。

行刑时，生命在绞索上痛苦挣扎，这时的生命还宝贵吗？临刑前，他们都大声高呼："天皇万岁！"可天皇并没来看他们，应该很扫兴吧？估计他们每个人在那一瞬间都想早点儿结束。这样的结局，对他们七个来说，是罪有应得。

很多人没注意到或不愿提及一批特殊战犯，那就是乙、丙级战犯（违反战争法规或战争惯例、虐待或虐杀俘虏的普通战犯，以及违反人道、迫害普通民众的战犯）中的朝鲜人和中国台湾人。

第二次世界大战后，他们被当作"日本国民"接受审判。这部分人基本都来自日军建立的战犯看守所，他们并不是在里面服刑，而是负责看守。对他们的量刑都有确实的证据，他们在看守所里靠鞭挞自己的同胞来"锻炼身体"，并对此习以为常。不管出于什么理由，他们都无法抵赖！朝鲜和中国台湾很早就被日本占据，受日本"文化统治"的时间也较长。面对灌入脑中的黑梦，有人选择殊死抗争，有人忍辱偷生，也有人选择靠鞭挞和出卖那些殊死抗争的人活命。他们的"国籍"真不是自己能挑的。

若干年后，服刑期满，这些曾被当作"日本国民"的战犯被释放，他们转而要求日本政府对自己的"不幸"给予赔偿，而日本政府以他们不是"日本人"为由拒绝了。

第二章

日本经济复苏

艰难起步

　　雪过天晴，无论多猛烈的风霜都必有停歇的一刻。东京审判无疑为日本结束了一个旧时代，开启了一个新时代。令人称奇的是，日本经济得以恢复的最初原动力并非来自吉田茂政府，而是来自一部分先知先觉者。

　　21世纪什么最贵？人才！对于破败的国家来说，什么最值钱？也是人才。日本曾在军国主义的道路上跑马拉松，跌得遍体鳞伤，但这并不表示这个民族行将垮掉。从1868年明治维新到现在，近百年的建设因战争毁于一旦，可日本在此期间却培养出了大量的科学技术人才，新生力量生生不息。日本的高学历、高素质人口比例仍为亚洲第一。这个民族的精神没有随战败而消亡，它的人民正咬紧牙关寻求新的出路。日本的旧军队曾给士兵们灌输过一个信念："不论什么事，只要干，就能成！不成都是因为没干，干则必成！"虽然日本战败了，这个信念却被很多人视为传家宝。

　　电影《神鞭》的男主角傻二（王亚为饰），他那辫子最后断了，在片尾他说："老祖宗的东西再好，该扔的时候也得扔，新的东西到咱们手里还得是绝活儿！"用这话形容日本也是相当贴切的，原先军国主义的东西不想扔都不行了，赶紧生产出老百姓能用的东西才是现实。

当日本政府忙于安置美军、大企业主们噤若寒蝉地等待被拆分之际，一些中小企业家却在战败的阴霾中早早地开始了行动。他们原本也是军国主义生产线上的链条，也是战争的推动者。但并非所有人都对生产飞机、大炮、军舰和坦克充满热情，那些东西不仅不能当饭吃，造起来还挺麻烦。生产简单、实用的玩意儿赚钱，不也一样吗？事实证明，只要原来的东西没了市场，日本人立马就会转变经营思路，比翻书还快。

战败投降没多久，原先生产坦克部件和战舰船锚的小松制作，立刻改生产推土机了，因为它正好用得着，可以帮助美军平整机场。曾经的军用光学仪器制造商佳能和尼康，也转为大力生产照相机了。战时为丰田供应活塞环的小分包商本田宗一郎，开始把军用的小型发动机往自行车上装，制成所谓的"轻型摩托"，形似现在正被中国取缔的"摩的"。这可是本田公司的发轫之作，在黑市小商贩中大受好评，因为它便宜。战后没多久，弹药箱就成了米柜，炮弹壳成了茶叶筒，生产探照灯的厂家也改卖玻璃罩了。一个曾经的军用通信设备公司雇员井深大，跟几个同事将原来的短波广播转为常规频率，便为索尼的诞生奠定了基石。

他们这样做并非怀揣救国之梦，也没那么高尚的情操，就是为了生存而赚钱，在变化的市场中看准时机就干了起来。人言："得势的狸猫凶似虎，落架的凤凰不如鸡。"对破败的国家来说，企业家是"高风险"人士。一个破产的企业家还不如一个下岗职工来得洒脱。

在这种背景下，吉田茂首相开始在瘫痪的经济局势中摸索着行动了。1946年8月，政府成立经济安定本部，负责制定和实施经济政策。同年12月政府挥出第一板斧，采纳东京大学教授有泽广巳的意见，推行"倾斜生产方式"。

这个创意绝非空穴来风，它非常符合当时日本财政濒临枯竭的严峻现实。其宗旨是"集中优势兵力打歼灭战"，在资金链紧张的情况下，将有限的资金优先用于增产煤炭，再用生产出的煤炭供应钢铁业，然后凭借煤炭和钢铁两个行业的相互促进带动电力、化肥、造船和纺织等产业的发展，刺激经济复苏。政府还专门设立了"复兴金融公库"来给这个战略投钱。这种典型的投资拉动型经济模式，明显带有战前国家强力干预经济的烙印。

日本领导层展现出空前的团结，该政策刚出炉便获得了朝野上下的一致认同。对官僚们来讲，它起码有两大好处：第一，可以大量印钞票；第二，可以大捞一把。

由于前一阶段战败投降，物资被分光，很多人手里没了资源不好办事，正在苦闷中无助地挣扎，这下又有了神气的本钱，能不举双手赞成？

绝对的权力衍生绝对的腐败，这话搁在哪个国家都适用。大利所在，谁肯认真做实事？日本的某些政客紧密团结在以"复兴金融公库"为核心的金钱周围。仍习惯于不受监督的政客们毫不迟疑地滥用职权。企业家则推波助澜地加紧"公关"，他们靠行贿得来贷款，而这些钱中的一部分又变成礼金和贿赂款回到政客手中。资金就这样被吐来吐去，企业家与政客"相濡以沫"。

但这毕竟不是战前，日本的专制体制已经改变，它已是一个享有结社自由和新闻自由的国度，舆论监督机制正在发挥作用。腐败虽来得快，曝光速度也不慢。1948年4月"昭和电工事件"被报界披露。想看黑幕故事的读者有福了，事件揭露了一家化肥公司为获得"复兴金融公库"贷款而打造的巨型贪污网，其中包括派系斗争、黑市交易、艺伎情妇，以及周旋于企业高管和占领当局周围的上流小三。到1948年年底，共计64位权势人物因此锒铛入狱，执政党和在野党的多位高官落马。吉田茂首相在1947年5月因选举失利短暂下台，由社会党的片山哲和民主党的芦田均先后执政。吉田茂可以偷着乐了，就因为昭和电工事件，芦田均刚上台7个月就拍屁股走人，旋即被捕。

不过，如果因藏有腐败就抹黑"倾斜生产方式"，那就既不公平也不符合事实了。该政策执行到1949年时，煤炭和钢铁两个行业的产量确有明显提高，相关行业也有被带动复苏的迹象。长期隐匿于黑市的物资开始向生产环节回流，这说明经济基础正在缓慢恢复。然而，这一切并未使百姓受益。相反，它引出的恶性通货膨胀已让人民无福消受。"复兴金融公库"发行的债券主要由银行购买，而银行的钱却是随便印出来的。

经济有回暖，生活无改善。在日本百姓看来，执政党和政府的执政能力绝对有待提高。民众对"倾斜生产方式"的不满愈演愈烈。在物价飞涨的影响下，各类劳资纠纷和群体性事件层出不穷，维稳工作形势异常严峻。这引起了美国占领当局的不安。

美国人要亲自上阵了，他们真的喜欢"拯救"日本吗？未必。前一夜还剑拔弩张，这一夜不可能马上同床共枕。只不过是形势不由人罢了，日本的外部环境已明显出现"改观"。

美国原本打算在亚洲依靠中国国民党政府对付以苏联为首的社会主义阵营，但随着中国解放战争的发展，这个想法越来越不实际。联想起日本国内共产主义势力借着战后的萧条迅猛发展的情形，美国发现，不出手也得出手了。

道奇计划

1949年2月，美国总统杜鲁门把底特律银行总裁约瑟夫·道奇请来充当麦克阿瑟的财政与金融政策顾问，负责给日本"把脉"，量身定制"药方"。都说"外来的和尚会念经"，道奇念的"经"是要落到实处的，不光听听而已。他看准日本经济的波动主要是由汇率不稳引起的，于是他结合第二次世界大战前日本的经济发展模式，首先固定了日本的汇率，规定1美元兑换360日元。他希望用这个偏低的汇率稳定市场并扩大日本对东南亚的出口。

针对庞大的财政赤字，道奇制定了"均衡预算案"。他讨厌那些与腐败朝夕共处的经济补贴，要求减少补贴。后来，他索性停止了"复兴金融公库"的运作，并在此基础上进行税收体制改革，同时尽量开源节流，实行抑制总供给的政策。

　　为了控制通货膨胀，道奇提出"稳定工资三原则"：不得为增加工资而乱印钞票；不得调整物价；不得发补助费等。

　　"道奇计划"被大刀阔斧地执行了，也确有成效。一年后，政府的财政就出现了盈余，通货膨胀也大为缓解，但麻烦也紧随而至。

　　日本目前的情况不是灵丹妙药能救的，它在本质上还是一个需要"输血"的病夫。当政府不提供补贴、不安排财政赤字时，又由谁来承担拉动内需的"输血"责任呢？更要命的是，1949年美国取消了对日本的所有直接经济援助，并大幅度地加强税收，直接抑制了本已疲软的投资和消费。商人不能随便涨价也就没了利润，工人则面临下岗。这就如同帮一个体虚的病人剪掉了身上的肿瘤，却禁止他吃喝，这样病能好吗？1949年，日本的经济形势稳定了，也彻底萧条了，工矿业生产停滞，危机四起。

　　1949年2月至12月，日本全国大兴解雇之风。企业借"整顿"之名，大批解雇工人。仅国营铁路一个部门就解雇工人十余万！有解雇就有反解雇，战后工会的会员人数由0增长到500万以上，已经形成一股不可忽视的力量。1949年6月，日本铁路工人总罢工，全国铁路运输系统随即瘫痪。吉田茂内阁紧急向工人发出《警告书》，盟军总部也宣布禁止罢工。

　　对无法填饱肚子的人来说，这只会火上浇油。当年7月4日，国铁总裁下山定则宣布了第一批约3万人的裁员名单，并准备隔一天再宣布第二批约9万人的裁员名单。然而，7月5日，下山定则在上班途中悄然失踪。7月6日零点过后，有人在铁路沿线发现了他，其身体已被货车轧得面目全非。此事震惊朝野，关于下山究竟是怎么"以身殉职"的，至今尚无定论。当时政府非常倾向于他杀，把矛头直指日本共产党，说下山是被工会骨干谋害的，并借机又解雇了大批工人。在这种情况下，显然无人有心干活。在第二次世界大战期间都能保持稳定运行的日本铁路从此"事故"频发。7月15日，在东京西郊的三鹰车站，一辆电车失控，造成6人死亡，12人受伤。8月17日，在东北线松川车站，一辆客车脱轨（有人拔出了铁路道钉），当场3人死亡，30人受伤。这些事件都与日共扯上了关系。

在国营企业员工罢工的同时，私营企业的罢工也在进行。东京芝浦电机公司的工人全面停工。日本政府整天忙于应付，盟军总部对罢工除了出言恐吓外毫无计策。"道奇计划"的实行使日本经济"稳定"在了火药桶上，社会矛盾加剧。事实证明，计划实施后，日本的出口并无明显增长。道奇忘了政治因素，日本之前对东南亚的贸易伴随着掠夺，这些国家心有余悸，现在谁还肯买日本的东西？没有贸易的增长和工资的增长，内需就无法被拉动。"道奇计划"虽对长远的经济发展有利，但此刻的日本经济呆坐于原地。没人拉它一把，它是起不来的。

谁不想在这改弦易辙的世界有所作为？可几年过去了，大家还是两手空空。也许只有早熟的女歌手美空云雀[1]那徘徊孤寂、溢满伤愁的歌声才能表达日本人当时的心情。

[1]　美空云雀：日本歌唱家、演员，出生在日本横滨，9岁登台献艺，11岁起用艺名"美空"，12岁灌制唱片，立即成了全日本家喻户晓的歌唱明星。她具有非凡的艺术天才和一副金嗓子，更重要的是，美空的歌表达了千千万万普通人心中的想法，唱出了他们的心声，抒发了他们的情感。

重大转折

八八六十四卦中有一个"否"卦，它代表最惨的境地，但又有否极泰来一说。当时，在日本周围，正孕育着一个千载难逢的良机。1949 年 10 月 1 日，中华人民共和国成立。1950 年 6 月 25 日，朝鲜战争爆发。美国实实在在地感受到了社会主义阵营的"威胁"，很快就决定出重兵支援韩国。

大批的驻日美军被迫放弃优越的生活，奔赴朝鲜半岛。麦克阿瑟的大部分精力也转向那里。由于他出任了朝鲜战争的第一任统帅，日本政府一下松快多了，"太上皇"有了麻烦事，日本政府可以获得更多自由了。而且，好处滚滚而来。

美国人上战场需要的东西很多，他们不像苏联红军——只吃土豆就能打德国鬼子，也不像中国人民志愿军——饿了啃块干粮，渴了吃口雪。美国大兵得用口香糖、冰激凌伺候，圣诞节要收礼物，感恩节要吃火鸡。他们的花销，一个顶我们十几个。在美国看来，给出生入死的"最可爱的人"提供这些是应该的，也是一种人道。这更需要以强大的实力为后盾，美国有的是钱，但东西从哪儿弄来？从本土运来肯定不划算，最方便的地点就是日本。美国士兵自仁川登陆之后，大批的"战争特需"便"从天而降"。

吉田茂曾说，朝鲜战争是"上帝赐予的礼物"。从1950年起，特需供应算是开锅了。随着纷飞的战火愈烧愈烈，美军对日本的物资和劳务需求急剧攀升！日本成了供应军需品的兵工厂和后勤供应基地。日本的许多铁路、公路、港口和机场，都被用来支援战争。美军直接向日本企业抛出大批订单。大量的军需品、兵器修理、基地扩建，以及对韩国的救济物资，包括汽车、钢材、水泥、服装等，所需要的东西包罗万象，都让日本企业包干了。

物理学家牛顿曾经说过，宇宙的运转是上帝之手给了它第一推动力。同样，朝鲜战争为日本经济复苏提供了第一推动力，外需被疯狂拉动。

原本很多军需物资都是日本的滞销品，战败后堆在仓库，被认为是破烂儿，早已无人问津，这下不仅全卖光了，而且远远不够，工厂还要继续生产才能满足需求。这样一来，企业的利润、产量及销售都有了保证。军需品价格在不断上涨，工人的工资也得到提高，街头徘徊的失业者明显减少。1950年8月15日，也就是"二战"终战五周年纪念日，报上出现了醒目的标题——《再见了，靠典当过活的日子！》。9月下旬，日本便废除了衣料配给制度。随着钱袋的充盈，敢于下馆子的人多了起来。

"道奇计划"的副作用被"特需繁荣"吸收，美国在战争期间每年都向日本发出几十亿美金的订单，占日本出口总额的50%以上，使日本经济在1951年就恢复到了战前水平。随着外汇储备的增长，1952年日本加入国际货币基金组织和世界银行，又进入国际经济空间遨游了。由于美国忙于战争，其出口能力下降，日本的廉价商品开始打入世界市场。

解冻国际关系

战争是政治的延伸，借着朝鲜半岛的血雨腥风，日本收获了巨大的政治红利。别忘了，日本作为战败国只是接受了《波茨坦公告》而已，它还没有跟战胜国实现外交关系正常化，除非双方缔结和平条约，把过去的旧账清理干净。

什么时候清理时机合适呢？世事无常，就趁现在。虽然"联合国军"在仁川登陆一时所向披靡，但中国人民志愿军的出现使战局波澜再起。轻率冒进的美军吃了苦头，韩国首都汉城再次受到威胁。在严峻的形势下，麦克阿瑟逐渐感到了日本的重要性。为巩固后方，他在1951年的新年献词中发出了希望与日本缔结媾和条约的倡议。同年1月25日杜勒斯以美国总统特使的身份访问日本，商讨具体事宜。

在这时的日本，片山哲和芦田均这两届短命内阁已相继挂印而去。1948年10月，老练的吉田茂又被推上前台。再任首相后，他最希望促成的事就是与西方国家恢复正常关系，在日本经济还未壮大之前，一心一意做美国的盟友。1951年秋，吉田茂亲率大藏相池田勇人、外务相冈崎胜男等重量级人物赴美商谈。

经过一番秘而不宣的运筹帷幄后，1951年9月8日，日本与英、美、法等主要西方国家签署了旨在结束敌对关系的《旧金山对日和约》。

在合约中，日本承认朝鲜独立，放弃对台湾、澎湖列岛等岛屿的权利；日本同意将琉球群岛和小笠原群岛交美国托管；美国及其盟国可根据双边协定在日本驻军，日本有自卫权并自愿加入集体安全协定，等等。

通过《旧金山对日和约》，美、日之间占领与被占领的关系转变成了同盟关系。吉田茂达到了与西方阵营单独媾和的目的。至于中国台湾和朝鲜，日本只是放弃了不属于它的东西。日本在条约中真正失去的是部分主权，因为美军以后将长期驻扎日本，一些有战略地位的岛屿也将被美国托管。

作为补偿，在合约的保护下，其余战犯不再被起诉，而对已经被判刑的战犯，则设法减刑或赦免。同时，日本因战争须付的赔偿责任也大为减轻。对东南亚六国提出的赔偿要求（老挝、柬埔寨因故放弃），日本也只以建设项目的方式替代赔偿，数额可想而知。

尽管如此，吉田茂仍处心积虑地想减少赔偿。有一次，印尼总统苏加诺来访，吉田估计他会借机提出赔偿问题，于是抢先下手，说道："我期待着您的到来，从贵国刮来的台风已经给日本造成了严重的损失。我正等待您来，以便就你们的台风对我国造成的破坏要求赔偿。"口才极佳的苏加诺几乎傻了，他还没反应过来时，吉田茂马上又把话题岔开。最终，苏加诺没有提赔偿要求。

碰上了无赖，国力不济的印尼又能如何呢？继东京审判之后，日本仅以轻微的代价就卸掉了满身的罪责，轻装前进。

然而，在这么重要的场合，却不见主要参战国的身影，损失最重、牺牲最大、理应获得最多赔偿的国家也不在受邀之列。为此，苏联拒绝在合约上签字。朝鲜、印度等国也没有到场。

就在日、美签署媾和条约的当天傍晚，吉田茂在美军第六司令部代表日本与美国签署了《日美安全保障条约》，简称《安保条约》。如果说《旧金山对日和约》是皮子，《安保条约》就是里子。美国表面上给日本以独立主权，背后却在将其对日本主权的继续侵占合法化。这就是高明的玩家。而日本也需要这种侵占，它自知罪孽深重，缺乏安全感。条约规定：允许美军在日本自由驻扎，建立军事基地，但未明确美国对日本承担防卫义务；不经美国同意，日本不得给予第三国驻军、演习和军队通过的权力；美军还可以应邀镇压日本国内的暴乱；在基地以外，美国人及其家属犯罪归美方审判。

日本人过去做梦都想不到的这些内容被写进了条约，国内的咒骂声可想而知。政府内部也不乏反对之声。日本的保守势力已经开始集结，由河野一郎、三木武吉等人组成的改进党吸收了中曾根康弘这样的年轻修宪派，他们指责吉田茂，认为其过分依赖美国的政策将使日本在政治和经济上处于从属地位，因此坚决反对签署这一条约。

其实，关于条约的不平等性，吉田茂心里比谁都清楚。但他知道，拥有强大武力的美国和已被解除武装的日本之间没有平等可言。他意识到，恢复和发展日本的经济才是当前绝对的第一要务，主权和尊严都必须给经济发展让路。等经济发展起来了，一切自然会改变。

作为"老奸巨猾"的人物，吉田茂早已编好一套应对理论。原防卫厅长官松野濑三质问他："占领军不是还留在日本吗？"吉田说："何不把美军想成我们请来的'番兵'呢？没有智慧的人会认为日本还被占领着，聪明的人会认为日本是在利用'番兵'。"他还补充说："你要知道，美军不会永远驻扎在日本，我不认为可以永远利用他们。事情早晚会发生变化，美军撤走的时刻一定会到来。那时，日本就要和美国比智慧了。"

首相完全一副超现实主义面孔，这让他的话听上去也有些说服力。而且，驻日美军整体上还是规矩和友善的。若非如此，恐怕其高论还没讲完，就会被人揍扁。

重整军备

自此以后，日本跟"大哥"算是绑定了。尤其当时战火已经烧到了朝鲜半岛，当亚洲的瑞士是不可能了。"大哥"肯定会想，让日本隔岸观火多没意思，不如给"和平宪法"注些水，让日本也下去游泳。

麦克阿瑟在1950年1月发表讲话说："《日本国宪法》不意味着自卫权的放弃。"为了美国的全球战略，他直接要求日本重整军备。这个破天荒的口子足以让日本国内的某些人蠢心欲动。

朝鲜战争爆发后，美国一再催促日本重新武装。国务卿杜勒斯亲自飞往日本与吉田茂商讨。真是得来全不费工夫，保守势力一直在为修改宪法以图重建军队寻找借口。这下全省了，日本只要抬起腿就可轻易复活军国旧梦。

这个意图想来也够"恶毒"的，能接吗？肯定有人愿意。众多军国主义活动家还健在，他们都跃跃欲试，准备再次建功立业。这个时候，首相的态度至为关键，考验吉田茂政治智慧与勇气的时候到了。刚战败不久，若再整军备，民众会做何反应？

当时，手冢治虫的漫画《森林大帝》正在火热连载，维护和平、崇敬并热爱生命的小白狮雷欧成为人们心中的偶像。

好的政治家不会逆民心而动。何况，日本现今只是一匹瘦马，是驮不动巨额军备的，若硬让它驮，非累死它不可。只有敢于面对现实并能藏住心中渴望的人，才配被称为政治家。

深思熟虑之后，面对杜勒斯的盛情相劝，吉田茂出人意料地拒绝了其重整军备的建议。而且吉田茂对"军队"这个词感到恐惧，总是找别的词替换它。这种态度惹恼了杜勒斯，他挖苦道："一个有能力对安全问题做出贡献的国家，不应该在安全问题上免费搭乘公共汽车！"

如果不是原先的战车被打成了废铁，日本人怎会愿意搭乘公交？如今，死去的将士埋骨异乡，活着回来的还没找到工作。作为昔日帝国外交官的吉田茂并非不想重整军备，只是他比别人更了解这把双刃剑！他知道，现在日本最需要的是从废墟中站立起来，扩充军备是经济充分发展以后的事。所以，他极力把军备建设限制在日本当时的承受范围之内，拒绝贸然扩军，因为那样对国家和他自己都没好处。

回首军国主义泛滥的往昔，那绝不是阳光灿烂的日子。那时候，吉田茂不是受气就是受辱。第二次世界大战爆发前，他就凭借多年积累的"外交直觉"提出论断：不能和德、意两国结盟！如果非要找盟友，宁可选择英、美。

可那帮掌权的军人全是"暴走族"，他们只找与其臭味相投的盟友。对于吉田的论断，他们非但不听，还把他赶下了台。战争结束那年，他暗地里帮近卫文麿写了篇呼吁停战的奏折，墨迹未干，他就被宪兵抓了起来。他望着冰冷铁窗苦守了四十天，日本投降后才出狱。

有这样一位吃过"帝国牢饭"的首相，对日本而言，就像上了一道保险。军队的蛮横和军人的疯狂，他是领教过的。如今，他之所以能在首相的位置上狐假虎威，全因那些数量庞大的旧日军人被压制着。如果把他们再请回来，让他们有机会翻身，还有他自己什么事？

任何看似正义的选择，背后都有利益在驱动。吉田茂虽拒绝大规模重整军备，但他骨子里毕竟流着武士的血，他认为，建立一支军队还是有必要的，只要这支军队规模较小，自己可控即可。

1950年7月8日，麦克阿瑟向日本政府递交了《关于加强日本警察力量》的指令，吉田茂闻风而动，速度极快。同年8月23日，一支7.5万人的警察预备队出现在日本列岛。该部队的建立是一场及时雨，解决了很多人的失业问题，部队中有旧军官5463人、旧士官15 342人、旧士兵17 854人，合计38 659人，在整个预备队中的比例超过52%。兵不在多而在精，枪杆子里出政权。恢复军队为日本右翼势力重返政治舞台提供了基石。众多老一辈军人、政客跃跃欲试。

这一切的发生，犹如一场暗动的逆转，它的力量都来自朝鲜半岛。那场战争彻底让朋友不再是朋友，敌人不再是敌人。日本从中获得了太多，以至有人提出了"特需景气"的危险性，害怕对其产生过度的依赖。

　　1953年朝鲜战争结束，日本战后的重建基本完成，矿产工业和个人收入恢复到战前水平。在这三年多的时间里，原先驻扎在日本的美军几乎都外出打仗了，日本国内的局势出奇的平静，人们整天忙于给美国提供帮助，以此赚钱糊口。随着信任感的增强，美国对那些未被判死刑的战犯和开除公职的人员放松了参政管制，重光葵、岸信介、河野一郎、德富苏峰等人相继被解除了政治流放，右翼保守派再次抬头并形成一股不可小觑的势力。一些新兴的战后政治家发现，他们面临着被战前老家伙们取代的危险。不过，随着政治政策的放宽，新的左翼势力也已兴起。左、右翼两股力量都开始整合，尤其是日本共产党，可谓起死回生。

日本共产党和社会党

　　组织政党的目的是执政或参政，如果一个政党组成后永远没有执政的机会，那将多么遗憾。比这更可怕的是，这个党还要经常遭到扫荡和清洗。日本共产党正是这样，其领袖德田球一完全可以证明这一点。

　　日本共产党成立于1922年7月15日，主张社会主义与民主主义的两阶段革命，其目标是"废除绝对天皇制"与"实现国民主权"。日共在成立时即被宣布为非法政党。1923年日共的秘密活动被检举，1924年即解体。1926年日共顽强再立，1928年又被取缔，党的创始人之一德田球一也被捕入狱。1935年，日共党组织第三次解体。

德田球一1894年生于日本冲绳县。其父希望他成为"琉球第一大伟人"，为其起名"球一"。他11岁时，父亲去世，母亲带着他到姥姥家居住。姥姥家是放高利贷的，少年德田经常看见有人来家里借钱。寄人篱下本应该老实点儿的，你猜德田跟人家说什么？他说："你们不要借高利贷！那要被剥削死的。很快我就会帮助你们，你们等着！"

作为冲绳人，少年德田球一的自尊心经常受到伤害。有一次，他到舅舅家玩，用浴缸洗了个澡。舅母偏说冲绳人太脏，当着他的面将一缸新水倒掉。小学五年级时，校长大骂"琉球人马鹿野郎（浑蛋）"，德田球一组织了三天罢课，最终逼得校长认错。中学五年级时，他受命扛枪夹道欢迎闲院宫载仁亲王夫妇来冲绳视察，看见那位满脸抹白粉的夫人，他说了句"扛着枪欢迎白老鼠，实在荒唐！"，结果差点儿被开除。

对这种人来说，进监狱就是早晚的事。

中学毕业后，德田球一开始四处打工，还经历了1918年那场著名的"米骚动"。到1920年，他算是把大学念下来了，随后当了律师。就在这一年，他加入了"社会主义同盟"，开始搞运动。1922年初，德田球一冒死去了趟苏联，出席共产国际在莫斯科举行的"远东民族大会"，回国后开始建党。日共成立时，德田任中央委员。这个官没当几天，1923年他就进监狱了，从此与监狱结下不解之缘。第一次进去的时间不算太长，被放出来后，他继续活跃，一看党没了，就着手重建，结果没能如愿。日本在1928年3月组织了一次全国大搜捕，专门针对共产党员，其中却没有德田的身影，因为他当年2月份就进监狱了。

1940年，因打仗缺人，德田获得一次绝佳的出狱机会。这年碰上特赦，他被减刑一年零十个月。在刑期结束前，"教诲师"问他对刚刚开始的大东亚战争和德苏战争有什么看法，这时候只要编两句糊弄过去就行了。可德田回答道："法西斯德国和日本必败！"结果，他被定性为"极端危险的疯癫分子"，尽管刑期已满，却继续被羁押。直到1945年日本投降，他才被释放出来，整整被监禁了十八年。在侵华战争期间，日本许多所谓的左派分子都改头换面，转变为帝国政府的支持者。对长达十四年的侵华战争，只有日共始终坚持反对立场（个别人动摇）。

美国人来了以后，日本共产党被宣布为合法政党，党员们又可以活动了。德田球一也非常兴奋。出狱后，他带人来到麦克阿瑟司令部门前高喊"占领军万岁"，场面惊人。然而日共的"蜜月期"并不长，因为意识形态迥异，加之日共坚持武装斗争，四处成立工会，1952年它再次被取缔。此后，日共在另一位党内元老宫本显治的带领下回归主流。在议会中，日共虽然总能获得一些席位（最多时曾获得众议院41席），但长期被排挤在政党协商之外，成了一个边缘在野党。1955年，德田球一在北京病逝，没有实现其毕生的理想。

相比之下，另一个左翼政党就幸运得多。

日本社会党是由左翼中的非共产党人士组成的。1945年11月2

日，为凝聚时薪工人和佃农的力量，战前的社会大众党、日本劳农党、日本无产党等小党的代表人物联合创建了社会党。当时社会党的书记长正是曾短暂出任首相的片山哲。它的主要支持力量是工会和农协，以及中小企业主。全国最大的工会组织日本工会总评议会[1]与社会党关系密切。每逢选举，"总评"所属的工会组织都全力支持社会党。

与共产党不同，社会党不搞武装斗争，主张遵守宪法，以"和平革命"的方式争取议会的多数席位，建立社会党政权或左派联合政权，希望以此实现民主社会主义。在对外政策上，社会党反对日、美安全保障体制，坚持"非武装中立"。以此为基础，该党把矛头对准那些作为战后继承者的企业精英、官僚和政客。这些举措很能打动战后承受煎熬的劳苦大众，正是在他们的支持下，社会党逐渐具备了与右翼政党对抗的实力。

但跟所有左派政党一样，社会党也面临着组织问题。事实证明：组织过严，限制党的发展；组织过松，容易导致分裂。社会党在成立之时就存在多个派系，加之国外力量的干涉、渗透，只要有机会就极易分裂。1951年10月，日、美签署了《旧金山对日和约》和《安保条约》。社会党可谓点火就着，党内关于条约问题的争论尖锐对立，形成了左、右两派。不过，由于战后初期人民的生存环境恶劣，在1952年和1953年的众议院选举中，左、右两派的实力不相上下，席次各有增

---

[1] 日本工会总评议会是日本最大的工会组织，简称"总评"，于1950年7月11日在美国占领军支持下成立。

加。再加上共产党的席位，议会中的左翼势力渐成气候，在谁控制了议会谁就能控制政权的现实面前，吉田茂领导的自由党深感恐慌。

更危险的是，真正的挑战来自自由党内部。以自由党为主的保守势力暗潮涌动，一股分裂的浪潮席卷而至。说起来有些心酸，这都是吉田茂自找的。当年，首相宝座跟他无缘，后因鸠山一郎"倒霉"，才轮到他。鸠山很够意思，在被占领军取消首相资格后，他凭着信任把连议员资格都没有的吉田茂扶上党首宝座，并使其出任首相。吉田曾拍胸脯保证："只要你解除公职的处分一撤销，我马上把总裁的位置还给你！"在鸠山吃官司期间，吉田也确实四处奔走，帮他疏通。可是，当鸠山一郎真的获得政治自由以后，却发现局势已非昨日。他再巡视宇内，早已认不清谁是谁。吉田茂在外广收门徒，几乎都开"学校"了，几年的经营使其羽翼已丰，身边已有池田勇人、佐藤荣作这样的大将。当鸠山一郎试图让他兑现诺言的时候，后者以首相之位乃国家公器不能私让为由拒绝。

鸠山感到自己被狠狠要了一把，但在政坛是要凭实力说话的，他明白这一点。在自由党内他已经是孤家寡人，该怎么办呢？出走还是留下？如果继续待在党内，每天都是在丢人现眼，但如果马上脱党，就意味着自己政治生涯的终结。权衡再三，鸠山一郎决定带着被出卖的伤痛继续留在党内，凭借其往日在黑白两道的经验，暗暗发展势力，等待时机。

吉田茂下野

　　任人唯亲往往是暴露矛盾的始发点。1952年7月，吉田茂受左右怂恿，任命福永健司为干事长，结果竟遭到党内否决。没多久，因政见不合，他又把河野一郎和石桥湛山赶出自由党，将两位实力派人物推向对立面。同年11月，吉田茂的心腹爱将通产相池田勇人接连大放厥词，说什么"穷人就去吃麦子吧""中小企业里出现三五个破产或自杀的也没什么大不了"，引起舆论大哗。

　　众议院因此提出了对池田的不信任案。当议会中支持和反对提案的票数旗鼓相当的时候，吉田茂选择了袒护他。自由党的大平正芳还专门去游说"无党派联盟"政策负责人福田赳夫，结果"无党派联盟"最终还是投了赞成票。弹劾动议通过，池田勇人被迫下台。吉田茂认为，这完全是冲着他来的，警讯使他的神经绷得越来越紧，而神经越紧绷，就越容易犯错。

　　1953年3月，在毫无征兆的情况下，众议院被解散，重新大选。为何会如此突然？原来吉田茂在2月份的预算委员会答辩中情绪失控，引起了一场骂战。当时，右翼社会党议员西村荣一要求吉田对国际形势发表看法。首相的回答未能让西村满意，于是他继续揪住不放。吉田茂在情急之下顺口抛出"浑蛋"二字，两人随即展开了一场无休止的骂战。社会党借机提出"内阁不信任案"，自由党内有23名议员（鸠山派）也跟着投了赞成票，该提案被通过。对此，吉田茂则以解散众议院消极应对，史称"浑蛋解散"。在同年4月的大选中，自由党获得199席，不及半数。这也就意味着吉田内阁将无法继续执政。但吉田毕竟是精明老练之人，为保住首相之位，他与以河野一郎、三木武吉等人为首的改进党结成暂时的联盟。虽然他的权力将受到牵制，但稳住了政权。

这时候，有个人正在暗暗观察局势的变动，他就是鸠山一郎。经过几年的努力，他在自由党内组织起鸠山派，他们通过在国会选举中的出色表现，逐渐成为一股可以与吉田派分庭抗礼的势力。他仍在等待时机，以便公开竖起反吉田茂的大旗。

人言："黄鼠狼单咬病鸭子。"吉田茂不是鸭子，他本不怕咬，但经历过一次冲击后，怕不怕就要另说了。

1954年1月25日，吉田内阁运输省的官房长官被逮捕，"荣列"日本战后四大弊案之一的"造船政治捐款丑闻"浮出水面。随着对案件的深入调查，涉及的人物越来越多，级别也逐渐上升。接近年中时，检察机关签署了对自由党干事长佐藤荣作的逮捕令。为了阻止逮捕，吉田茂竟动用指挥权，直接对法务大臣犬养健下达命令。这一举动遭到了舆论的猛烈抨击，吉田茂大失民心。

1953年3月鸠山一郎便已率领本派人马脱离自由党，趁此时机开始迅速纠集反对吉田的力量。1954年11月24日，在东京日比谷公会堂内，民主党举行了成立大会，鸠山派与以三木武吉、河野一郎为首的改进党及岸信介派实现联合。鸠山一郎自任总裁，岸信介任干事长，总务会长由三木武吉担任。这样的联合使民主党在成立之初就具备了众议院121个席位、参议院18个席位的强大阵容。

自此，针对吉田茂的右派反对势力形成，但想要推翻吉田茂并不容易，仅靠一党之力仍然不够。这时，经过一系列的合纵连横，日本社会党的左、右两大阵营也加入反吉田阵营，成了压垮吉田内阁的最后一根稻草。

这样，反吉田派的议席加在一起轻松超过半数。此时，只要提出对内阁的不信任案，通过与否已经毫无悬念。

面对已定的败局，吉田茂还想挣扎，他提出强行解散议会的想法，并为此极力说服党内元老。但这时候，大野伴睦、绪方竹虎这样的重臣已经无心恋战。他们认为，面对如此窘境，为求得体面，还不如在不信任案通过之前由吉田茂率领大家总辞职。

1954年12月10日，雄踞首相之位七年有余的吉田茂黯然下台。回首往昔，用尽手腕，使他久掌大权；紧跟美国，使他座位稳固。但吉田茂毕竟是武士的后代，他始终信赖自己的国民，在他掌权期间，从不曾因眼前的满目疮痍和一蹶不振而怀疑国民的素质。他始终相信，依靠团结和努力，就能重振国家。

然而，成也萧何，败也萧何。"师美政策"正是让他招致民众埋怨和政敌抨击的原因。也正是由于美国对日本军国主义的松懈，才使吉田茂的政敌成批出笼，其中很多人还是靠着美国的偏爱立住脚跟的。

推翻一个政权需要经过复杂的过程和一定的时间，政治家不仅要足智多谋，还要有勇气和胆略。1955年马上就要到来了，对日本来说，这是个风云诡异的年份，没有了吉田茂的日本又会去向何方？

第三章

日本的两次高速发展

多党统一

　　人挪活，树挪死。没有了对美国俯首帖耳的吉田茂，部分保守派成员欢欣鼓舞，他们憧憬着新的首相能带领国家继续前进。其实，整个国家都对新任首相充满期待，希望他能走出一条新路，而不是走别人走过的路。

　　这位新首相就是鸠山一郎。他在遭遇"背叛"之后战胜内心的彷徨与苦闷，毅然重整旗鼓，凭借自己的努力登上了首相之位。不过，鸠山组织的是少数派内阁，有人希望它存在的时间越短越好。要知道，鸠山的首相之位是建立在与反对派达成协议的基础上的，社会党的左、右两翼势力之所以推举他当首相，是因为他承诺将通过选举组成内阁，新的议会大选就在1955年2月进行。也就是说，如果选举失利，鸠山很可能还没坐热首相之位就下台了。

　　如果说打江山靠权谋，坐江山就要靠政策了。鸠山一郎一上台便推出了与贵族气十足的吉田茂截然相反的施政方针，如"废除公邸""取消警卫""禁止公务员与企业家一起打高尔夫、麻将"等。为讨好劳动阶层，他还取消了平板车税和自行车税。在竞选中，他更是提出了"修改宪法"和"恢复日苏谈判"的响亮口号。"修宪"这个议题是前几年日本人不敢轻易碰的，谁若提出来非遭人人喊打不可，而今事情却发生了变化。

战争已过去快十年了，人民的生活日益改善，那个明显带有翻译痕迹的宪法已经让有些人感觉不舒服了。虽然"修宪"未必可行，但这个口号确实具有号召力。"恢复日苏谈判"意味着与苏联重新建立外交关系，对于日本的国家安全而言这绝对重要，同时它还可以牵制美国，日本民众自然能体会其中的含义。因此，在这次议会选举中，许多民众表现出了比以往更大的热情，一股强劲的"鸠山热"扑面而来，席卷全国。

1955年2月27日，日本第27次众议院大选开始投票，民主党的席位从竞选前的124席猛增至185席，而自由党的席位则大幅减少，从上次的180席变成了112席。左、右两翼社会党的席次只有小幅增加。

新首相通过了选举一关，避免了短暂政权的命运。那些只想利用鸠山实现"改朝换代"的人扑了个空。自由党虽遭重创，但同属右派的民主党的势力却得到了巩固，难免不让人垂头兴叹。

权力从一批右派的手里转移到了另一批右派手中。日本的左翼势力非常焦虑。自1945年后，除了社会党的片山哲曾短暂执政外，以社会党和共产党为主的左翼势力长期在野，甚至闹出分裂。人们已经看到，如果不摆脱这种局面，希求左翼执政绝对是空谈。这个时候若想登上权力的巅峰，左翼势力必须做出努力，抛弃成见，团结起来。1955年10月13日，日本社会党的左、右两派力量实现合璧，左翼革新势力完成整合，形成了一个新的更强大的社会党。

　　面对来势汹汹的左翼大联盟，日本的右翼力量依旧处于分裂格局。由于众所周知的原因，吉田茂领导的自由党和执政的民主党有着很深的隔阂。然而社会党已经实现联合，要想维持右翼的长期执政，寻求"保守和同"是最佳途径。这时候，几位重量级人物站了出来，其中起决定性作用的是三木武吉。

　　三木武吉是日本政坛号称"寸铁杀人"的长老，是反对吉田茂的"八武士"之首。他总是脚踩木屐、拄着拐杖、步履蹒跚地行走在国会红毯上，眼中带着一股妖气。中曾根康弘曾这样形容三木武吉：从他身边走过时总有种触电般的感觉。一旦三木接近你，他就会突然睁开眼睛，直视你的双眼，让你瞬间如遭电击一般。三木平常少言寡语，坐在议员的位置上时，他总是把脸贴在拐杖上，一副快死的样子。可是，一旦登上讲坛，他就唾沫横飞，那"寸铁杀人"的语言会立马飞射出来，当演说进入攻击阶段时，原本气息衰微的老人会像体内喷着火焰般时而奚落、时而褒奖，最后把人推向谷底。听着三木的演讲，人的身体会像着了魔一般颤动，在座位上忽左忽右地移动。

　　曾经有一个议员不知厉害地当众向他开炮，说他虽人老了却花心不减，娶了五房太太。这种诘问很容易让人难为情，但到三木武吉这儿根本不好使。他用嘲讽的口气说："你记错了！我之前娶的是第六房太太！办婚事那天还给你发过喜帖呢，大概忘了吧？！"难堪的诘问被他直截了当地推了回去，弄得那位议员当场无言以对。众人大笑了之。恐怕只有这样的人才具备整合一个政党的能力。

　　在第27次众议院选举之后，民主党和自由党的席位此消彼长。三木武吉看到了利用此种变化实现右派联合的可能。1955年4月，身为民主党总务会长的三木发表了惊人言论："为了推进保守联合，如有必要，鸠山内阁可以总辞职。其后继人可以是鸠山，也可以是绪方。如果吉田愿意的话，也可以选他。"这一表态等于向自由党伸出了橄榄枝，大大减弱了两党的对立情绪，两党之间开始有了联合的气氛。

但是，每个团体都已形成了各自的利益获得模式，要把众多的小利益团体汇成大利益集团谈何容易？此时只有牺牲小我，才能成就大我。这种挑战人性的追求，难度可想而知。更有人提出，这样的合并会导致社会动荡和政坛混乱。他们担心联合后的保守势力一旦选举失利，就有全部退出政坛的危险。到时候，社会党将上台执政，而当时的社会党，左派是坚定的马克思主义派。如果这种情况发生，将对日本政坛造成强烈冲击。

为此，三木武吉召集那些反对保守联合的议员去料理亭吃饭，开始做劝说工作。在饭馆里，三木又开始了口沫四溅的激情演说。他指出，为阻止左派单独执政而维持多党派的想法荒谬至极，联合的左派绝不会选择与分裂的右派共同执政。围坐在他身边的中曾根康弘、樱内义雄等年轻议员看到这位已染重疾的老者虽来日无多，却依旧执着，为完成夙愿在跟自己的生命赛跑，觉得如果再不同意他的主张，简直对不起他。

在这样的推动下，两党的联合被列入讨论日程。自由党的吉田茂、绪方竹虎和民主党的鸠山一郎、岸信介、河野一郎等人迅速行动了起来。两党的重量级人物频频举行会谈，达数十次之多。为了共图大业，这些虽属右翼但政治观点不同的人展示出了大局观和包容力，终于暂时抛弃成见拧成了一团。

接下来就要确定党的名称了，为图方便，他们决定简单地把两党的名称合并在一起作新党的名字。但谁在前谁在后呢？双方难免有一番谦让。自由党干事长石井光次郎为表示客气，说民主党议席居多，理应在前，应将名称定为"民主自由党"。民主党干事长岸信介却说自由二字若放在前面读起来更顺口。石井听了满心欢喜。

1955年11月15日，日本两大保守政党自由党和民主党（内含多个派别）合并，成立自由民主党（简称"自民党"），一个占众议院299席、参议院118席的单一保守政党诞生。由于社会党在同年率先实现整合，左、右翼两大势力对立的政治格局就此拉开序幕，日本政坛从此进入"55年体制"。

三木武吉在自民党成立大会上动情地说："我们今天能够在此实现保守势力的联盟，对于各位来说，我热切希望看到你们与国民大众，乃至与人口超过世界半数以上的自由国家的民众一起为此欢呼雀跃。"

三木武吉所说的人口超过世界半数以上的自由国家主要是指美国。这位深谙政治哲学的老者之所以在成立大会上做出特别暗示，是希望美国不要因为日本寻求与苏联建交这件事而产生误会。

其实，美国对此并没有产生太多误解。当时的世界，冷战格局已经突显，日本脆弱的国防需要美国的保护。如果日本能与苏联建交，则可以缓解美国的压力。

对此事，作为首相的鸠山一郎心知肚明，该实现自己的竞选承诺了。然而，他此时正被另外一件事困扰着。说来让人笑话，自民党是在没有总裁的情况下成立的，因为两党都推举了自己党内的最强者，而党首之位只有一个。是推举自由党的绪方竹虎，还是民主党的鸠山一郎，大家始终争论不休。最后，鸠山、绪方、三木武吉和大野伴睦四人组成代行委员会才把党的启动问题解决。

但是，没有党首终非长久之计。鸠山深知，与苏联展开建交谈判这样的大事，不是自己坐上首相之位就可以办成的，还需要在党内握有话语权。对党首之位，他势在必争，但其对手绪方竹虎也绝不会轻易让位。绪方竹虎早在战前就是横跨新闻、政治两届的人物，曾任《朝日新闻》的主笔和情报局总裁，根基深厚，不论何党何派均要对其礼让三分，连吉田茂都不敢怠慢他。绪方平时总希望给人一种虚怀若谷、气度宏大的印象，因为他最后对吉田的倒戈常被人说成是心怀奸诈、见风使舵。不管怎样，双方已站上擂台。为尽早结束纷争，党内决定通过公开选举确定总裁，选举的时间定在1956年4月。

一旦公开进行选举，后果将无法预料，很多人都期待着看这场争锋究竟花落谁手。但历史是由无数的偶然串联而成的，充满了怪诞和神奇之事。1956年1月28日，绪方竹虎因冠状动脉硬化在东京的家中突然身亡。

劲敌就这样烟消云散了，对于鸠山而言，接下来的选举就只剩走过场了。在自民党的临时党代会上，鸠山一郎获得的选票远超过半数。不过，选举时仍产生了70多张废票，且都是对已故总裁绪方的追思票，基本都是反对鸠山的人投的。除此之外，还有若干选票上竟然写了一个非候选人的名字——岸信介，从而引起了很多人对未来的猜测。

重返国际舞台

　　鸠山一郎成功当选后集党政大权于一身，更加积极地推进对苏谈判。但是，这个苦活儿举步维艰。由于《旧金山对日和约》把苏联排除在外，日苏关系仍处于敌对状态。第二次世界大战结束后，虽然艰难，但众多的日本海外驻军和侨民都陆续回国，只有在苏联的日本人例外，从将军到士兵，几十万俘虏被扣在远东当苦力。而且，日本北方的四个岛屿已被苏联占领（根据美、英、苏在雅尔塔的秘密协定，1945年8月由苏军占领），并有长期化趋势。现在，日本已经没有发动战争的权力了，只能靠外交解决。

　　早在1955年鸠山一郎就曾派人与苏联交涉北方四岛（即南千岛群岛）的归还问题，但毫无进展。北方四岛问题始终像鱼刺一样鲠在两国之间。苏联人不承认它是日本领土，坚持说领土问题不可以谈判，日方无计可施。1956年3月，日苏会谈中断。

　　但是，鸠山不肯放弃。同年4月，他派其心腹大将农林大臣河野一郎前去谈判，并制定了新策略。河野一郎到苏联后，不提建交事宜，先谈两国的渔业协定，企图用对苏联有利的渔业协定做诱饵，吸引其继续谈判。可即使如此，苏联仍没有轻易让步的迹象。

在谈判的关键时刻，党人派"老江湖"河野一郎使出了一招非常规手段，做出了一个让日本人至今难忘的举动：他把日方翻译人员留在外面，只身一人进入了克里姆林宫。也就是说，他和布尔加宁总理会谈时只用苏联翻译，这样一来，不管他们谈的是什么内容，只要河野不说，苏联人不讲，就谁也不知道。在诡异的气氛中，日、苏谈判取得了进展。苏联翻译后来承认，在签署渔业协定前，河野孤注一掷，提出："如果今后不举行恢复邦交正常化谈判的话，这个渔业协定自动作废。"布尔加宁先是震惊，后来竟同意了。回国后，河野一郎被舆论痛批，说他像"卖鱼一样出卖了国家的领土"。

要想跟强国建交，就得忍。参与谈判的外相重光葵出了个主意，提议让苏联"首先归还齿舞、色丹二岛"（此两岛占北方四岛面积的6%）。苏联答应了，但提出了两个先决条件：第一，交还领土必须在签订和平条约之后；第二，交还领土应在美国首先交还冲绳岛及其他领土之后。条件传回日本后，政府内无一人敢表态赞成，谈判再次陷入僵局。眼看一年又快过去了。

有鉴于此，深思熟虑后，鸠山决定采取务实的态度，暂时搁置领土争端。他直接给苏联去信，提出包括"支持日本加入联合国"在内的五项条件。9月，他收到了布尔加宁可以继续谈判的回信。到该决断的时刻了，再也不能迟疑了。

1956年10月12日，鸠山一郎以赌命的决心拖着病体飞往苏联，亲自与布尔加宁举行会谈。到了莫斯科，他的身体状况每况愈下。看到这种情况，在谈判开始前，河野一郎主动找到苏联外交部长谢皮洛夫，告诉他："鸠山首相不可能再来莫斯科了，如果我们现在不达成协议，日苏邦交正常化就要推迟好些年……"日本把首相的健康状况这一绝密情报都递了出去，希望以此直率"感化"苏联。

苏联并不会如此容易就被"感化"，但他们清楚这里面的政治制衡和经济利益。10月19日，双方终于在莫斯科签署《日苏共同宣言》，两国邦交实现正常化。签字仪式结束后，他们在克里姆林宫大厅里举行了盛大的招待会，乐队在来宾面前奏响日本国歌，鸠山一郎百感交集，心潮澎湃，几乎要流下泪来。他相信，这是日本重新迈向正常国家的关键一步。

不过，日本舆论对日苏建交并非一片赞扬，反对声依然不少。但是，政治最注重的是结果。在日苏建交后不久，被苏联长期扣押的士兵、战犯陆续被遣返回日本。同时，没有了苏联的掣肘，国际通路大幅拓宽，加入联合国成为日本的下一个目标。然而，在这件事的推进过程中，鸠山的首相宝座却被人盯上了。

自民党从成立之初就派系繁多，党内最不缺的就是派系，共有"七个师三个团"。除非精通人事布局，否则想在党内久坐首相之位难于登天！当初，鸠山登高一呼，反吉田的势力群起响应。而今，鸠山当了首相后，却有越来越多的人盼他下台。

原吉田茂阵营（官僚派）的池田勇人和佐藤荣作等人也从没闲着，他们觉得，加入反吉田的鸠山阵营就等于被压在五行山下，难有出头之日。日苏建交后，他们表面不动声色，暗地里却组织"时局恳谈会"，鼓动财界和新闻界对此事提出严厉批判，在领土问题上大做文章，打击鸠山的威望，同时为鸠山的"功成身退"制造舆论，希望用红毯把他请下来。这类活动使刚刚成立的自民党陷入分裂的危险。

其实，身患重疾的鸠山已有退休打算，他没有外人想象得那般眷恋权位。"万里悲秋常作客，百年多病独登台。"1956年11月，在接受国会质询时，他明确表示将从亲手铺就的光荣之路上隐退。

1956年12月18日，在第11届联合国大会上，全体成员国一致同意日本加入联合国，成为第80个会员国。这标志着日本重返国际舞台。同年12月20日，鸠山一郎宣布辞职。

自古以来，凡迷恋权位者无不累于权势之下。知所进退，才是人中雄杰。鸠山虽然隐退了，却依然保持着对日本政坛的影响力。而他身后的日本，已与往昔大不相同。

近十年的光景已过，日本民众的精神面貌焕然一新。战争刚结束时，由于国家的支离破碎及生活的动荡，人们心怀强烈的不安。随着时间的推移，人们从战败中坚强地站起，同时也从改革的激动中清醒，情绪逐渐稳定。他们认识到，只有努力工作增强经济力量，才能迎来复兴。

自1955年起，日本迎来了战后第一次经济发展高潮。人们认为这是神话般的繁荣，因此，用日本神话传说中第一位天皇（神武天皇）的名字将其称作"神武景气"。日本经济开始全面复苏，进入建立独立经济体系的新阶段。

1956年，日本制订出"电力五年计划"，开始进行以电力工业为中心的经济建设，用石油取代煤炭发电。此后，日本从国外进口大量原油，促进了炼油业的发展。同年的《经济白皮书》中写道："战争的失败使日本人感受到了绝望，这坚定了日本人摆脱困境的决心，也加快了其摆脱困境的速度。因此，日本有了推动经济发展的力量……

现在已经不是战后，我们正面临着和过去不同的新情况，经济恢复期已经结束，今后是以现代化建设为中心的经济增长期。"但豪言壮语说得再响，也不能掩盖日本利用国际关系的变化继续隔岸观火的发财路径。

朝鲜战争结束后，日本人没能清闲下来，因为东南亚的烽烟已被点燃多时。大多数人都只知道"三八线"，其实还有北纬"十七度线"。那是第二次世界大战胜利后，越南民主共和国政府与法国达成的对越南分区占领的界线。自此之后，越南分裂，南越和北越的对立展开，法军与胡志明领导的越南独立联盟冲突不断。1954年，法军在奠边府一战败北，再也没有实力拼杀的法国向外寻求支援。美国当仁不让，一步步被卷了进去。

从此，大量的"越南特需"接踵而至，日本内外结合的发展模式简直令人眼花缭乱。

岸信介

鸠山一郎宣布辞职后，那位曾在他稳操胜券的选举中出现提名的岸信介不免心潮涌动。

岸信介可不是什么战后新兴政治力量，这个名字大多数人在战前就已如雷贯耳。1896年11月12日，他出生在曾出过八位首相的山口县，与明治维新的精神领袖吉田松阴是同乡。他本家原姓佐藤，他因被过继给岸姓家族当养子才改姓。他的弟弟没有改姓，就是大名鼎鼎的佐藤荣作。

1920年岸信介以第一名的成绩从东京大学法学部毕业，同年进入农商务省任事务官。1935年，他被升为工务局长，1936年出国工作，任伪满洲国实业部次长，其职位虽在中国的部长之下，却是伪满洲国产业行政的最高负责人。在此期间，他和关东军参谋长东条英机、满洲国总务厅厅长星野直树、满铁总裁松冈洋右、满洲重工业开发株式会社会长鲇川义介并称"满洲五巨头"。在中国东北，这只脱缰野马生活放荡，每晚饮酒、嫖妓，性情古怪，清浊同纳，让人难以捉摸，故被称为"满洲之妖"。

1939年，岸信介奉调回国。东条英机出任首相后，他即被召入内阁出任商工大臣。在"偷袭珍珠港"后的对美宣战诏书上，他副署了大名。1942年，在大政翼赞会（极右政治团体）的支持下，他首次当选众议员。1943年，他改任军需省次官，全面负责战时的经济统治，指挥军需生产和战争物资的调配，成为东条的得力干将。然而好梦不长，随着战局的恶化，岸信介比东条更早地看出日本的末日即将来临。1944年7月，美军攻陷塞班岛时，他向东条进言："轰炸日益频繁，军需生产已显著下降，应尽早设法结束战争。"但东条毫不领情地骂了一句："你们文官懂个屁！"赤胆忠心的岸信介感觉自尊心受到了深深的伤害。后来，内外交困的东条英机被重臣逼得不得不改组内阁时，他便派人劝说岸信介辞职。岸信介非但没有辞职，反而加入了反对东条的阵营，逼得东条英机只好下台。

由于东条是对美开战的元凶，日本投降后，只要跟他沾边的人都没好果子吃。岸信介很快便以战犯的嫌疑被捕，他的弟媳佐藤宽子（佐藤荣作的夫人）跑到站台送行，在一节车厢里发现了闭着眼、穿着开襟外衣、脖子上挂着毛巾的岸信介，他面前和身旁都坐着宪兵。宽子上前叫了声"哥哥"，岸信介看见是她，微微笑了一下，紧接着眼中露出泪光。停车时间只有五六分钟，在开车的一瞬，岸信介使劲握了握宽子的手，说："从今以后你就只有荣作了。"

岸信介被关进了巢鸭监狱，定为甲级战犯，他感到此次必死无疑。在监狱里，他早上五点半起床，晚上九点熄灯，根本没有零食吃，一日三餐八分饱。在无边的彷徨与孤寂中，他不仅精神上受到煎熬，政治上更等于被判了死刑。但即便如此，岸信介仍坚持着看报纸的习惯。有一天，他忽然读到了报上登载的朝鲜战争爆发的消息，高兴得大声尖叫起来，仿佛灵魂获得解脱一般。多年的政治历练使他具备了对国际形势的敏锐直觉。他认为，就凭此战，美国就无法把日本置于死地。他已看到重见天日的希望，离开囹圄的日子估计不远了。

果然，他没有被起诉。1948年，在东条英机等7名甲级战犯被处以绞刑的第二天，岸信介被放了出来。释放后，他即刻组织人马，欲东山再起。他先是被吉田茂笼络，后因与吉田政见不合又被鸠山一郎招致帐下。岸信介主张"反共亲美"，还希望把保守势力的支持层向"左"扩展，与他臭味相投者多聚拢而来。1952年，岸信介被解除"整肃"，恢复政治自由。同年，他组织起"日本再建联盟"，1953年当选众议员，1954年与鸠山一郎合组日本民主党，任干事长，并一直在幕后支持三木武吉统合保守势力。当自民党成立时，岸信介已是自成一派的党内元老。

有了这样的资历，岸信介问鼎首相应该是十拿九稳的。这次的候选者一共三人，分别是岸信介、石桥湛山和石井光次郎。其中，岸信介的实力无疑最强，他手上资金充裕，身边猛将如云。竞选过程十分严密，简直滴水不漏。自民党虽说有"七个师三个团"，但划分并不严密，脚踩两只船者有之，意向不明者也不在少数。为了拉选票，岸派的全体成员亮出了"贴身服务"。对地方议员，他们更是"无微不至"，如果你在横滨，就会有人陪你在横滨上车，把你一路护送到东京，然后跟你住进同一家宾馆，而且就住在你隔壁，对你进行说服，顺便监视你的一举一动。

天道酬勤，功夫自然不会白费。在1956年12月14日的自民党总裁选举中，岸信介独得223票，石桥只有151票，石井才137票。岸信介高居榜首。不过，他没能直接当选，因为差几票才过半数，还须进行第二轮投票。

岸信介对此并不紧张，因为另外两位与他的票数差距甚大，根本不可能翻盘。第二轮投票按期举行。结果出来后，岸信介却没有在第一名的栏里找到自己的名字，那上面清晰地写着石桥湛山的名字！

这就是日本政坛著名的"二三名联手"。岸信介不敢相信，出自吉田阵营的石井和石桥竟然联手了，前者动员力量让支持自己的人都转投了后者，从而使其票数超过了第一名。岸信介最终以7票之差败北。

经过党内协商，岸信介遗憾地坐了外务大臣那把交椅，石桥湛山出任新首相。石桥依靠池田和三木两派的支持上台，属于少数派执政，但他在推行政策时毫不犹豫。1957年新年刚过，石桥内阁就在当年的预算草案中加入了提高米价的内容。这可是件会得罪民众、影响选举的大事。虽然大藏相池田以1000亿日元的减税政策作为补偿，自民党依然遭到了猛烈抨击。

是继续推行，还是就此罢手？现实考验着自民党。对于这种情况，首相石桥显然准备不足，异乎寻常的反对声多来自自民党内部。党内的三大首脑与大野伴睦、河野一郎、石井光次郎、川岛正次郎四人开会后做出了决定：搁置米价问题。就这样，内阁的政策竟被执政党自己轻易推翻。

新首相在这件事上成了"局外人"，政治的残酷无情给了他一记当头棒喝。由于竞选时他曾在严冬中四处演讲，作为少数派艰难组阁后，刚刚上台便又遭此重创，石桥湛山突然病倒。1月底，为按时召开例行国会，他指名由自己的政治对手外务大臣岸信介担任临时首相，自己则积极治病。

位高权重之人所得之病，多为心病，谁又医得好呢？石桥开始养病后就一直没有恢复的迹象。2月23日，石桥内阁不得已提出总辞。

上任仅七十一天的石桥湛山因病下台。在日本政坛，他是个与众不同的人物，既非官僚，也非党人。他战前曾在报社当记者，写过大量反对军国主义扩张的文章和经济评论。在那个"大日本帝国"横行的年代，他勇敢地提出了与亚洲近邻和平相处、和平发展的"小日本主义"，甚至研究出殖民地无用论。他在一篇社论中写道："对于发动甲午战争时没有一个人反对，我们至今都感到遗憾。同样，在日俄战争前夕，也没有就反对战争展开充分的议论，这太让人遗憾了。"这样一位不带军国主义色彩的人如果有时间大干一番，周围邻国也会感到欣慰。然而造化弄人，他匆匆挥别了费尽心机争来的宝座，从此再没沾过这个位置。值得庆幸的是，下台后的石桥身体倒是越来越好了（享年88岁）。

岩户景气

1957年2月，岸信介直接被指定为下任首相，正式履新。以往鸠山上台时曾掀起过鸠山热，石桥上台时也曾被寄予很高的期望，但岸信介很快发现，他没有这样的待遇。因其脑袋上顶着甲级战犯的名号，有无数双眼睛盯着他。因此，刚开始他完全沿用石桥的内阁班底，行事颇为低调。但对一个雄才大略的人来说，这些都只是伪装。

既然对内要谨慎，那就向外发展。岸信介没有把目光局限于日本，他放眼全球，志在万里。从前炮火没能征服的地方，他要用商品去占领。很快，他就发表了日本战后首份外交蓝皮书，提出"经济外交"的概念，即以"和平的经济力量"作为主要手段向外扩张，以达到发展经济、培育国力的目的。

不知他是否还怀揣着"大东亚共荣圈"的梦想，看样子很可能，要不他怎么会提出"大东亚主义"，并希望重建日本与亚洲各国的"友好情谊"呢？为此，岸信介进行了两次前所未有的出访。

1957年5月，刚刚上台的岸信介出访东南亚。他先后访问了缅甸、泰国、印度、巴基斯坦、斯里兰卡和中国台湾，成为战后首位出访东南亚的日本首相。他的主要目的是重新与各国建立良好的关系，为日本的商品和技术出口开拓市场。

为了给"神武景气"添把火，岸信介用力推进石桥内阁的积极财政政策，并于1957年制定了金额巨大的财政预算。受此鼓舞，国内的技术引进规模和设备投资规模急剧扩张，日本民众开始敞开口子花钱，你也买进，我也买进，个个比着干。没多久，钱就花超了，国际收支出现不平衡，产生大量外贸逆差，日本的外汇储备减少到5亿美元，连日常的贸易决算都无法应付。国民经济的增长速度也因此受到影响。"神武景气"逐渐淡出人们的视线，"锅底大萧条"出现。

为解决财政危机，1957年6月，岸信介紧急访美，同艾森豪威尔总统举行会谈，其中心思想是借钱。这位将军总统对冷战格局看得已经相当透彻，自然愿意对现在的坚定盟友日本扶危解困。一周之内，日本就从世界银行和美国进出口银行借到3亿美元，相当于日本当时的外汇储备的一半。

这笔资金使日本从"锅底大萧条"中解脱出来，涉及灌溉和电力的很多关键项目也得以继续推进。同时，岸信介吸取教训，开始抑制投资的过快增长。他先从金融业入手，指示日本银行两次提高利率，减少放款，缩小企业的投资规模。接着，他又制定了《综合紧急对策纲要》，采取削减财政投资15%、限制输入、振兴输出、拯救中小企业等综合治理对策。为进一步扩大出口，1957年11月，他又上东南亚访问了。

这回他访问的国家更多。他先后到达南越、柬埔寨、老挝、新加坡、印尼、马来西亚、菲律宾，还有澳大利亚和新西兰，主要目的是继续打着加强友谊的旗号进行商品推销。

这些努力很快就见了成效。1958年6月，日本经济再次出现高速增长，国民生产总值以平均每年10%以上的速度递增。百姓的生活真正起了变化，人们口中念叨的不再是粮食价格，而是新的"三件神器"——洗衣机、电冰箱和黑白电视。

20世纪50年代，家电产品进入千家万户，每个人的脸上都透着喜悦。就连孩子们的游戏，也不再是打仗或过家家之类。1958年，日本全国开始流行玩"呼啦圈"。

也是在这个时期，日本开始转变其出口产业结构。战前，丝绸和棉花是日本具有代表性的出口商品，直到20世纪50年代初，其轻工业的出口仍占出口总额的一半。但这些产品不仅技术含量低，还要面对来自东南亚各国的强势竞争，出口利润受到影响。因此，日本的经济部门做出了改变出口产业结构的决策，制订了鼓励企业家向重工业和化学工业投资的计划，鼓励企业生产高科技产品，尤其是电子产品。日本企业于是开始大量生产电器、汽车，钢铁业逐渐取代轻工业，成为主要的出口物资，日本经济随之出现了被称为"岩户景气"（意即开天辟地以来的繁荣）的第二次发展高潮。

经济的发展使岸信介内阁摆脱了一定的困扰，其注意力开始从经济转向军队建设。由于修宪根本不可能，岸信介就开始在解释《宪法》上做文章。他在众议院答辩时说："拥有自卫所需的武力是理所当然的，是不违反《宪法》的。"他甚至说："如果在自卫权的范围内，拥有核武器也是允许的。"1957年6月，日本国防会议通过了《第一次防卫力量整备计划》，计划在1958年至1960年三年内使陆军兵力达到18万，海军舰艇吨位达到12.4万吨，航空自卫队飞机达1300架。这些计划的推进并未像从前那样遭遇太大阻碍。

民心是否在向岸信介靠拢仍不可知。对此，1959年的地方选举和参议院选举正是一次检验，因为这是"55年体制"建立后的首次选举，是整合后的自民党与社会党的第一次对决。其实，日本民众对什么对决并不感兴趣，谁能让他们的生活得到保障，谁就能得到选票。投票结果是，自民党大获全胜，一举控制了参、众两院。岸信介深受鼓舞，在膨胀的野心面前，他自认为再没有什么阻碍了，因此越来越大胆，已瞄准了下一个目标。

安保斗争

"骄傲在败坏以先，狂心在跌倒之前。"岸信介自己恐怕也不曾想到，自己的下一个目标竟会激起日本战后最大规模的社会运动。他本人在劫难逃。

由于1951年签订的《安保协定》即将到期，若要延续，必须在1960年6月前批准新约。为进一步夯实日美共同防卫体制，岸信介准备改订并续签该条约。同时，他还想借此良机邀请艾森豪威尔总统对日本进行历史性访问。

　　为此，双方展开谈判，并于1960年年初就《日美新安保条约》达成一致。所谓新约，跟旧约并没有本质区别，仍然规定美国军事基地负有保护日本的责任，日本接受美国基地，在经费上给予资助。当然，就某些条款而言，新约明显对日本更有利一些。比如，它明确了美国必须保卫日本的义务，同时美国还答应在往日本运载核武器时会事先通知日本。另一方面，新约规定，除非两个签署国之一要求改变或终止协议，否则条约在未来会自动生效。

　　接下来就将新约提交国会、等待表决通过的问题了。岸信介觉得这根本不是事儿。政治家最容易犯的错误就是想当然。岸信介长期生活在自我的世界中，不曾充分倾听民众的声音，还以为民众现在的想法跟他一样。然而，事情没那么简单，对于岸信介由战前高调反美到战后高调亲美的转变，民众极为不满。人们担心与美国的军事同盟会让日本在今后卷入战争。就连岸信介身边的人都对这诡异的气氛有所察觉。在岸信介将新条约交付议会审议前，其心腹重将福田赳夫曾当面提醒他，应避免在众议院对新条约进行强行表决，可先对人们不太敏感的延长国会会期这一提案进行表决，避免造成朝野对立。但是，当作为农林大臣的福田结束对苏联的访问准备回国时，却在报纸上看到了这样的消息："日本国会对国会会期延长50天和《日美新安保条约》两项提案实行强行表决。"

　　福田只看到了报纸，并没看见现场那阵势。1960年5月19日夜，挟持着自诩的民意，岸信介不顾众人反对，把《日美新安保条约》抛进众议院进行强行表决，结果遭到社会党的激烈反对。为了阻止表决，左派议员群起抗争，企图霸占主席台。而自民党的议员不甘坐视，上前拼命封堵。双方在议会主席台附近短兵相接，展开肉搏，众议院变成了"斗兽场"。最后，众议院议长清濑一郎于深夜请求警察出动，500名警员上阵清场，清濑被警察从反对派的层层包围中拖出。之后，他来到国会大楼的走廊里，宣布继续开会，凭借着人多的优势，自民党在黎明前强行通过了《日美新安保条约》（按照宪法的有关规定，众议院通过的条约案送交参议院三十天后，即使参议院没有表决，亦自动生效）。

一个堂堂执政党竟然如此妄为！礼崩则求之于野。社会党岂肯罢休，没能在议会上阻止表决，他们就把战场搬到了议会之外！这意味着大规模冲突将不可避免。日本战后声势最大的示威游行开始了。

5月20日，以《朝日新闻》为中心，四五家报社联手，共同发表了题为《民主主义的危机》的长篇社论，首先抢占舆论制高点。当福田赳夫飞回日本时，从羽田机场一出来，他就看见了游行的队伍。人们对"从属独立"的不满似乎已压制了十年，如今它化作一种无可遏止的愤怒爆发了。社会党、学生团体、妇女团体全都加入了示威游行，国会和首相官邸被人群包围。人们高喊着"反对安保！""打倒岸内阁！"的口号，在愤怒的人潮中前行。一天，两天，一个星期，两个星期，参加游行的人数很快就从二三十万发展到五十万。

岸信介这才感到形势不妙，但对于《日美新安保条约》，他仍十分坚持。至于催他下台的声音，他全然不为所动。然而，美国总统马上就到了，此乃日本最大盟国的总统首次来访，到时候势必要请天皇到机场迎接，两个如此重要的人物聚在一起，需要极其严密的安全保障，但就当前的局势而言，这等于天方夜谭。

5月25日，岸信介内阁召开会议就当前形势进行讨论，大家你一言我一语，发表各自的看法，却没人提艾森豪威尔来访的事。会议快结束时，年轻气盛的科学技术厅长官中曾根康弘实在坐不住了，他发言表示："眼下政局的稳定为头等大事。《日美新安保条约》自然生效的日期是6月19日，美国总统访日也是在6月19日，正所谓务广而荒，日子凑在一起不好，应该尽早将美国总统访日的日期推迟。此外，针对美国总统和天皇陛下的安全保障措施尚不够完善，万一事发，势必会对日、美两国的关系造成重大影响。我们绝不能让天皇卷入这场政治斗争中。"

中曾根说出了很多人想说而没敢说的话，会场鸦雀无声。岸信介最后回复："事关重大，你提出的事项有研究的必要，需要慎重考虑。"

所谓慎重考虑，不过就是借口。岸信介一方面不肯让步，一方面又秘密地派福田赳夫联络美国方面，探讨让美国自己提出延期访问的可能。福田千方百计地劝说，无奈美国人根本听不进去。美国驻日本大使明确表态："我国政府已经接受了这个邀请，当然不能再拒绝。这可是前所未有的事情。不管日本现在是这种状态也好，那种状态也罢，这种时候当然应该由日本政府来主动取消邀请。你们不愿这样做，却让我国政府如此，这是不公平的。"其言下之意是，就日本要面子，美国的面子呢？

此时，退休的吉田茂站了出来，支持政府把访问计划进行到底。

5月27日，报上刊登了岸首相、藤山外相、佐藤大藏大臣、池田通产大臣等人共同确认美国总统访问日期的消息。确认人中并没有负责治安的法务大臣井野和国家公安委员长石原，因为他们俩正忙于应付夜以继日的示威活动，根本没时间！

鸵鸟政策是解决不了问题的。在社会党的领导下，游行势头有增无减，骚乱持续蔓延。岸内阁的大部分成员被困在政府大楼内几乎无法动弹。凭借多年的斗争经验，社会党对自民党的处境了如指掌，准备攻其软肋上——既然美国总统要来，我们就"好好"招待他。

5月31日，岸内阁继续开会商讨局势，中心议题是美国总统访问一事。中曾根康弘说："负责安全保障的治安当局实际上并没有把握。"接着，他把羽田机场周边的路线图和美国大使馆门前的地形图拿了出来。他指出："万一访问途中天皇的御驾被长时间阻拦，必将带来不良后果。若再发生死伤流血事件，就会被宣传成我们为了美国人而不惜让日本青年流血，如果陷入这种圈套就太愚蠢了。再说，美国总统还要到国会演讲，那时社会党必将缺席，这样美国人会开心吗？"

中曾根句句都是肺腑之言，入情入理。可问题是，他不是决策者。当负责治安的阁僚被问到是否有把握保证当天的治安时，国家公安委员长石原说："如若担心起来，该担心的就太多了。"法务大臣井野看着路线图说："道路还是狭窄一点儿好，比较容易警戒。"他们俩似乎知道岸信介想听什么话。这时，运输大臣说："中曾根的发言不无道理。万一发生什么情况，内阁只有全体辞职了。"其他阁僚对此提出反对意见："那就强化欢迎氛围，让其压过示威声音。如果推迟美国总统的访日时间，将会造成极大的国际影响。"

　　岸首相最后陈词："既然事情已经确定，只有争取万无一失，按既定方针办，积极营造热烈欢迎的氛围，以压倒示威声势。"

无奈拒来访

　　6月10日，美国总统艾森豪威尔委派自己的心腹——新闻秘书哈格蒂——先行抵达日本做调查。不幸的是，消息走漏了。人群蜂拥而至。在羽田机场出口处，哈格蒂被"全学联[1]"和"总评"的示威群众彻底包围，"激战中"，其专车被砸，他最后乘坐美军的直升机只身逃出。对此，两位负责安全的大臣石原和井野一筹莫展。

　　"哈格蒂事件"让岸信介坐立不安。幸亏哈格蒂先来了，这就是在给美国总统敲警钟啊。然而，艾森豪威尔毕竟是军人，对此，美国方面仍然没有表示要拒绝访问邀请。总统乘坐的巡洋舰已经按原计划从菲律宾出发，经由冲绳列岛朝日本驶来。岸首相陷入深深的忧虑中，他做梦都想第二天一早治安就能变好。然而，接下来发生的事情，估计他连做梦都想不到。

---

[1]　全日本学生自治会总联合，成立于1948年9月，是以在校大学生为主力的学生组织，在日本战后初期的学生运动中发挥了重要的领导作用。

激烈的大规模游行鲜有能平静收场的。6月15日，参加游行示威和罢工的民众达到580万。当晚，学生冲进国会大厦，与防暴警察发生冲突，东京大学的学生领袖桦美智子"意外"死亡。这为本就激烈的斗争投下一枚助燃弹，更大规模的抗议斗争随即展开。义愤填膺的示威群众高举着"为桦美智子报仇！"的大标语牌继续斗争，矛盾向不可控的方向升级。

这回岸信介是真急了。在池田勇人的建议下，内阁于当天夜里召开了临时会议。阁僚们多数持强硬态度，将此次事件定性为国际共产主义势力的阴谋。有人主张最大限度地出动警力进行镇压，并公开发表强硬声明。对此，众人附和，但国家公安委员长石原忧虑地说："警力有限，倘若不能采取相应的政治措施，事态将难以收拾。"终于有人吐出真言了。

接着有人提出动用自卫队进行镇压，却被防卫厅长官赤城宗德否决。想不出对策，众人难免泄气，都不由得联想起社会党可能采取的下一步动作。越想越可怕，社会党很有可能在总统访问当天，即6月19日，将桦美智子的葬礼办成一个国民葬礼，召集数万人参加，然后煽风点火，以葬礼为掩护发动暴动。那样，美国总统和岸首相的安全就难以预料了。到此，没人敢再往下联想，会议不欢而散。这下，岸信介只能自己想办法了。

6月16日，曾经自信满满的岸首相在撞墙后回头，在万般无奈下，他主动提出将推迟美国总统艾森豪威尔的访问日期。对于他来说，这是一记重挫，它证明日本国内的治安已经失控，美国总统若真来了，他是无论如何也控制不了局面的。此时，党内几位大佬开始对岸内阁的执政能力产生怀疑。

对于社会党来说，推迟美国总统访日日程的目标已经实现，但他们还有一个目标没有实现，那就是让岸信介下台。不用急，这事自民党"帮"你们搞定。

闹了将近一个月后，6月18日，日本抗议者进行了集体大游行，为阻止批准安保条约做最后努力。当天，岸信介坐镇首相官邸，警察总监不断提醒他："官邸太危险了，请您快搬到别处去吧！"但岸信介答道："首相官邸是总理大臣的大本营，在大本营战死是一个男人的心愿。"为完成夙愿，这个人已不惜一切代价。19日黎明，《日美新安保条约》自动生效。

生效归生效，但日、美两国还需要交换条约批准书，也就是说，这份条约还需要执政党内的几位大佬签字确认。岸信介准备了一份声明，并派人将其送到了大佬们聚集的王子酒店。谁知，自民党内的四位大佬竟拒绝签字。他们给的理由很明确——声明上没有写明岸信介内阁辞职一事。声明被原封不动地退了回来。对岸信介来说，这简直是落井下石，是一种过河拆桥的行为！但他倒挺平静，对身边的福田赳夫说："告诉他们，批准书十天前就已经在夏威夷交换过了。"福田跑到酒店依计而行，几位大佬这才罢休，在上面签字放行。其实，所谓提前换约根本就是岸信介胡编出来的。

辞职时的插曲

批准书的正式交换是在 1960 年 6 月 23 日完成的。当天，身心俱疲的岸信介对外界平静宣布内阁总辞职，随着他一同离去的还有社会的混乱状态。他一下台，人民的生活随即恢复正常，大规模的示威活动偃旗息鼓，所有人都回家了。

不过，对岸信介来说，事情还没有结束，他并没打算彻底放弃。然而，有人来满足他的"心愿"了。1960 年 7 月 14 日，岸信介在参加自民党新任总裁池田勇人的招待会时，人群中突然闪出一名男子，手执利器冲到岸信介面前将其刺成重伤。现场顿时陷入一片慌乱，前首相被紧急送往医院抢救。刺客是极右翼团体"大化会"成员荒牧退助。令人遗憾的是，此人属于极右团体而非极左，他可能是对岸信介的工作还不够满意。

遇刺受伤的岸信介虽脱离了生命危险，但活着更难受，这一刀带来的剧痛恐怕只有他自己能体会。岸信介是"老江湖"，同鸠山一郎执意缔结日苏邦交一样，他不惜赌命促成日美联合，这回算是如愿以偿了。此后，岸信介宣布退出政坛（并未兑现）。

安保斗争的爆发有其矛盾积累的过程，其代价可谓不小。对此，政治家们要负主要责任。当初，他们号召日本民众与美国作战，说这是保护国家，无数人为此战死；今天，他们又说要与美国缔约，还说这是保护国家，非签不可。这怎能不令人恼火？

这一切是否证明了日本的政治体制尚不健全？恰恰相反，它反而从侧面证明了日本的政治体制比较健全，而且经得起考验。社会本来就是由不同的群体组成的，其利益必然不一致，思想认识更不可能统一，当矛盾不可调和时就会爆发抗争，这是正常的。对此，是将其消化吸收，还是畏民如虎、强行弹压，正是对一个国家的社会文明程度的一种考验。若在强权体制下寻求和谐，无异于缘木求鱼、水中捞月。纵使政府内有人能力超群，能将一个个小火苗在微起时即行扑灭，却也难保长久太平。

日本之所以能挺过安保斗争还有另外一个主因，那就是日本经济的快速发展。如果日本的经济没有获得长足发展，此次事件绝对可以使执政党彻底垮台。但经济发展了就能掩盖一切问题吗？在经济发展的基础上就没有别的"收获"吗？

第四章

伊弉诺景气

环境污染

在人类社会的发展历程中，经济快速发展的同时往往会带来别的"收获"。高估人类往往比低估人类更危险。日本经济的迅猛发展就是以牺牲环境为代价的，当时很多人没有充分认识到这一点，或者被利欲熏心而选择了牺牲环境。为此，日本民众深受其害。

熊本县水俣湾被九州本土和天草诸岛包围着，那里风景优美，海产丰富，是取之不尽的天然渔场。距此不远有个水俣镇，那里住着四万多人，世世代代以捕鱼为生。第二次世界大战后，远离了硝烟的侵扰，渔民的生活还算红火，他们伴海为邻，有着享之不尽的乐趣。

可从1956年起，水俣镇发生了一系列怪事。先是一些人家里养的猫开始东倒西歪地走"猫步"，没过多久，人也开始走起了猫步。走起猫步的人先是面容呆滞、口齿不清、步履蹒跚、感觉迟钝，继而手足变形、精神失常、困时酣睡、起时兴奋，最后身体佝偻、大呼大叫，直至身亡。然而，长久以来，人们竟找不出原因何在。几年之内，多达1万人感染此病。原本祥和的小镇像中了魔咒一般被恐惧笼罩着。

1959年7月，日本熊本大学医学部专家经过调查发现，此病大有来头。

我们知道，氮是制造肥皂和化学调味料等的重要原料，而日本的化学工业就是以氮产业为基础的，甚至有人说："氮的历史就是日本化学工业的历史。"

早在1925年，日本氮肥公司就已开始在水俣镇建厂，后又开设了合成醋酸厂。第二次世界大战结束后，随着经济的发展，公司的产能逐渐扩大，开始生产氯乙烯与醋酸乙烯，而且年产量不断飞升，在1956年突破6000吨。而与此同时，工厂却把没有经过任何处理的废水直接排泄到水俣湾中。

这些废水中含有大量的汞（水银）元素，主要是氯化汞和硫酸汞，它们大部分沉淀在湾底的泥里，然后在微生物的作用下变成毒性十分强烈的甲基汞，对上层海水形成二次污染，生活在水俣湾的鱼、虾首当其冲受到污染。据测定，水俣湾的海产品的含汞量是可食用量的50多倍，而海产是当地居民必吃的食物。甲基汞进入人体后迅速溶解在脂肪里，并且大量聚集在脑部，侵害脑中枢神经和末梢神经，进而引起细胞分裂、死亡。这就是人走猫步的原因。

既然原因已查明，就应该立即禁止氮肥公司向湾中排泄废水。然而，谁能相信，在此后长达十二年之久的时间里，该厂都在继续向水俣湾中排污，直到1968年才被禁止。水俣病具有遗传性，贻害至今未消。

此外，差不多在同一时期，日本伊势湾西岸的四日市出现满天浮云，而且那些云的颜色不正常。从1955年起，这里先后兴建了三家石油化工联合企业，每年排出二氧化硫和粉尘13万吨，大气中的二氧化硫浓度超出正常量5～6倍。四日市上空逐渐形成一层由多种毒气和金属粉尘组成的500米硫酸雾。1961年，四日市人突然大量患上哮喘病，全市的支气管哮喘和支气管炎病例激增，甚至有患者因此死亡。该市的医师会调查发现，四日市患支气管哮喘的人数比非污染地区高出2～3倍。为了进一步弄清原委，医生们进行了家族史调查和室内尘埃提取液皮内试验，排除了哮喘高发是遗传和市内尘埃所致的可能。临床发现，只要患者一脱离该地区被污染的大气环境，治疗便能取得较好的效果，而再进入污染环境时病情就会恶化。所有证据都表明，哮喘病患者的发病率与大气中的二氧化硫浓度成正比！

然而，面对公害，污染的制造者不但毫无悔意还百般抵赖，多方阻止调查。与此同时，中央与地方政府态度消极，没能及时、有效地阻止污染的扩散。

在此期间，本州岛新潟市也出现了水俣病。而在日本中部的富山县，由于矿山开采中产生的工业废水污染了庄稼，当地居民出现镉中毒症状，患者骨脆易折，周身痛楚，此病因此被称为"痛痛病"。

兴，百姓苦；亡，百姓苦。此话放之四海皆准。

池田勇人

发展中出现的问题只有靠继续发展才能解决。面对未来的荆棘，不进则退，而后退就是死路一条。当吉田茂、鸠山一郎和岸信介这些老一辈的政治家相继隐退后，日本历史急需注入新的血液，需要新一代政治家去推动。

当岸信介被安保斗争搞得焦头烂额之际，他考虑到的后继人选有两位：一位是自己的弟弟佐藤荣作，另一位是池田勇人。岸信介有心要把首相之位传给弟弟，但在民主体制下，这显然不合适，更合适的人选是池田勇人。而池田心里清楚，要想当上首相，他必须靠自己。

人的命运不单单由性格和出身决定，有时候运气才是制胜法宝。战胜霉运也是实力的一种体现。

1899年12月3日，池田勇人在广岛县丰田郡吉名村出生。他的父亲是当地的邮政局局长，家庭条件不错，属于村里的旺族。1922年，池田勇人考入京都大学。毕业后，他进入大藏省工作。出了学校就进衙门，这应该是令人羡慕的，但进了大藏省后，他马上发现自己的文凭还不够硬，在那个只认东京大学的时代，京都大学只相当于二类本科。按他自己的话说，他只是"拿了三等入场券"。在大藏省，东大毕业生结成严密的攻守同盟，抱团联合打拼。池田显然不在其中，加上他平时好酒，人际关系也处理得马马虎虎，其仕途曾一路亮红灯，浪迹多年才当上个科长。

工作不顺心，年龄又增长。很快，池田勇人就到了该娶媳妇的年龄。他的父亲托朋友给儿子寻觅对象，不久便物色到了家住长州的广泽伯爵的女儿直子。池田不放心，跑到对方所在的贵族学校一睹芳容后才答应婚事。这样的联姻对池田的升迁来说是有好处的。可谁知，他婚后竟大病一场，还被确诊为不治之症，被迫在家休养。新婚太太没享受一天蜜月就开始每日给他端汤送药，洗衣叠被。直子是伯爵千金，从前哪里受过这份罪？最终，伯爵千金积劳成疾，突发心肌梗死，一夜之间撒手人寰，香消玉殒。

池田这下算是"圆满"了——重病、丧妻、下岗，不成功男人的几大要素都俱全了，真是悲与痛联手发难，似乎是要废掉这条汉子。幸好这时候他的表妹大贯满枝适时出现，填补了侍者的空缺，将池田照顾得十分周到，几近鞠躬尽瘁。池田深为感动，他对表妹许诺，如果有朝一日自己能够康复，也不指望当什么税务署长，只要有个差事就行，愿与表妹长相厮守，以报看护之恩。大贯满枝听了很是受用，两人的心情一下都轻松了许多。没多久，池田竟然奇迹般康复。然后，表哥娶了表妹。不久，他们的女儿降生。池田用伯爵千金直子的名字给自己的长女命名，以此报答前妻的照料之情，可谓两不耽误。

人逢挚爱精神爽，池田勇人又回大藏省上班了。几年光阴如箭，当初的很多同事如今都已升职，但这并没有让池田灰心。就在他重新打起精神工作的时候，日本投降了，占领军进驻日本。美国人很快就开始排查跟军国主义有关的公务员，大藏省在劫难逃。那些在战时奋发努力的东大毕业生人人自危，果然，很多人被开除公职。

但这里并没有池田什么事，由于他长期在家养病，未能替帝国服务，居然顺利当上了大藏省主税局局长。至此，池田终于战胜了霉运，或者说踩着别人的"尸体"上去了。不久，石桥湛山把池田勇人提拔为事务次官，使他迈入高级官僚的行列。1948年，池田做出了人生的重大决定，他辞去官职，以自由党候选人的身份参加议员竞选，并于1949年1月当选众议员。这时，再次出任首相的吉田茂正好在招兵买马，他一眼就看中了同为官僚出身的池田勇人，对其青睐有加，让首次当选议员的池田出任大藏大臣。

继上次"因病得福"之后，池田勇人第二次经逢人生的重大转机。池田担任大藏相之时，日本正值战后多事之秋，面临着相当多的难题。但他上任一年后，朝鲜战争爆发，大批"特需订单"蜂拥而至，各种问题随之解决，国内的颓废气氛一扫而光，他没费什么力气就把日本经济推上了重建的轨道。在吉田茂的安排下，池田还担任了《旧金山对日和约》谈判的全权代表，积累了外交经验。从此，他从一文不名变成了政治上的暴发户。

然而，暴发户往往干不久，因为他们迟早会露出马脚。在这方面，池田也不例外。在仕途的锤炼之路上，只有吃些亏，才能对人情冷暖有所体会。1952年11月，改任通产大臣的池田在议会接受质询，当反对派议员对他两年前关于中小企业主自杀的"非人道发言"揪住不放时，他继续以"非人道发言"回应："我的看法是，在由通货膨胀向经济稳定转变时，地下经济以及那些不遵守正常经济原则的人不可避免要破产。有人自杀，当然非常可怜，但客观地说，这是无法避免的事。"此音一落，在野三党随即对他提出弹劾。池田之所以会说出这种浑话，除了他对那些破产自杀的人无能为力外，更重要的原因是，在国家困难时期他从没挨过饿。由于以鸠山一郎为首的反吉田派的缺席，在野党的不信任案被议会通过，池田勇人被迫辞职，成为战后第一个遭弹劾的内阁大臣。这次，连吉田茂也没能保住他，因为对池田的打击正是冲着吉田茂而去的。

吉田茂卸任之后，池田继续留在自由党内打拼。1953年，他出任自由党政务调查会会长，1954年任干事长，成为党内的重要人物。

1955年自民党成立后，池田任党顾问。1957年，他卷土重来，出任岸信介内阁的大藏大臣，1959年改任通商产业大臣。1960年，当岸信介内阁在安保斗争中风雨飘摇时，池田勇人突然有了再上一层楼的想法。

这时的池田早已深得老师吉田茂的真传，为了实现目标，他不断地改变自己。他不再是我行我素的公务员，而是善于利用资源培植羽翼的政治家。吉田茂身边就有他和佐藤荣作两员大将，池田于是也开始笼络宫泽喜一和大平正芳等忠心幕僚。

当别人焦头烂额的时候，可能正是你的机会。在安保斗争的高潮时刻，也就是哈格蒂在羽田机场被围困的那天晚上，池田勇人正和下属宫泽喜一在料理亭吃饭。

宫泽趁机进言："池田先生，请您千万留心那个哈格蒂，他名义上是总统的新闻秘书，但其实是艾森豪威尔的亲信，比那些阁僚人物更厉害。今天他遇到这样的事件，您必须严阵以待，还请速速召开临时内阁会议，寻求应对之策。"池田深以为意，当晚便提请岸信介召开紧急会议。此次会议的召开足以证明池田握有的话语权已具相当分量，美国人那边对此也看得很清楚。岸信介引咎辞职之后，他的幕僚大平正芳来到池田的私邸征询其竞选意向，池田勇人当即表示"我要出马"。

总裁之争

在岸内阁摇摇欲坠之际，总裁选举是一场闪电战，但这并不意味着谁都能轻易坐上首相宝座。除了池田之外，候选人还有石井光次郎和大野伴睦两位久经战阵的老将。为了增强竞争力，大野伴睦很快就放弃竞选，转而支持石井。同时，河野派、三木派和松村派都倾向于支持石井。

再看池田这边，其支持者大多是没有选举经验的人。池田委派大平正芳全权负责竞选事宜。大平简直一筹莫展，他以前没做过这种工作，根本无从下手。他赶紧找到在上次总裁竞选时出力不小的佐藤荣作的参谋田中角荣，希望对方能传授经验。田中很仗义，没过几天就把如何操作竞选的书面材料送了过来，其中包括总裁竞选的政策大纲、活动方案和预算，可谓面面俱到，重点地方还用红笔标出。大平如获至宝，兴致勃勃地到池田那儿汇报工作。谈完之后，池田面露不悦，他看出了其中的门道，只冷冷地说了一句："不许乱花一分钱。"

此时，大平的表现可谓难能可贵，他明知池田不悦却没有附和他的意思。他知道不花钱就无法进行选举。大平直言道："对于您的希望，究竟能做到什么程度，我还不敢断言，但我会尽可能地按您的意思去办。唯有这次竞选，希望您让我们全权负责。如果可能，望您一切不必过问。"事实上，大平就是这样做的。

池田派也有自己的实力，在鸠山内阁时期，他们就已组成"宏池会"。大平首先去动员佐藤荣作，希望能得到他的支持。佐藤同样是具备参选实力的人，但他并不准备参选，而是选择支持同属官僚派的池田，希望先把自己这个好友扶上去，等有朝一日自己参选的时候再向其索取回报。

在吉田茂的支持下，池田和佐藤两派摩拳擦掌，准备在 7 月 13 日举行的党代会上隆重地为池田勇人造势。会议当天，大家轰轰烈烈地进入会场后才惊奇地发现，一半以上的座位都是空的。原来，石井方面根本没派人来。大平一打听才知道，石井派当天正在丸之内饭店唱对台戏，没来的人都在那边。这下可把大平急坏了，他赶紧奔了过去。他想争取三木派的支持以分化反对派的力量。然而，当他连喘带爬地来到饭店七楼时，房门外早已有人把守，禁止外人进入。而且他还被明确告知，他要找的三木，还有石井、松村、河野一郎、大野伴睦等都正在里面开会。

大平明显感到身边气氛诡异，那帮人俨然都是一副在为即将发生的事情相互庆贺的表情。他垂头丧气地返回产经大厅，那里已经空无一人。为防止火灾，他巡视会场捡烟头。出门的时候，他碰见了椎名悦三郎，这位在当时可是个大人物，大平跟上去小声地与他打招呼，只听见椎名自言自语道："连我也被弄糊涂了。过去在外交上观点不同的人最后好像都携起手来了。"回办事处的途中，大平一直在思索椎名的话到底是什么意思。到办事处后，他坚决要求全体同仁不能放弃，要为池田的助选做最后冲刺，因为战斗的胜败往往取决于最后五分钟。同时，他提议在7月14日再次召开党代会。当晚，他直接睡在了办公室的沙发上，等待第二天的到来。

7月14日，自民党代表大会改在日比谷公会堂举行。这回，不仅石井派的人来了，所有相关人员全数到场。当天的唱票结果是，池田勇人胜出。在惊呆之余，石井派这才发现自己高兴得太早了。

他们忽略了一个人——岸信介。虽然此人下台已成定局，但他的势力还没有完全消失。在两派势均力敌之际，岸派的作用举足轻重。在催其下台的呼声中，岸信介没有忘记率本派人马给候选人投上一票。在这场已经打上官僚派与党人派对决烙印的选举中，岸派的多数人在最后时刻被官僚派争取了过来，他们选择了在危难之际没拖后腿的池田，而不是"二三名联手"的功臣石井。大平在评论这场选举时说，对手没有充分整合好自身优势。说白了，就是没关照好岸信介这只"落水狗"。

池田勇人胜利了，但他接手的是个烂摊子。在岸信介的拖累下，自民党的民望大跌，民众对其怀有强烈的敌对情绪。虽然日本经济已迈上高速发展的轨道，但百姓在发展中获得的实惠并不多，还吞食着环境污染的恶果。面对如此局面，池田这样一个"不愿吃粗粮的人"到底行不行呢？

这个时候，能否认清形势对症下药是维系政权的关键，只有能够保持头脑清醒的人才能做到这一点。大平正芳在池田胜选当天意有所指地问道："您从广岛来到东京的时候，有没有想到会有今天？"池田回答："完全没有想到。"于是大平说："所以，总裁这把椅子，对您来说是意外捡来的，您什么时候离开它都不会后悔吧？"
池田点头说："是的！"

　　大平由此话锋一转："今后您必须与国民同甘共苦，尽量回避有
艺妓陪侍的料理亭，放弃打高尔夫。"同时，为帮助池田更好地应对
今后的政党斗争，大平还送给他一个词——宽容。宫泽喜一针对当前
复杂的形势变化也送了池田一个词——忍耐。两位幕僚可谓煞费苦
心，他们真心希望能跟随池田走得更远些。而且，他们俩深知，池田
此人既不宽容也没有耐性。

　　对此，池田全都听进去了，他开始洗心革面，只偶尔在箱根的别
墅里用过去的高尔夫球杆对着空山挥两杆。他知道，要想维系政权，
自己必须改掉过去的习惯，开始新生活。

宽容与忍耐

　　1960年7月19日，池田勇人内阁成立。在记者招待会上，他表
示要以"宽容与忍耐"的精神作为今后的执政理念。他还说："有一
句话叫'不患贫而患不均'，我是既患贫也患不均。"池田的言论让人
眼前一亮，民众都觉得他比以前可信多了。不过，真正引起人们兴趣
的是他提出的一项经济发展主张——国民收入倍增计划，即在今后十
年内让国民大众的实际收入增加一倍。

　　这里的最大卖点是提高国民的整体收入，而不是让一部分人先富起来。一般情况下，这类方案只会被作为政策方针提出，而池田一反常态，把它列入了政府计划。所谓计划，就意味着政府一定会落实。

　　"收入倍增"令民心振奋。池田一下子就抓住了民心，激发了日本民众继续追求美好生活的愿望。

　　国家的发展不能只看经济增长率，更不能把国内生产总值（GDP）的增长作为唯一指标。第二次世界大战前，日本经济的增长率也不低，依托面积是本土数倍的殖民地，战前的日本发展势头迅猛。如果把军工生产算在内，那时的国内生产总值也是天文数字，光航空母舰就造了二十余艘，"大和号"和"武藏号"两艘无敌铁甲舰更是火力威猛。然而，百姓吃饭的碗却是用纸做的，穷者甚至只能用手抓饭。

　　第二次世界大战时，为了抑制通货膨胀，日本政府强迫民众储蓄，把他们三分之一的工资扣在银行不发。战争结束后，为了控制物价，政府又将这笔巨款全部本息清零。如果说日本人好战的原因令人费解，那么日本人反战的原因就容易理解多了。如果有人因为战争把你辛辛苦苦赚来为妻儿买米的钱充公，谁还会热爱战争？

　　1960年9月，受凯恩斯主义[1]影响的池田正式宣布"国民收入倍增计划"，其具体目标是到1970年使国民的实际人均收入增加一倍，国民生产总值翻一番。该计划的主要目标之一是解决国民的收入分化

---

[1]　凯恩斯主义：也称凯恩斯主义经济学，主张实施扩张性经济政策，通过增加需求促进经济增长，即扩大政府开支，实行财政赤字，刺激经济，维持繁荣。凯恩斯认为，对商品总需求的减少是经济衰退的主要原因。

问题。为此，政府引入了"最低工资制"，同时扩展社会保障计划，完善养老保险制度，提高健康保险给付率，以此消除生产力水平和国民生活水平之间的差距，增加国民收入。此外，政府还增加了公共投资，制订了从1961年开始实施的公路建设五年计划、国有铁路的柴油机化和复线化计划。而且，从1961年开始实行减税计划，每年的个人收入调节税和企业税总计减免1000亿日元，同时降低税率和利率，扶植债券市场。

以上所有目标的实现都是以国家对市场经济的指导为前提的，政府主动扮演领路人的角色，带领私人企业完成目标。说到底，经济增长是手段，国民增收才是目的。该计划从1961年开始执行。

池田选择了与过往军国主义不同的方向。他认为，欺骗和煽动已不符合时代潮流。他看穿了一个命题：只有民众的收入增加了，仓库里堆积如山的商品才卖得出去，经济才可持续增长。他放下了被视为"高山上花朵"的高尔夫，在形式上和人民站在了一起。但像他这样体验过贵族生活的人要想做到与人民休戚与共，还得再过几关才行。好事都是难做的。

正当人们沉浸在"收入倍增"的兴奋中时，意外发生了。1960年10月12日，在东京日比谷会堂的民众集会上，社会党领导人浅沼稻次郎正在发表演讲，突然一个青年冲上讲台，拔出一把短刀直直刺向浅沼的胸部。浅沼看到匕首时已来不及躲避，在被送往医院的途中不治身亡。刺客山口二矢年仅17岁，是极右翼组织爱国党的成员，人们在其衣袋里发现了一张纸条："你，浅沼稻次郎，正在赤化日本。我并不恨你本人，但你作为社会党的领导者，却在访问中国的时候胡言乱

语，而且你就是冲击国会事件（指安保斗争）的直接责任者，这一切
对我来说是绝对不能允许的。我要替天行道。"

山口所说的胡言乱语就是浅沼于1959年访问中国时说的那句名
言："美帝国主义是日中两国人民的共同敌人。"此话令日本政府大为
光火，岸信介内阁当时就曾给在北京访问的浅沼发电警告。浅沼回国
后，极右翼组织一直想伺机下手，终于在10月12日行刺成功。

浅沼的遇刺是日本极右翼势力用暴力手段影响日本政治走向的大
事件。这位社会党委员长、安保斗争的指挥者突然遇刺，给同属右
翼的自民党造成了莫大压力。执政当局该如何处理呢？自民党稍有
不慎就会引火烧身。如果不能迅速弥合这道伤口，将对池田政权造
成严重冲击。

当天，宫泽喜一受池田之命正在自民党大楼里数钱，听说此事
后，他立马提高了警觉。他把钱袋收好后立刻去找黑纱，然后命令党
内人员都戴上黑纱以示哀悼，其应对可谓迅速。池田首相也马上找来
秘书伊藤昌哉给浅沼写悼词，要求内容至情至理、毫不造作。伊藤是
池田重要的影子写手，阁僚们对他的文笔颇为放心，让众人不放心的
是将要念悼词的人。

事发之后，很多人都在猜测自民党是否与此有关。日本人的洞察
力非常了得，因此念悼词一事非常关键，所有人都等着从念悼词者的
表情和他所说的每个字里窥探端倪。阁僚们都为首相捏着一把汗，因
为池田口才不佳，说话根本没有韵律，更毫无风雅可言。但令人意想
不到的是，措辞朴素的悼文被池田一字一顿地念出来后，听着竟十分
诚恳。可以说，池田的口才反倒适合那种场合。池田还在悼词中强调

要扫除一切暴力，这让民众觉得首相是无辜的，自民党也是暴力的受害者，并没有在对立政党落难时落井下石。最终，民意没有因为浅沼遇刺而发生变化。这正是池田想要达到的目的。

对池田来说，遇刺事件涉险过关算是幸运的。但是，他面前还有一个更棘手的问题，那就是罢工问题。被美国"解放"以来，罢工一直是日本政府的大难题。久受压迫的工人在以"总评"为首的左翼工会的带领下不断罢工，要求加薪和改善工作条件。这令企业主们头疼不已。如果这个问题不能得到有效解决，政府希望上下联手发展经济的计划就纯属空谈。当安保斗争告一段落后，无产者再次将斗争的矛头转向罢工，最典型的事件就是三池煤矿罢工。

三池煤矿位于日本南部的九州岛，隶属于三井财阀，那里天高皇帝远，官少民工多。三池工会拥有过万名矿工社员，是个与外界隔绝、内部组织高度统一的社团。工会的"车间委员会"已经能够掌控工作及超时任务的分配。

那么，他们为何要罢工呢？日本经济已持续繁荣了多年，能源需求量不断增加，活儿应该干不完才对。可问题的关键是，并非只有煤炭这一种能源。到20世纪50年代末，随着远洋航路的日益畅通，石油的价格变得比煤炭还便宜，以前炙手可热的煤矿企业因此遭遇了尴尬局面。为寻求应对策略，三井公司便希望通过裁减员工和引进新设备来降低成本，提高竞争力。其具体办法是从1.3万名矿工中裁撤2000人，其中还特意选择了许多工会积极分子。

裁员是为提高效率？工人们认为，企业主们是醉翁之意不在酒。裁员的消息很快走漏，工人们全都站到了一起，用他们自己的方法——直接在生产第一线拒绝工作——维护自己的工作权利。三池罢工立刻引起了在野党和"总评"的注意，他们马上赶过来支持当地工会采取行动。面对来势汹汹的罢工潮，资方毫不示弱，甚至表现得更为强硬。他们直接关闭了煤矿，还雇用黑社会保安对工人进行暴力袭击。黑道的介入使罢工方面立刻出现了伤亡，造成1人死亡，1700多人受伤。工人们组成纠察队持续抗争，更有2万多外地支持者赶来三池声援工人。政府方面则紧急出动1.5万警力（占全国警力的1/10）增援三池。手无寸铁的矿工与警察展开对峙，大有开战的架势。

　　三池矿工是在极为艰苦的条件下坚持斗争的，他们本来就收入微薄，罢工期间更是只能领取工会发放的相当于平时工资三分之一的生活费。他们吃着最简单的食物仍然在坚持，斗争一直持续了十个月之久。就在工人渐感难以支撑的时候，政府方面终于出面调解。劳动相石田博英出马了，他经过努力协调，在1960年11月使劳资双方达成协议，最终以资方占优势的方案解决了此次事件，坚持了300多天的罢工就此结束。

　　该事件对工人来说是一次重创，它让很多人看到，即使这样团结努力仍然无法取得成功。此后，大规模的民众抗议暂时偃旗息鼓，三池罢工成为一个时代的句号。

东京奥运会

池田以惊人的好运再次闯关。在罢工事件中，他并没出多少力，却巩固了政府的威信。最关键的是，11月的众议院大选马上就要举行了。"国民收入倍增计划"的出炉、浅沼遇刺的稳妥善后以及三池罢工的和平解决，这些事件仅仅发生在数月之内，简直让人难以相信。在大选中，池田勇人打出了"请把重振经济的任务交给池田"的竞选口号。民众亲眼看着自民党从幼稚走向成熟，并将用手中的选票对其做出评判。

"拼去老红一万点，换将新绿百千重。"在1960年11月举行的众议院选举中，自民党大获全胜，取得了前所未有的成绩，共获得296个议席，占全体议席的63%。如果算上胜选后加入自民党的4名无党派议员，其最终席位多达300个。更重要的是，选举的胜利把反对党也拉了进来。因为如果反对党拒绝配合"国民收入倍增计划"，民众就会不高兴，反对党就得不到民众的选票。到此，池田成功地把民众的注意力从政治拉向了经济。

1961年"国民收入倍增计划"开始实施。池田满怀热忱，卖力地投入工作，在经济方面总是亲力亲为。为兑现竞选承诺，平衡收入分配，政府出台了让农民增收的《农业基本法》。为提高中小企业的竞争力，政府还推出了《中小企业基本法》。在外交上，池田奉行政经分离，只要有赚钱机会，不论对方姓资姓社，他都会凑上前去。

1962年11月，日本政府代表高碕达之助和中国亚非合作委员会主席廖承志签署《中日长期综合贸易备忘录》(又称"廖高贸易")，恢复并扩大了两国之间的贸易。与此同时，池田先后出访联邦德国、法国、英国、比利时、意大利、荷兰和梵蒂冈，中心议题都是促进双方贸易。由于政府加大投资和贸易扩张的双重作用，日本经济的增长速度很快就超过了预期。这期间虽然也出现了通货膨胀，但人们收入的增长速度超过了通货膨胀的速度。消费者大受鼓舞，人民敢花钱了。国内市场因此加倍繁荣。

随着经济的发展，政党间的对立也逐渐缓和。为了使经济法案能顺利通过，日本朝、野双方经常坐下来协商，以使各方面的利益得以平衡。妥协政治的风气逐渐形成。虽然这引起了吉田茂的不满，但池田坚持了"宽容与忍耐"原则。他知道，和谐社会的构建不仅仅表现在百姓之间，关键是上层要保持和谐，社会才能健康发展。

在良好的发展态势推动下，旧有的"三件神器"逐渐落伍，已经不能满足日本人的生活需求。人们开始竞相追逐新的"三件神器"：汽车、彩色电视、空调，俗称"3C"。在"3C"之中，彩电的销量最佳，因为东京奥运会马上就要开始了。

其实，日本曾获得过1940年奥运会的主办权，可日本人没有珍惜那次机会。由于在侵华战争中投入的兵力和资金过于庞大，日本已无力承受举办奥运会的开支，最终放弃了那次奥运会。第二次世界大战结束后，日本迅速复原，重燃奥运之梦。东京曾尝试申办1960年奥运会，结果被意大利罗马击败。但日本没有放弃，继续申办1964年奥运会，在击败布鲁塞尔、维也纳、布宜诺斯艾利斯及美国底特律之后，终于获得成功。日本成为第一个举办奥运会的亚洲国家。

申奥成功后，接下来就得干活儿了。东京还有很多地方不具备举办奥运会的条件，需要改进。池田政府于是耗资30亿美元，兴建了包括东京奥林匹克体育场在内的各种场馆，以及东海道新干线（东京到大阪）和供水等相关配套设施。为迎接全世界的游客，日本还修建了数量众多的豪华饭店。东京瞬间变成了大型工地，巨大的铁球击毁旧楼房的墙壁，挖地三尺，重建首都。

奥运设施的建设很快就拉动了日本的内需，同时，其对外贸易也在迅速扩张。1963年2月，日本成为关贸总协定第11条规定的"禁止以国际收支为由限制贸易"的对象国。1964年4月1日，日本成为世界货币基金组织第8条规定的"不得以国际收支恶化为由限制汇兑交易"的对象国。日本的贸易扩张已经到了令人望而生畏的程度。1964年4月28日，日本加入经济合作与发展组织（OECD），正式成为发达国家的一员。

在不到二十年的时间里，日本阔步迈出废墟，重返世界先进国家之列。这无法不令人震撼，也无法不令人艳羡。事实证明，国家要想发展，就不能掩盖矛盾，也不能折腾。只有脚踏实地，好政策才能贯彻始终，国家才能实现真正的稳定发展。而且，不能过分期待领导人的作用，日本的首相全有瑕疵，都远非完人，但国家依然在向前进。

一晃之间，池田已在首相的位置上忙碌了三年，取得了有目共睹的业绩。但政坛很奇怪，危机降临时，没人愿意上；等形势大好了，大家就都想往上攻了。现在，已经有人嫌他干得太久了。池田对此也保持着警惕。1962年，他连任自民党总裁，继续当首相。1963年10月，为巩固执政基础，池田解散众议院，重新进行大选。在11月21日的大选中，自民党获得283个席位，虽比上次少了7席，但也算成功。可是，就在选举后的第二天，美国总统肯尼迪遭到暗杀。此前，池田一直把肯尼迪当作仕途上共同晋升的伙伴，希望与他共同打造日、美的合作关系，现在看来已不可能。池田参加了肯尼迪的葬礼，不免黯然神伤。1963年年底，池田改组内阁，让佐藤荣作、河野一郎和三木武夫等派系首领瓜分要职，希望以此安抚他们，维持自己的地位。但是，1964年7月还有总裁选举等着他呢。

　　这就是有名的"池田三选"。这次，吉田茂明确表示反对池田继续参选，要他把位置让给佐藤。吉田以前就给过池田这类暗示，现在他明确表态了。吉田的意见让池田很是苦恼。从前他们师生关系融洽，池田也忠心耿耿。如今，路过老师吉田的住处大矶时，他都绕道躲着。另外的苦恼来自其心腹宫泽喜一，他向池田进言道："已经是时候了吧（暗示退位）？"结果遭到池田一顿训斥。更甚者是先当官房长官、后任外相的大平正芳，他组织小聚会，为发展派系做准备，也遭到池田一顿臭骂。

　　先不说外界，就连"宏池会"内部不希望池田参选的人也很多。但是，1964年9月东京将召开国际货币基金组织（IMF）总会，10月又有东京奥运会，大事临近，谁愿退席呢？池田反复思量后，仍下定决心第三次竞选总裁，争取继续连任首相。当时，他的喉部已出现不适症状，他却在所不惜。

1964年7月，池田再次改组内阁。这回，除了河野一郎外，无任何大臣入阁，其他派系的大佬也无一人入阁。池田准备背水一战。对于总裁之位，大家都已不再相让。佐藤荣作明确表示自己将参选，要与池田一决高下。无胜算的藤山爱一郎也参与了进来。这次选举成了官僚派内部或者说吉田茂弟子间的争斗。双方互相攻击，刀刀见血，局面被搅和得混沌不清。最终的选举结果是，池田勇人以超过半数4票的微弱优势当选。不过，花开一朵，也是花。

与其说池田紧抱权力不放，不如说他有一种使命感。在奥运会开幕前的几个月，他把所有的精力都投入奥运会的相关事项，希望由他领导日本成功举办奥运会。他紧盯着每项建设工程，在距离奥运会开幕式还剩9天时，即1964年10月1日，东海道新干线终于正式通车。

办大学不在乎有无大楼，关键在有无大师。同样，办奥运会光有漂亮的面子工程是不够的。世界各国的来宾届时将云集东京，这是展示日本文化的大好时机。而当时日本国民的素质还没有达到要求，乱贴小广告、乱扔垃圾、随地小便等现象都很普遍。

尤其是在交通领域，不文明行为更是随处可见。日本人的抢座功夫一流，只要公交车一到站，有些人不等上车就先把自己的行李扔进车窗占座。上车之后，他们就拿出饭盒吃饭，吃完直接把饭盒扔向窗外。公园里的不文明行为也很多，有的学生到动物园发泄情绪，把垫板和铅笔直接喂进长颈鹿的嘴里。

政府以奥运会为契机，对国民提出了六项要求，此后这些要求逐渐成为日本国民的礼仪规范，包括：

一、对所有参会的外国友人，不分国家，不论身份，一律要热情接待；

二、注重仪表，到机场接人一定要穿正规服装，衣着不符合要求的人不能进机场；

三、在观看奥运会所有项目的比赛时，无论哪个国家的运动员夺得金牌，都要热情鼓掌；

四、不许随地吐痰、便溺；

五、司机行车时遇到行人要礼让，保证交通安全及道路通畅；

六、文明素质教育要从幼儿园抓起，从小就开始培养良好的个人素质和行为礼仪规范。

为了落实这些礼仪规范，随地便溺被列为轻度犯罪。国民的素质是需要培养的，没有一个国家的国民素质是天生的。政府既然被人民赋予了权力，它就肩负着培养国民素质的义务。如果没培养好，政府就有不可推卸的责任。

日本希望借助奥运会向全世界展示其国民优良的礼仪和素质，让世界为之惊讶。事实上，那次奥运会期间确实出现了一个传说般的报道：东京奥运会时，所有的日本人都把垃圾带回家，比赛现场没有一片废纸。录像和电视转播证明报道都是真实的，现场确实非常整洁。

1964年10月10日，阴沉数日的天空突然放晴，东京奥运会在国立体育场开幕。裕仁天皇出席了开幕式，池田勇人致开幕词。人们欢呼雀跃，满怀兴奋地观看精彩的开幕式表演。蓝天上，8000只白鸽上下翻翔，5架飞机凌空盘旋，用烟花绘出五环图案。而且，主会场首次引入了电子大屏幕。美国还发射了"辛科姆"卫星，向全世界转播此次奥运会，这是奥运会史上的第一次。

池田的眼中闪烁着兴奋的泪花，很多人不知道，从8月份起首相就出现了吞咽困难，他是从医院直接来到开幕式现场的。只有身边的同僚知道，他已身患喉癌，来日无多。池田的身体已接近崩溃，但他为之效力的祖国却强大了。

东京奥运会共吸引了94个国家5140名运动员参赛。一批在20世纪60年代独立的亚非拉国家首次参赛，而南非因为实行种族隔离制度被本届奥运会拒之门外。开幕式上，代表运动员宣誓的是日本第一位奥运体操冠军小野乔，点燃奥运火炬的是19岁的早稻田大学学生坂井义则。坂井出生于广岛原子弹爆炸当天(1945年8月6日)，让他点燃火焰，是为了表示日本与奥林匹克和平之火同在的决心。东京主会场播放了顾拜旦的法语录音："奥运会重要的不是胜利，而是参与；生活的本质不是征服(索取)，而是奋斗！"

在这届奥运会上，"魔鬼教头"大松博文率领的日本女排让电视机前的日本人振奋不已。这位主教练在第二次世界大战时曾加入日本陆军，任辎重兵中队长。他用近乎残酷的军事方法训练日本女排。在他的队伍里，队员从不放弃任何机会，只要球没落地就会想尽一切办法把它抢回来，垫击、翻滚，为救球而跳进观众席也是常事。决赛中，日本队以坚忍的意志击败身材高大的苏联女排，最终夺取冠军。

女排姑娘鼓舞了全国的士气！"东洋魔女"成为一个时代的称号，成为日本崛起的精神支柱。

东京奥运会的成功举办更加确立了日本发达国家的国际形象，对民心的重振具有决定性的作用。

至此，池田勇人的工作终于收获了硕果，他在首相位置上已经干了四年。奥运会临近结束时，他的身体已被癌症折磨得不成样子了。10月24日，东京奥运会落下帷幕。第二天，池田勇人辞职，再次住进医院。

争相凭实力

池田虽是出于无奈才功成身退，但对日本政坛来说，这无异于突然袭击，必须迅速进行危机处理。此时再进行总裁选举已经来不及了，于是自民党指定由副总裁川岛正次郎和干事长三木武夫遴选下任首相，再请池田本人确认，时间只有两个星期。于是，大位之争顿开，如按官僚派内部的排序，自然是由佐藤接任首相之位，但半路杀出个河野一郎。原本佐藤和池田是旧制第五高中的同学，相识多年，而且池田拜在吉田茂门下也是通过佐藤介绍的，所以他当选的胜算应该最大。但是，因为池田在上次大选中坚持参选，两人曾毫不留情地挽袖搏杀，如今已经没了默契。而且当池田忙于奥运会的准备工作时，佐藤也未曾助他一臂之力。奥运会期间，出来挑起内阁重任的反倒是河野一郎。由于同舟共济，池田与河野的关系日益密切，一天比一天默契。因此，派系大佬河野自然有理由认为自己能成为首相。

由于已掌握了有利资源，加上党内部分人的极力推荐，河野满以为自己十拿九稳。他对本派"春秋会"的人说："不必采取行动,大家只管静观其变。"完全是一副首相之位舍我其谁的派头。

相反,佐藤荣作没那么自信,更不像其兄长岸信介那般张扬。他虽沉默不语,却有风生水起之力。河野恐怕没有想到,为争得大位,佐藤早就撒下了天罗地网。他发动本派人马暗中积极游说,政界和财界现已形成全力推举他的态势。这势头是谁也挡不住的。此时,池田的态度至为关键。当宫泽喜一去医院看望他时,他已经不大能出声了,他用铅笔写下一行字:"谁在做'超越高难度的C级动作'?"这是奥运会上的流行语,指难度最高的独创行动。宫泽想,这人恐怕就是佐藤吧?

任命首相的11月9日终于到了,清晨7点,川岛、三木、铃木善幸(官房长官)和大平正芳(副干事长)一同来到医院探望池田,向他汇报遴选新总裁的意见。最后时刻,池田终于放弃河野,用毛笔写下"指名佐藤荣作君为继任总裁"的字条。平心而论,他是心甘情愿选择佐藤的吗?这很难说,他当时可能处在一种迫不得已的处境中。

直到众议院投票前夕,河野才意识到,此次选举不过是走过场而已,自己已经完败。"春秋会"的同仁对此非常失望,河野更是万分沮丧,感到"简直莫名其妙"。他确实有种坂东武士的淳朴。不过,姜还是老的辣。选举当天,河野"愉快"地率领本派人马到场。帮助佐藤竞选的大平正芳与河野坐得很近,大平向他打招呼:"谢谢您,费心了!"河野高姿态地答道:"大平君,不要客气。今天河野派全体都来出席会议了,而且都投佐藤荣作的票,您尽可放心。"他说完"愉快"地与旁人交谈起来。这让大平觉得,投票当天的主角不是佐藤，而是河野。

　　真正的主角佐藤荣作毫无悬念地当选，他和岸信介成了战后唯一的兄弟宰相，而且都是在前任因病下台的情况下经党内推举上台的，但二者的脾气和秉性相当不同。

政治家潜质

　　佐藤荣作于1901年3月27日出生在山口县。在三兄弟中，他排行最末，自小少言寡语，性格也并不突出。每当二哥岸信介在家中搞聚会，被朋友们围住高谈阔论的时候，佐藤总是一个人静静地坐在屋后的小河边。他在山口中学的成绩虽名列前茅，但也不是最好的。中学毕业后，他报考了名古屋的第一高中，结果没考上。于是，他改报了熊本县第五高中。在旅店投宿时，他与一名从广岛来的考生同住。佐藤一打听才知，对方也是在一中落榜后又来报考五中的。那人就是池田勇人，从此两人结为朋友。但佐藤不像池田那样放荡不羁，不辞斗酒。佐藤经常和同学去爬山，开演讲会，还是一个叫"卧龙窟"的小组织的头儿。从第五高中毕业后，他考入东京帝国大学。

　　1924年，佐藤大学毕业，之后进入铁道部门工作，先后担任过铁路线上的站长、事务所营业主任、庶务课文书等职。这一干就是十年，佐藤既没升职也没有什么业绩。同期的毕业生大都已回到本省工作，他却还待在地方铁道局。他妻子的舅舅松冈洋右（推动建立德、意、日三国轴心的甲级战犯）因此大失所望，说他"真是个没出息的"外甥女婿。看到丈夫如此受苦，夫人宽子便动起心思，希望松冈帮忙托熟人把佐藤调回本省。没想到佐藤得知此事后竟暴跳如雷，他质问宽子："是你这个家伙求的舅父吗？"他还亲自打电话给松冈说："请您停止这么做吧。"

由于佐藤的坚持，他没被调回本省，却获得了出国深造的机会。至于其中缘由，只有他自己知道。不是一有好处就能乱伸手，而应分清哪些可以接受、哪些不可以，这是成为政治家该有的素质。1934年，佐藤受派到美国和欧洲进行了两年游学，归国后即被调回本省工作，并步步高升。他一下子"三级跳"，令人瞠目。他工作认真、果断，很快就受到了领导的赏识。1938年，佐藤两次被派往中国，筹划开设铁道公司。1944年，他担任自动车局局长，有望升任次官。然而，正是在这时候，他却被调到大阪铁道局任局长。这被佐藤视为左迁（降低官职的调动），心中虽十分不快，但他还是上任了。未料，他竟就此躲过一劫。因为如果他继续在本省当局长并升任次官，那么1945年战争结束时，等待他的将是剥夺公职的处分。

放送玉音那天，佐藤荣作是躺在病床上听的。当时他高烧40摄氏度，处于生死边缘，心中想的只是赶快退烧而已，对于未来，他并没有多少特殊期待。然而，命运有时会推着人走。在他因左迁躲过一劫时，他的很多同事被革职，铁道局因此空出一批重要职位，亟待有人出来补缺。新人既要让美国人满意，又要有能力守住关键岗位。于是佐藤便成为不二人选，被委以重任。

1946 年 2 月，他回到东京担任铁道局局长。上任伊始，面对汹涌如潮的工会组织，佐藤毫无惧色，在反对工会方面干劲十足。他知人善任，能够发挥部下的长处，让他们心甘情愿地完成任务。他因此赢得了"会用人的佐藤"之称号。1947 年，他升任运输省次官。如此之快的拔擢速度很容易吸引各党派的目光。果然，佐藤的老上级松野鹤平（曾担任参议院议长）不久就把他推荐给了正欲招兵买马的吉田茂。佐藤完整的官僚履历令吉田非常欢喜。1948 年，在吉田茂的大力邀请下，佐藤荣作加入自由党。同年，他下定决心踏入政界，随后便辞去了运输省次官的职务，回到老家山口县竞选议员，此时正好赶上芦田均下台。1948 年 10 月，吉田茂再次组阁，并让还未获议员身份的佐藤出任官房长官。从此，佐藤荣作与池田勇人一道成为吉田茂的左膀右臂。

1949 年 1 月，佐藤首次当选众议员，此后他一直获吉田重用，担任官房长官不久即被委以执政的民自党（1948 年 3 月由自由党与另一党派合并而成）政调会长一职，并两次出任干事长。

但是，主管党务的干事长最重要的一项工作就是筹钱，当人缺钱的时候，很难分清哪笔钱是干净的、哪笔钱是肮脏的。1954 年 4 月，佐藤在造船政治捐款丑闻一案中被控犯有受贿罪，检察机关对其签发了逮捕令。眼看他即将被捕，只差毫厘便会掉进悬崖，这时吉田茂出手了。他动用指挥权阻止了抓捕，即便因此遭到舆论痛批，他也在所不惜。

虽说吉田这么做恐怕也是自救，但佐藤仍然十分感动，从此更奉其为终生导师，紧紧追随。在吉田茂拒绝加入自民党时，佐藤是唯一跟随他逍遥在外的人。几年后，佐藤才进入自民党。那是在岸信介内阁期间，当时佐藤被委以大藏相的重任。不过，由于他与岸信介的亲戚关系，他常能听到内阁是"岸和佐藤的宫殿"之类的讥讽。所以，岸信介下台时，已成派系首领的佐藤本能地选择了退避，将首相之位让于池田，并支持后者。但是，这种谦让是以今后的互让为前提的。如果没有等价交换，这种关系就不易维持了。果然，池田上台后虽任命佐藤为通产相，却又起用河野一郎作为对他的牵制。当佐藤认为池田已经做得够多的时候，池田却认为自己做的还不够。最终，两人的对决不可避免地发生了。虽然佐藤输了，但池田拖着病体疲惫应战，终被耗得油尽灯枯，不得已将大位拱手相让。

　　佐藤荣作接手日本时，奥运会已经结束。对于东道主日本，国外舆论都是一片盛赞溢美之词。东京这次虽开了奢侈办奥运的先河，但其斥巨资兴建的豪华饭店的入住率却比预期少了一多半，造成大笔赤字。另一方面，为了修路和盖场馆，部分家庭院落被拆迁，许多人一下子得到大笔拆迁款，一夜暴富。AV电影、靡靡之音开始从早到晚在大街小巷泛滥，物欲横流。成长于战后的日本青年受美国幻觉艺术和嬉皮士运动影响，已表现出与上一辈的巨大差异。日本自古推崇的谦让美德和节约传统也已被池田勇人早先提倡的"以消费为美德"所取代。

　　不过，社会的发展总是多面的。对于一些日本人来说，这都不算什么，他们另有收获。举办奥运会可以说唤醒了一部分日本民族文化和精神，比如曾被列为军国主义象征的樱花的回归。战败后曾有很长一段时间，日本人对与死亡"牵手"的樱花不再迷恋，对它不闻不问，樱花树几乎被砍伐殆尽。但随着经济的腾飞，尤其在奥运会后，樱花重新引起了人们的关注，众议院议长等人还成立了"日本樱会"，发愿要"使日本再度成为樱花的国度"。此后，日本列岛开始了轰轰烈烈的植樱运动，"神木"的力量重又回归日本人心中。

然而，日本战后遗留的问题至今仍没有全部解决，美国仍然占据着日本的多个岛屿，苏联也还占着北方四岛。而且，日本还没有与相邻的中国和韩国恢复邦交。对于日本的长远发展而言，这无疑是巨大的障碍。如果说池田偏重于发展经济，佐藤则偏重于政治建设。

初步交涉冲绳诸岛问题

1964年11月，佐藤荣作组阁，任命心腹桥本登美三郎为官房长官，其余职位基本保留原班人马，意在延续前任的经济政策。与池田一样，佐藤荣作选择首访美国。不同的是，后者的心中藏有让美国归还领土的心结。

美国托管的冲绳诸岛那时已不再受日本控制。第二次世界大战后，美国不仅将那里的千亩良田变为军事基地，还控制着当地的政权，非常反感日本政府介入冲绳事务。当地的经济和财政政策都由美国与琉球政府共同商定，根本不告知日本政府。日本官员或党干部一律不许接近冲绳地区，偶尔有临近的鹿儿岛县议员进入，也是以个人身份去的。为拿下冲绳，美国曾有7万多人付出生命，岂肯轻易放手？然而，日本也深知，与本土四岛的固有领土不同，冲绳诸岛是他们1879年灭掉琉球国之后强占的，并入版图的时间不长，如不尽早收回，恐怕夜长梦多。

1965年1月，佐藤登上了飞往美国的专机。在临行前发表机场讲话的时候，他和往常一样，并没有提前透露太多信息。与正式会谈相比，佐藤更相信别人在私下场合所说的话。在与美国国务卿腊斯克吃午饭时，他们低声交流着，谈到冲绳的归属时，腊斯克明确地说道："可以归还冲绳，但现在对中共还不能放心。"虽然只是一句简单的话，佐藤却马上品出了其中的深意：只要不损害冲绳在美国战略中的地位，美国可以考虑归还冲绳。

与约翰逊总统会谈时，他更加坚定了这一点。会谈后，双方发表了《共同声明》，其中写道："总统与首相一致认识到美国在琉球（冲绳）和小笠原诸岛的军事设施对远东安全极为重要……首相表示，希望美国能尽快将这些岛屿的施政权返还给日本……总统对日本政府和国民要求返还诸岛施政权的愿望表示理解，期待远东自由世界的安全保障形势允许返还的日子尽早到来。"如此直白地写明返还意向，这还是第一次，归还冲绳的交涉从此正式启动。

此次交涉之所以能取得突破，是因为日美关系如今已得到极大的改善，日本的国力也在显著增强。而且，越南战争日趋激烈，美国很快就会开始轰炸北越，冲绳基地的作用日益重要。外务省的很多官员认为此时不是回收时机，佐藤却认为，在美国最需要合作伙伴的时候提出要求，对方是不会不给面子的。果然，佐藤带着欣喜和希望飞回了日本。但他回国后发现，国内的经济发展势头却有所衰退。

　　不过，出现衰退也是必然的，因为建设奥运场馆的投资回报率本来就低。当初有巨资投入拉动内需，现在所有建设都已告罄，需求自然会下降，发展势头有所衰退也不足为奇。值得一提的是1965年这个年头，此时距离战争结束刚好二十年——一代人的时间，大多数人都通过勤奋和努力解决了温饱问题，享受到了一些经济发展成果，过上了小康生活。那么，他们的生活究竟怎样呢？

　　日本人把"五月黄金周"（约十天）的休闲长假当作仅次于"盂兰盆节"和"新年"的重要节日。1965年的"黄金周"假期，《朝日新闻》记录了这样一家人去箱根游玩的实况：

　　　　爸爸妈妈被上小学五年级的公子和一年级的千金硬缠着坐上了超满员的电车，来到箱根市芦之湖湖畔……

　　　　到了之后，他们发现，所有地方都被设计成了不花钱就别想消遣的场所。游船100日元，索道260日元，在湖畔用望远镜观景110日元，划船30分钟100日元，垂钓一次200日元，在关卡古迹租艺妓服装照相则贵达5000日元。

　　　　看见有人坐摩托艇，父亲发话了："可以放松心情，去坐吧！"妈妈马上跟了句："且慢，绕湖一周要2000日元。"

　　　　他们最终放弃了摩托艇，继续前行。爸爸时而背行李，时而抱千金，一上午被折腾得不亦乐乎，想找个地方歇歇时，却发现免费长椅少之又少。

　　　　午饭时间，湖畔饭馆人满为患，一刻不停地干活的服务员态度极差，粗暴得简直要破坏大家游乐的心情。塞进一口咖喱（180日元一份）的爸爸喃喃自语："这在我们公司食堂也就50日元。"

下午，父母被千金领着进了游乐场，孩子们的眼睛灿灿生辉，动作敏捷。他们紧紧攥着妈妈给的零花钱，游玩项目一个接一个，门票从200日元、300日元不断往上升。妈妈全程都是一副心疼钱包的表情。

总算出了游乐场，千金不愿回家，摆出一副要哭的样子。"好了啊，住下来吧！"爸爸不知该怎么哄女儿，只得妥协。但住哪儿呀？国民宿舍已经满员，都让先来的人给占了，硬要住下来的话，得花2万日元，他们并没安排这笔预算。算了，回家吧……

回程的公交车和电车也是满员，车站服务员把乘客使劲儿往里推，有人惊呼："不只东京国电有'临时雇员'，箱根也有呀？！"

再看车厢内，到处都是背着行囊和水壶、神情疲惫的父母，手里都抱着熟睡的孩子。

最终，他们总算艰难地到家了。"以后休息日什么的，让我在家睡个囫囵觉就好了，这出去一趟比上班还累……"爸爸无助地道出了"黄金周的悲哀"。

．

这篇报道的题目是《去箱根的公司职员一家，快乐变苦楚，一天吹飞8000日元》。这家人的生活水平应该达到小康了吧，可他们的生活也并不轻松。要知道，人不是动物，从根本上说，人的需求是无止境的。

既然温饱不行，小康也累，只能继续发展经济，满足人们的各项需求。佐藤把调整经济的方向盘交给了自己的老相识福田赳夫，又任命干将田中角荣处理某些棘手问题。这两人曾先后担任大藏相，喜欢彼此较劲儿，佐藤相信，他们一定能够干好。佐藤则主要专注于政治建设。

日韩建交

随着日本国力的提升，佐藤觉得，可以开始外交博弈了。不过，由于佐藤执行的是保守政策，加上之前的"长崎国旗事件"（1958年5月2日，在长崎市举办的中国邮票和剪纸展览会上，两名日本青年扯下中国国旗，造成中日贸易中断），使得中日建交的希望变得渺茫。不过，与处于分裂状态的韩国建交则是有可能的。此前韩、日之间已经谈判多年，池田内阁时期，外相大平正芳还与韩国特使金钟泌签署过一份备忘录，算是有些铺垫。加上美国介入越战，需要巩固东亚的盟友关系，也乐见韩、日两国建交。

　　当时韩国已发生剧变。1961年5月16日，军人出身的朴正熙[1]发动政变上台。朴总统上任伊始就急于改变韩国的贫困状态，把经济建设列为首要目标。然而，没过几年，他就面临了一个重要难题——缺钱。指望陷入越战的美国帮忙已不切实际，很自然地，他把目光投向了日本，希望以谈判建交为条件，以三十五年来韩国被日本帝国主义敲诈的鲜血、泪水和尸骨为由，向日本索要赎罪的钱。

　　两个冤家坐到一起已经很久了（1951年开始谈判），对于韩方提出的清算过去的想法，日方根本不买账。要求赔偿？那是不可能的事。日本甚至反咬一口，提出"逆财产请求权"。

　　日本认为，他们在统治朝鲜半岛期间曾在韩国建设铁路及港湾，还开垦了农田，大藏省也曾多次拨款给韩国，如果韩方坚持赔偿请求权，日方就主张归还上述投资，以抵消韩方的请求，达到一分不赔的目的。韩方代表没被气出肝病已算有肚量了。

　　面积只占朝鲜半岛一半的韩国经济实力衰弱，唯一拿得出手的不过是一个美国盟友的身份而已。由于日方的强盗逻辑，谈判数次中断，又数次恢复，进行十年无果。到大平正芳任外相时，日方总算开窍，不再纠缠请求权问题。大平答应金钟泌，日本愿意给韩国一笔钱，但不是以赔款的名义，而是以帮助韩国建设的名义。这就是那份备忘录的主要内容。

----

[1]　朴正熙：韩国首位女总统朴槿惠的父亲，1917年出生，1944年毕业于日本陆军士官学校。韩国光复后，他在韩国陆军服役，目睹政局腐败，于1961年带领一批青年军官发动政变，推翻李承晚政权，执政长达18年。在此期间，他带领韩国实现工业化和经济腾飞，被称为"汉江奇迹"。朴正熙晚年加强集权统治，1979年10月26日被其亲信金载圭刺杀身亡。

1964年8月的北部湾事件（美国驱逐舰"马多克斯号"进入北部湾，遭到越共海军的炮击，战火随之扩大到越南北方）后，美国坐不住了，督促韩、日尽快达成协议。1964年11月佐藤荣作上台后开始采取主动政策，下令加速谈判。

1964年12月，日、韩双方第7次谈判开始。韩国政府顶住来自民众的压力，再次派出特使，谈判气氛有所缓和。

有领导推动就好办事，谈判紧锣密鼓地进行着。最后，双方在渔业问题、文物问题和旅日韩国人地位等问题上达成协议，日方答应在十年内给韩国提供3亿美元的无偿资金、2亿美元的有偿资金，以及3亿美元的商业借款，韩国放弃对日请求权。

1965年6月22日，韩、日在东京签署《日韩基本条约》，宣布建交。两国废除了1910年以前签订的所有不平等条约，但日本并没有给韩国人道歉。

协议拿回韩国后遭到一片骂声，民众完全不理解政府的行为。朴正熙无处诉说，只能继续埋头工作。日本这边也在国会审议时遇阻，最终强行表决通过。佐藤一再说明，建交是"为了实现和平与友好"，"根本不存在发展为军事同盟的可能性"。可实际上，谁又能打包票呢？在此次谈判中，韩、日的"独岛"争端仍未解决。十四年的谈判结束了，佐藤自我感觉良好，外界却对谈判结果感到失望。

佐藤觉得，自己做成这样已经够给美国面子了，他念念不忘的是早日收回领土。借着韩日建交的春风，1965年8月19日，佐藤荣作造访冲绳，成为战后踏上这片土地的第一位首相。在那霸机场的演讲中他说："冲绳被从本土分割出去已经二十年了，我们一刻都没有忘记九十万冲绳同胞……我深深知道，如果冲绳不归还，日本的战后就没有结束。"对于他的话，真正相信的人并不多。人们认为，北越战况激烈，冲绳的地位日渐加重，美国不会轻易放手。但佐藤仍然坚持自己的想法，因为他掌握的信息比别人多。

度过1965年的消沉之后，日本经济迎来转机。在山一证券出现倒闭征兆的时候，大藏相田中角荣果断出手，通过日本兴业银行向其提供了无期限、无担保的特别融资，挽救了山一证券，避免了一场金融风暴。随后接替他的福田赳夫采取了一项非常策略——发行国债。

发行国债在其他国家算不上非常策略，但在日本，人们谈之色变。第二次世界大战时，政府丧失信誉，发行的国债全变成了废纸，国民的钱最终连本带利全部归公，恐怖的阴影至今仍在人们脑海中徘徊。如今，政府再次提出发行国债，难免人人喊打。社会党也频频发难，担心发行国债会引发通货膨胀，甚至担心会有人将国债用于军事目的。但在福田看来，发行国债的目的是调整经济的发展，只要掌握好度，国债可以充分发挥财政对经济发展的调控作用，从而刺激经济的发展。而且，日本早就不打仗了，政府肯定会兑现承诺的。

在福田的坚持下，1966年，日本在战后第一次发行了6750亿日元的建设国债。同时，考虑到经济发展的需要，政府还实施了3000亿日元的减税措施。此后六年中，国债的发行规模逐渐递减，而经济发展的势头却上去了。

从1965年10月起，日本经济明显复苏，甚至超越了"神武景气"和"奥运会景气"，迎来了一轮长达六年的"伊弉诺景气"。1967年，日本实现了人均国民收入翻一番的目标，"国民收入倍增计划"提前三年完成。1968年，日本的国民生产总值超过西德，成为仅次于美国的经济强国。

黑雾笼东瀛

随着收入的普遍增长，人民的生活水平也随之提高。但很多民众没有想到，有些人的收入增长速度比他们快得多，而且来路不正。这些人就出自自民党，这个带领日本民众走向"收入倍增"的团队正在演变成团伙，慢慢溃烂。

过去，政界也曾出过不少弊案，但大都是逐个爆发的。这回却是集体总爆发。从1966年8月的"田中彰治事件"开始，"共和制糖事件""深谷站特快停车事件"先后出现，弊案连连，政坛被浓浓的"黑雾"笼罩。对此，佐藤采取的措施就是开人，只要犯事就立刻开除，他改组内阁，努力避免引火烧身。

如果仅是自民党内部腐败，还谈不上太"黑"。政府官员如此，下面自然有样学样。腐败开始向社会领域蔓延。哪里容易赚钱，腐败就滋生在哪里。体育界首当其冲。日本人不是爱看棒球联赛吗？假球、黑哨就全来了。

1964年10月，《读卖新闻》披露了西铁狮队投手永易将之涉嫌收受黑道贿赂打假球的消息，进而引发蝴蝶效应，许多球员都被牵涉其中，中日龙队的王牌投手小川健太郎被判终身禁赛。1970年，永易将之被札幌警方逮捕，他承认受贿，并供出西铁狮队的另外6名球员故意放水。那次事件中，涉案球员多达二十余人，多人被终身禁赛。球迷们怒不可遏，日本职棒联赛的票房一落千丈。

经济发展的同时，毒瘤也在发展。20世纪60年代初期，日本暴力团伙的势力达到鼎盛，成员超过20万。山口组在旗下四大先锋（地道组、柳川组、菅谷组、小西组）的带领下开疆扩土，逐渐发展成企业化黑道组织，其总部门口赫然写着"不用童工、不贩毒、不乱扔烟头"。另一暴力团伙稻川会与之比翼齐飞。两伙黑帮联手，弄得全日本只剩四个县没有他们的势力。警方最终不得不采取全国范围的严打行动。而实际上，自民党在成立时就受过黑社会的资助，那时黑帮在日本不仅是合法的，还享有"政治夜壶"的美名。

针对执政党层出不穷的劣迹，在野党轮番发难，要求解散众议院重新选举。佐藤起初消极抵抗，后来实在招架不住，于1966年年底解散众议院。1967年1月，日本迎来了第31届众议院选举，舆论普遍不看好自民党，党内的一些元老也认为自民党会大输，佐藤荣作的地位恐将不保。

没想到，自民党最后竟获得了277个席位，算上当选后加入自民党的议员，仅比解散前减少一席。虽说这次的得票率首次降到了50%以下，但也算大胜。为什么会出现这种结果呢？

如果在社会经济停滞不前或倒退时出现腐败横行的现象，人们是绝不会容忍的。但如果一个社会的经济发展速度超过了腐败蔓延的速度，或者至少普通民众的生活在逐步提高，那么这时人们对腐败便多少能容忍一些。这虽是歪理，但现实就是如此。人们推翻的往往是前一类政权，对后一类却愿意姑息一时。更准确地说，是给他们一个机会，限期改正。此外，自民党之所以能维持多数席位，还有一个重要原因。

那就是在野党的多元化。除了社会党、共产党等左派政党外，1964年成立的公明党（以公正廉明为口号）在选举中异军突起。这个脱胎于宗教团体"创价学会"的政党采取中间路线，主张增加社会福利，并支持和平宪法，同时它还接受资本主义的基本结构，很能吸引中间选民。公明党初次参选就拿下了25个席位，此后逐渐发展为日本政坛第三大势力。此外，1960年从社会党右翼分裂出的民主社会党在选举中也表现抢眼，夺得30席。而作为最大的反对党，社会党的席位反而减少了，完全凝聚不起可以掀翻自民党的力量。佐藤荣作也看到了这一点，并积极加以利用。

在佐藤看来，只要是人，不论是谁，都有欲望，只要拿出利益诱饵，就可以驱使任何人。他极力拉拢公明党和民主社会党，还秘密地和"创价学会"的池田大作一起吃饭并建立联系，以此达到分化在野党的目的。

为了延长执政时间，佐藤费尽心机。根据对象的不同，他能够完全改变谈话的内容。他善于用人，经常让几个人同时去做一件事，使他们产生竞争，从而为己所用。他喜欢思考，深夜里经常独自洗澡、洗袜子，一个人用扑克牌玩占卜或者默写般若心经，这些时候他都在思考，想着如何制服对手，稳固政权。他带领下的自民党既不缺乏力量，也不缺乏智慧，就是大多都没有反省的勇气。即便有人看出了党的弊端，希望调整，出台的政策也都是隔靴搔痒，毫无成效。因此，他执政的时间极有可能超过池田勇人，因为已经没有人能站出来阻挡他了，那些人想站也站不起来了。

曾经和佐藤争夺相位的河野一郎在选举的时候可是满脸笑容地投了他，换来的却是佐藤的冷遇。1965 年 6 月佐藤改组内阁，河野极力推荐本派的两名成员入阁却未获同意，而且，佐藤还让他继续担任无任所大臣的闲职。河野一气之下拒绝入阁，还加入了反主流的队伍，因悲愤交集，一个半月后便含恨去世。他曾说："在榻榻米上我是没法咽气的。"但他还是死在了床上。"春秋会"一时群龙无首，中曾根康弘继承其部分实力成为派系首领。

佐藤的另一个对手是池田勇人。如果池田能活得久一点儿，或许他能稀释佐藤的力量。实际上，池田下台后身体曾有所好转。为此，吉田茂还亲自召集佐藤和池田两家聚会，庆祝池田身体康复，希望两位爱徒能重归于好。池田当然很高兴，但佐藤会高兴吗？ 1965 年 8 月，池田再次动手术，主刀医生认为手术很成功，还如释重负地说明年转暖的时候他的病就会好。谁料，池田却突然死在了病床上。据他夫人的兄长（医生）披露消息，池田服用的药物穿透了他的胃部导致其身亡。

在这两位相继去世之际，大野伴睦也去世了。他可是吉田茂时代的元老，曾被内定为岸信介的接班人。

党内可以抗衡佐藤的大佬纷纷退席，只剩下一批有待培养的后辈。赶上这个青黄不接的年代，佐藤可以为自己的理想放手一搏了。

再次交涉冲绳诸岛问题

1967年下半年，佐藤荣作访问韩国，接着去了中国台湾、东南亚、澳大利亚和新西兰。无论到哪儿，他都摆出一副对美国的亚洲盟友担负重大责任的架势，完全是给美国看的。

1967年11月，佐藤荣作第二次访美，与约翰逊总统再次就冲绳等岛屿的回归问题举行会谈。在这之前，美国已经将冲绳问题研究透了。总统、国务卿和国防部形成一致意见：从长远看，美国在亚洲已经不能再实施单边政策了，无论在亚洲任何地区开展行动，如果日本不积极参与，类似战争政策就无法实行，所以要把日本拉进来，而返还冲绳就是拉拢日本的天赐良机，所以可以将冲绳岛的施政权有条件地返还日本，但日本必须承担防卫义务，一旦美国要从冲绳采取行动，日本也必须履行协助义务。

因此，谈判进行得比较顺利。美国答应先归还小笠原群岛（日本在太平洋的一个群岛）。同时，佐藤同意进一步明确冲绳美军基地的有效性，并表示该基地可以继续承担冲绳的安全保障责任。在此基础上，归还冲绳的时间变得更具体了。会后，双方发表了《共同声明》："总理大臣与总统就冲绳与小笠原群岛问题进行了坦率的讨论。总理大臣强调，日本政府和日本国民强烈希望将冲绳的施政权归还给日本……进一步强调，最近的两三年是双方应该能够满意的归还期限……总理大臣与总统同时认为：美国在这些岛屿上的军事设施，对保障远东的日本及其他自由国家的安全，发挥着重要的作用。总理大臣和总统同意日、美两国政府在将冲绳的施政权归还给日本的方针下，继续共同讨论冲绳的地位问题……"

一块石头总算要落地了，但归还领土并非小事，如何归还施政权、如何保障美军基地冲绳的核武器等都是问题，以后都须具体商谈。此外，美国马上就要举行新的总统大选了，在这之前恐怕是谈不了，只能等大选后再说了。

回国之后，佐藤着手扩充军备，要求全面充实和强化自卫队，并在内阁国防会议和内阁会议上通过了为期五年的《第三次防卫力量装备计划》。此次预计耗资二兆三千四百亿日元，比第二次防卫计划多了近一兆亿日元。

第三次防卫计划将日本从"岸边防卫"引向了"海上防卫"。海上自卫队的任务不再是实施"监视、警戒"，而是提高"反潜作战能力"，并大量装备具有远海作战能力的舰载直升机和反潜机，同时承担以往由美军第七舰队承担的作战任务。

这次防卫计划对"重点区域的防控能力"提出了要求，空中自卫队要引进新型的"奈基－宙斯"地对空导弹系统，陆上自卫队要装备61型坦克和自动火炮，建立整体机动速度达每小时40千米的装甲师，还要配备装载核武器的工具。

为提高与美军的联合作战能力，佐藤可谓煞费苦心，除常规武器

外，他也十分青睐核武器，但美国坚决不答应日本拥有核武器。深思
熟虑之后，佐藤认为，既然得不到，不如掉头转向做到极致，占领道
义的制高点。

1967年12月，佐藤抛出了有名的无核三原则：不制造、不拥有、
不运入。谨慎的佐藤真的那么热爱和平吗？他之所以敢抛弃原子弹，
是沾了飞速进步的科技的光。他知道，美国已经研制出可以游弋全世
界的核潜艇，核攻击已不再拘泥于陆地，作为美国的盟友，有无核武
器对日本来说已不再那么重要。而且，关于冲绳是否有必要继续部署
核武器，美国方面也在讨论。佐藤正是了解到了这一点，才狠狠地拔
了个高调。

至于归还冲绳时美军基地应是怎样一种状态，佐藤也在苦思冥
想。关键还是核武器问题，1969年1月，他提出"美军撤走美方的核
武器，与本土美军基地一样"的冲绳归还方针。在当年3月的国会质
询上，佐藤公开确认了这一点。

1969年11月17日，经过充分的酝酿后，佐藤荣作第三次访美，
这次他的谈判对象换成了尼克松。日本人是来要冲绳的，这一点美国
非常清楚。关键问题是核武器。如果完全接受"无核三原则"，就意
味着美国将放弃在日本部署核武器的权利，这在冷战时期是美国所不
能接受的。于是，双方围绕着紧急时刻是否可以再次运入核武器的问
题展开激烈交锋，尼克松坚持要求把"遇有紧急情况，驻冲绳美军基
地的功能不受影响"写入《共同声明》。对此，佐藤很为难，这等于
自己抽自己的脸。所以双方最后签署了秘密备忘录，约定美军在紧急
时候仍可以自由使用日本基地，包括运入核武器。

11月21日发表的公开声明是这样的：

　　总理大臣阐述了基于日美友好关系之上，将冲绳的施政权归还日本，恢复冲绳的正常状态，满足日本本土及冲绳国民的强烈愿望……双方一致同意，在不影响包括日本在内的远东和平的条件下，两国政府立即协商有关实现冲绳尽早归还日本的具体协定……与此相对应，总理大臣申明了在冲绳归还后作为日本自身防卫努力的一环，日本政府将逐渐承担对冲绳地区的防卫责任……

　　总理大臣详细说明了日本国民对核武器的特殊心情，以及以此为背景的日本政府的政策。大总统对此表示深深的理解，并向总理大臣明确约定，将在日、美安保条约的事前协议制度不损害美国政府的立场，不违背日本政府前述政策的条件下，实施冲绳的归还。

　　归还冲绳是有条件的，日本公开答应的条件是不影响美国对基地的使用，同时日本扩大防卫范围。然而，暗地里，核弹问题也都已解决。但是，博弈并没有结束。由于当时美国的实力下降，越战又受到谴责，国内经济呈现疲软之势。日本此时想把冲绳收回，不给"大哥"送点儿礼说不过去。而且，日、美的贸易逆差早就引起了尼克松的不满，尤其日本的纤维出口（从生丝到成品服装）比重与日俱增，给美国南方的企业造成了重大损失。尼克松跟多名亲信协商决定，要让佐藤政府主动减少对美国的纤维出口。

老到的佐藤碰上了比他更老到的尼克松。此前，佐藤已将大量心血倾注于冲绳回归一事，如果他不钻这个"纤维套"，很有可能前功尽弃。

其实，对于美国，日本国内正酝酿着新旧交织、新旧对抗的复杂情绪，极端思想萌发异动。对于这方面，佐藤显然没注意观察。

三岛由纪夫

如果说小野田宽郎是最后的武士，那只是从时间上而言的。而且，小野最终放下武器，回归了社会。真的武士是不论多久都不会放下执念的，不成功，他便会切腹结束生命。从这一点上看，三岛由纪夫才是日本最后的武士。

在他的作品《潮骚》中，岛上相恋的男女唯一一次全身赤裸地抱在一起、擦出爱火的地方，是一座在第二次世界大战后废弃的观哨所。让纯真的感情生发在军事建筑里，三岛内心深藏的情结原形毕露。他极端的行为与其说是叛变，不如说是文化死谏。

1970年11月25日，把小说《丰饶之海》的最后一部分手稿寄给出版社后，三岛便开始行动了。也许他早已做好了必死的准备，那天他并没有发动众多的"盾会"成员，而是在当天上午，仅率四名"盾会"亲信奔袭自卫队东部总监部市谷台，以"献宝刀"为名进入了总监室。看到三岛手中握的长刀，总监益田兼利发问道："刀是真的吗？"

"是真的，17世纪的名刀。"

"大白天带刀？"

"登记了的。"

"好刀吧？"三岛抽出刀，这是行动信号。

四个人一拥而上，把益田兼利结结实实地捆住了。秘书进来给他们上茶，当场尖叫起来。三岛要求益田下令出动自卫队，益田不从。有几名自卫队队员试图营救益田，都被三岛等人砍伤。随后，三岛登上阳台，向闻讯赶来的数千名自卫队队员发表檄文："日本人发财了，得意忘形了，精神却是空洞的，你们知道吗？"他呼吁大家"放弃物质文明的堕落，找回古人淳朴、坚忍的美德与精神，成为真的武士"，随他发动兵变，推翻和平宪法，使自卫队成为真正的军队，以保卫天皇和日本传统。但他的演说并没有得到台下人的回应，自卫队队员个个站着不动，窃窃私语，甚至有人大声嘲笑他是疯子。

三岛由纪夫非常失望，但这也在他的意料之中。他退回总监室，将写有"七生报国"的头巾系在额头上，然后跪在地上用白布将切腹的部位层层裹紧。三呼天皇万岁后，他拿起短刀，将刀锋直指下腹左侧，"噗"的一声刺了进去，由于右手开始抖动，他赶紧将左手握上去，双手用力横划出一个大口。切腹虽不会使人立刻丧命，但足以使人痛不欲生。三岛没有经验，疼得试图咬舌自尽，并哀求同伴森田必胜实行介错[1]。但森田也没有经验，看到三岛身子前倾，他顺势砍了一刀，却砍到了三岛的肩膀上。另外三人叫道："再来一刀！"第二刀更狠，直接劈在了三岛的背上。两刀都没能切中颈部。三岛终于尝到了"美的毁灭"是何滋味。他低吼道："再砍，再砍，使力！"第三刀出手了，这次终于砍到了三岛的脖子，但脑袋还是没掉下来。学过居合道（日本剑道技法的一支，讲求一击必杀）的同伴古贺浩靖实在看不下去了，改由他来砍，一刀就结束了三岛的性命。随后，森田也切腹（也由古贺实施介错）结束了生命。最不幸的要数被捆在那儿观看"表演"的益田兼利，他已经不是第一次见证这种场面了。第二次世界大战时，他就在这儿见过同事晴气诚因塞班岛失守而切腹的过程。

　　处理此次事件的是防卫厅长官中曾根康弘，他上午刚参加完国会开幕式就接到了陆军参谋部打来的紧急电话。惊讶之余，他马上命令警察出动，同时命自卫队封锁现场，最大限度地降低了事件的影响，也隔绝了自卫队与三岛等人的接触。参与事件的其余三人很快被捕。在第一时间，中曾根向自卫队下达训令："肩负国家和平和独立之重任的自卫队队员们，绝不能因此有丝毫的动摇。以暴力破坏法律秩序的行为，就是从正面否定民主主义的行为，对此我们绝不允许。队员们要遵守自卫队队员的注意事项，尽到本分，回报国民的信任。"

　　尽管如此，社会上仍然不乏同情三岛的声音。中曾根也接到了辱骂电话。为压倒这种舆论，他请防卫大学的猪木正道发表反三岛檄

[1]　介错：指在日本切腹仪式中因某种原因切腹失败后的补充斩首行为，其目的是让切腹者更快死亡，免受痛苦折磨。

文："根据一己之独断，妄图把自卫队用于满足特定政治目的的想法，无非是想把自卫队变成私人武装。无论其动机多么纯粹，其行动多么无畏，对这种破坏思想，我们必须坚决予以抨击。"

这次事件处理得非常果断，也符合人心。因此，事情很快就平息了。

其实，中曾根原本是没机会露脸的。佐藤内阁成立后，他一直站在反对立场，猛烈抨击政府，因此长期在野。后来由于要收回冲绳，佐藤荣作需要自民党内部达成一致，为此他主动与年轻的派系领袖中曾根见面。由于受到了前辈意想不到的"关怀"，再加上中曾根本人的抱负，他一下来了个一百八十度大转弯，加入内阁，担任防卫厅长官。事件过后，益田兼利总监请求辞职。他说，由衷希望有机会能祭拜一下三岛的亡灵。中曾根则把天皇赏给自己的鸭肉送给益田，让他在与部下告别时享用。

佐藤荣作的退场

日本军人变得谨慎而理性了，三岛等人自杀后，其余三名涉案人员除各自被判了四年有期徒刑外，并没有受到其他的残酷刑罚。也是在1970年，日本举办了大阪世博会。这是亚洲第一次举办世博会。世界的目光再次聚焦日本，参观人数达到创纪录的6400万，一半以上的日本人都去了。随着交通和通信的发展，仅仅依靠发明创造已不能满足世博会观众的需求，策划者们将这届世博会的重心放在了人类的精神生活上，使大阪世博会成为"世界文化的盛大节日"。全世界的精英思想、尖端科技都被吸引至此。人们在开放的世界里相互学习，在美国馆前驻足观赏由"阿波罗号"宇宙飞船登月带回的月亮石。

军国主义虽然可以复活，但它难以支配这个国家，因为日本已经摆脱了禁锢状态，人们有机会了解各种思潮，谁也不能再用一种声音控制人的头脑。世博会后，如古老图腾般的太阳塔被永久保存，"黄金之面"注视着来往人群，它萌发的艺术魅力震撼着每个人的心，成为日本民族力量的象征之一。

日本民族的力量确实不小，但跟美国比还差点儿。要想让美国顺利返还冲绳，就得"以纤（纤维）换绳（冲绳）"，在纤维贸易上让步。这下难坏了负责此事的通产相宫泽喜一。佐藤曾特意嘱咐他，一定要办成此事，可下属们却都不愿配合。在赴美谈判前，美方提出让他先看看"佐藤·尼克松会谈"时认可的协议。竟然还有书面文件？宫泽呆了，立刻去找首相询问。佐藤答得痛快："没有这样的文书，不用担心，只管去。"是没有还是不敢拿出来？宫泽陷入两难之地。更要命的是，日本纤维业界听到风声后团结起来，拼命游说通产相，给宫泽施加压力：若政府向美国妥协，他们将不惜罢工、罢业。结果，纤维交涉一拖再拖，毫无进展。

这事一拖，归还冲绳的事不也得拖吗？佐藤亲自暗示宫泽："这个交涉说到底无非是桩交易，在买进卖出的事情上，不要钻牛角尖，条条杠杠的道理最好适可而止。"宫泽心里明白，但就是不买账。

这时候，田中角荣站了出来。他接替宫泽出任通产相后，于1972

年1月与美国签署了《日美纤维协定》。当着纤维业人士的面,田中毫不心虚地说:"我会把钱补给你们的,但这个贸易令我签定了,你们要哭就哭好了!"也只有田中才能使出这般雷霆手段,既堵住了业界的嘴,又帮佐藤达成了心愿。

1971年6月17日,美日正式签署了《归还冲绳协定》,约定于1972年正式移交施政权。佐藤荣作在讲话中说:"我确信,签署协定,标志着日本真正地摆脱了'战后'这个概念,同时也表明日本朝着20世纪70年代的新世界前进,特别是朝着太平洋前进的时代已经到来。"

对日本而言,这是个值得欢庆的日子。但"摆脱战后"之话说得还有点儿早,因为苏联还没有归还北方四岛。况且,这次归还冲绳还牵动了中日的领土纷争。

在归还冲绳时,美国竟把钓鱼岛也划入"归还区域",将其行政权转给了日本。钓鱼岛是冲绳、小笠原群岛以外的领土,属于中国领土。美国这一行为是典型的冷战思维下的行动,而日本却以此作为法理依据,妄图强占钓鱼岛。这为中日两国的领土纷争埋下隐患。当时,中国政府发表声明表示强烈反对,中国台湾和中国香港都爆发了轰轰烈烈的"保钓运动"。

"领土"回归和经济腾飞并驾齐驱,日本的国际地位迅速提高。但佐藤很快就会看到,他的地位到底有多高。

1971年7月,尼克松突然在电视上宣布"波罗行动"取得成功,基辛格在北京与周恩来顺利举行会谈,周恩来正式邀请尼克松于1972年5月前访华。在尼克松讲话前三分钟日本才得到消息,当时就惊了。

8月15日，尼克松又给了日本一击，宣布实行"新经济政策"，禁止外国政府或中央银行用美元向美国兑换黄金，并对进口商品征收10%的进口附加税。"布雷顿森林体系[1]"动摇，日本的出口将大受影响。

没人跟日本商量过此事，"尼克松冲击"把慢慢悠悠的佐藤打蒙了。在对华政策上，日本政府仍举棋不定，舆论中"到北京去"的声音日益强烈。在野党批判首相"不是荣作而是无策"。

其实，佐藤还是做了一些事情的。他没有对外发表声明，而是采取了"鸭子划水式"的地下运作，靠密使送信与中国政府沟通。"尼克松冲击"后，他通过东京都知事美浓部亮吉转送给周恩来一封信，表示要"亲自访华"。结果，中方以"佐藤政府说了不做"为由拒绝了他的请求。佐藤碰了一鼻子灰。

1972年5月15日，美国正式将冲绳的施政权移交给日本，这成为佐藤荣作漫长的首相生涯中的最大政绩。同时，他也想在对华关系上有所作为。

但是，一切都太迟了，佐藤荣作下台的时间到了。日本有句谚语："过石头桥的时候要先敲一敲。"在佐藤眼里，中国这座桥不是轻易能走的。然而，正是这种过分谨慎让他失去了机会。因为过分谨慎，他与媒体的关系也非常糟糕。"谈岛（佐藤家）无新闻"，记者在他那儿很难有什么收获，他说的都是记者们已经知道的信息，而记者们想知道的，不到最后一刻，他绝不会说。报社记者们对此很反感，

---

[1]　指"二战"后以美元为中心的国际货币体系。

挖不出新闻，那写些什么呢？既然没声音，那就看动作吧，因此，只要佐藤在工作上稍有疏失，就会被媒体大肆报道。对此，佐藤也很恼火，他不明白这是为什么。

1972年6月17日，盘踞首相宝座七年之久的佐藤宣布辞职。听说首相准备走人的消息后，大批记者又蜂拥而至，准备好好采访他。佐藤一见记者就气不打一处来，拍着桌子大吼道："电视记者在哪儿？有没有搞错，报社记者都给我出去！我讨厌只会做偏向报道的报社记者。我要直接和国民对话。"

一听这话，记者们顿时如鸟兽散，纷纷奔出会见室。佐藤眨眼再看时，哪还有什么电视记者？屋里就剩他自己了。他这才镇静下来，对着摄像机镜头独自发表离别感言，在即将卸任时，他终于想起了国民。

佐藤一直希望人们亲切地称他"阿荣"。然而，七年多来，从头到尾都没人这样叫过他。

第五章

日本第一

"角福"对决

　　"池田·佐藤时代"延续了十二年，日本也度过了一段黄金岁月。同时，这也让自民党走向了顶峰。随着佐藤荣作政治生命的结束，久被压抑的政党之争再次兴起。佐藤6月17日刚发表完辞职声明，"三角大福"时代就来临了，三木武夫、田中角荣、大平正芳和福田赳夫全都报名竞逐下届总裁。首相的空位正如饥似渴地期待一场对决。

　　在即将到来的挑战中，最有实力问鼎首相之位的是福田赳夫（外务相）和田中角荣（通产相）。他们都是佐藤"乘坐过的良驹"。福田曾追随岸信介多年，继承了岸信介的派系，执掌经济颇为得力，与佐藤也性情相投。而田中角荣也立下过汗马功劳，在佐藤派内人气极高。手心手背都是肉，佐藤没有公开表态支持谁，但他心中有数。

　　老领导都希望把自己属意的部下扶上马再送一程。为此，6月19日，佐藤召集福田赳夫和田中角荣秘商。他这样说道："我也不知道你们俩最终会怎样，但你们毕竟都一直在支持我，所以，不论你们谁（第一轮）得了最多的票，第二名都一定要全力支持第一名。在这里，你们能向我保证这一点吗？"

　　佐藤是在公布游戏规则：第一轮得票领先者赢。听完这话，福田当即表态说："我赞成。如果我拿到的是第二名，那我一定会全力支持田中。"田中角荣却思量了片刻，然后才说："那就这样吧！"之后，佐藤又补充了一句："这件事请一定保密。如果泄露出去，本来可成的事也会失败的。"然后三人归去。

福田敢于率先表态是因为他心中有底，他知道这种安排对自己有利。佐藤是在做局，他已暗中透露："我的继任是福田。"所以福田希望竞选动作能以润物细无声的方式进行，但"角福大战"已经拉开。

对于田中而言，会谈的唯一成果是让他提前把心弦绷紧了。他意识到，所谓第一轮定胜负，就是说佐藤希望福田在第一轮胜出，不给自己留机会。既然他们认为进入第二轮投票会对他们不利，那就试试吧。参加竞选的还有大平正芳和三木武夫，他们俩胜选的概率虽不大，却可以左右第二轮的胜负。在追逐权力时，田中就像个饥饿难耐的孩子，他想吃什么东西，大人是管不了的。

所谓选举，就是要想方设法让别人支持自己，争取数量上的优势。双方首先争夺的对象集中在一个人身上，他就是中曾根康弘。他虽不是候选人，却继承了河野一郎的大部分势力，第一轮的成败就看他了。佐藤荣作在选举前已将中曾根任命为自民党总务会长，并告诉福田："这是我的一步棋。"

福田赳夫对此心领神会，而且他在中曾根康弘那里也有暗桩，就是野田武夫。野田是中曾根派的元老，有能左右该派的力量。福田想呼应佐藤，依靠野田武夫影响中曾根派。谁料，就在局势逐渐稳定的时候，野田武夫突然死亡。田中那边的工作却在加紧进行。野田去世约十天后，佐藤向中曾根提出希望他支持福田，竟没有收到回应。

中曾根康弘没回应是有原因的，就在选前的6月21日，他公开表明支持田中。此举非同小可，谁都知道中曾根极善于审时度势，是有名的墙头草，外号"风向标"。在政治上，这种人的动向一旦确定，将直接影响其他派别。果然，原本倾向福田的中间五派也出现动摇。

福田开始感觉不妙了。他原先预测的是，田中也就只有佐藤派内的38票，而自己除了拥有佐藤派的22票外，还有本派的36票，总计58票，领先田中20票。现在田中一方加上中曾根的票数后，双方将势均力敌。

噩耗还在后头。福田打探到，田中已经和大平正芳、三木武夫缔结了政策协定（金权交易）。如果这三派在第二轮联手，那事情就麻烦了。福田紧急找到佐藤并问道："对于我们的那个约定和三派联合，您怎么看呢？"

于是，在投票选举的前一天，佐藤又把二人聚在了一起，他严厉质问田中："三派联合虽然已经成立，但田中，你对这个问题是如何考虑的？我们上次不是约好'支持第一名'的吗？"田中此时换了副神态："选举活动就是这么回事，它是有许多流程的。佐藤总理在参加选举的时候，和（同一选区的）哥哥岸信介之间不也曾激烈争夺吗？"福田见到此状说："既然三派联合已经成立，那我们的约定也就形同虚设了，忘掉它吧！"

人事的威力可谓惊人。不久前，佐藤把田中任命为通产相时，他就已经开始蚕食福田的优势了。通产相与财界人士以及自民党中的国会议员有着相当频繁的交往。田中借机大量结交产业界人士，四面出击，吸收竞选资金，迅速拉票，并与党内各派达成协议，使可能支持福田的人转投自己。早在5月9日田中就已自立门户，并把佐藤派的大部分势力拉到了自己身边。

在选举的最后时刻，佐藤给本派议员逐个打电话，叫他们支持福田。结果，桥本登美三郎、爱知揆一、木村武雄等重量级亲信却都明确表示支持田中。还有不少年轻议员倒向田中，这不仅仅是因为福田已67岁，田中才54岁，更是因为后者为此动用了大量资金。

选战逐渐演化成党人派与官僚派的决斗。这是自民党最不愿看到的，可事实就是如此。直到7月5日投票当天，战况仍空前激烈。福田派的干将森喜朗四处奔走呼号，为福田拉票。双方都下了不少功夫，谁也没有必胜的把握。

第一轮的开票结果是，田中角荣获得156票，福田赳夫150票，大平正芳101票，三木武夫69票。前两名仅相差6票，且都未过半数。于是，投票进入第二轮，形成"角福对决"。

果然，在第二轮中，大平和三木都把本派的票投给了田中。最后，田中角荣获得282票，福田赳夫仅获得190票，结果可想而知。

田中角荣

这个人的胜出有着非同寻常的意义，这个被称为"太阁"（丰臣秀吉）的人物，学历竟是小学毕业。在首相基本都出自东京大学或早稻田大学的年代，这种人给首相拎包都不够资格。但在战后时代，英雄不问出处。

1918年5月4日，田中角荣出生于新潟县的一户农家。家里有七个子女，他是唯一的男孩，精神上备受宠爱，物质上备受煎熬。他的父亲虽是买卖人，经营牛马生意，但因孩子太多，日子并不好过。

田中自小体弱，还有口吃的毛病，但他的记忆力好，也肯用功。他还经常锻炼身体，靠练习唱歌治疗口吃。因为心疼母亲每日操劳，他念完小学就去东京打工了。

东京的繁华让这个来自雪国（新潟所在的越后地区属日本海沿岸，多雪）的孩子感到震惊，他的家乡不仅常年积雪，还曾经是江户时代主要的稻米产地。明治维新后，沿太平洋地区受到重视，政府奉行"东京中心主义"，而田中的家乡一年有四个月被大雪覆盖，经济发展尤其困难，只能向首都输出打工仔。

在东京打工的日子，田中无亲可靠，他本想托人找份工作，结果他还没进人家的门，就被冷冰冰的女仆轰了出来。他只好在一家小建筑公司当学徒，每天5点起床打扫公司，然后去工地现场帮忙，骑着自行车四处奔波。下班后，他会骑车去上夜校，9点下课后，筋疲力尽的田中还要赶回公司准备第二天的工作，每次忙完都已是午夜12点。当大部分人都进入梦乡时，田中会就着昏黄的路灯，在下水道洗衣服。他一天只睡4个小时。

除了这份工作外，田中还推销过保险，也在百货商店站过柜台。在一个没钱就没有尊严的地方，他并没有急于寻找尊严，而是沉下心，通过细微的表情和动作观察人心。生活使他明白了什么人最需要帮助。田中后来提出的"开发型土建政治"就表现了他对地区发展不均的抱怨。他喜欢将事物换算成货币加以衡量的习惯也是在这一时期养成的。相比于抽象思维，他更倾向于具体的、感性的思考方法。疲惫使他强烈地感觉到"如果不认真读书，就只能一辈子过这种日子了"。在夜校补习期间，他背下了整本《汉和字典》，并拿到了土木科的毕业文凭。1937年，田中用攒下的钱开了一间共荣建筑事务所。那年他19岁。

田中并没当多久老板。1938年12月，田中被编入日本陆军，并被送到中国东北参战。刚到东北，他就被动员去参加第二次诺门坎战役（日军惨败），然而田中竟毫发无损，因为他被指定管理酒水粮秣。别以为这是美差，高强度的劳动曾让他昏倒在值班现场。跟战争相比，无端被上司殴打才是他遍体鳞伤的主要原因。1940年11月，田中得了肺炎，被送回日本后直接住进了医院。治疗期间，他听说妹妹也得了肺病，生命垂危，便执意要回家看望，与奄奄一息的妹妹诀别。再次回到医院时，他悲痛欲绝，当晚再发高烧，两周后进入昏迷状态。军医已把他的手表和现金登记了，准备料理后事。女护士晚间去查房，本想用手电照下田中的脸看下情况如何，只见田中双目大睁，护士"啊"的一声尖叫起来。正是这一声尖叫唤起了田中求生的本能。过了些日子，他竟然奇迹般地康复了，并按伤病军人的身份复员。

大病初愈的田中回到东京后重操旧业。他的房东是个60岁的老太太，丈夫已去世，女儿花子住在家里。田中工作繁忙，衣着邋遢，花子手脚勤快，心地善良，经常主动照顾他。这让田中心存感激，越来越觉得离不开这个女人。1942年，他们结为夫妻。花子比田中大八岁，离过一次婚，还带着孩子，长相也一般。新婚之夜，花子要求田中立下三个誓言：不许赶她出门，不许用脚踹她，将来富贵了要相伴到老。花子还说，如果田中信守誓言，她可以忍受一切痛苦。田中苦笑着点头答应。可以说，即使是落魄男人，也未必肯娶花子这样的女人。由此可见，田中的确是重感情、知恩图报的人。此后，两人育有一子一女，儿子6岁时夭折，女儿就是田中真纪子。1943年，田中成立土木建筑股份公司，一年时间内公司的经营规模就扩大了数倍，成为日本五十大建筑公司之一。

田中进入政界是从别人向他借钱开始的。1946年4月，日本举行第一次众议院大选。进步党的大麻唯男找到经营土建发财的青年企业家田中，希望他能提供政治资金。田中答应了。在两人的合作中，大麻很欣赏田中，一再鼓励他参选。最后，田中真的报名了，结果落选。

田中总结经验，认为没有强大的后援会是其竞选失败的根源。为此，他组织了"越山会"，委托别人帮忙拉票。但当田中把选举资金按照对方的要求拨过去后，那些人竟拿着钱纷纷离去，有的甚至自立为候选人。

即使败选后又被骗，田中仍没退缩。他从中吸取教训，不再把选举事务完全托付给别人，而是亲自跑遍整个选区，招收了100名员工，然后在选区新潟开了家分店，让他们为自己助选。政治家依靠企业拉选票的做法，就是从田中开始的。

1947年4月，日本举行战后第二次大选。田中在老家新潟县成功当选。与同期当选的中曾根康弘相比，田中并不是怀着明确的政治目标和满腹经纶参选的，他之所以参选，是因为"将事物换算成货币加以衡量"的老毛病又犯了。

田中重点巴结的对象是吉田茂。在那个英雄辈出的年代，一半多的国会议员都是新面孔，谁都没有操控政治的经验，吉田茂也只是当过官而已。可田中虽是新人，筹集政治资金的能力却极强，老于世故的吉田如获至宝，任命他为选举部长。

当池田勇人、佐藤荣作这一批新科议员上来的时候，"吉田学校"的官僚人际网形成。田中很快就认识到自己才疏学浅，便利用其在"社会大学"学到的本领努力和他们搞好关系。他善于抓住时机表忠心，当吉田茂遭遇党内老将山崎猛逼宫时，田中挺身而出替吉田辩解。其勇气和恭敬使他很快成为"老人杀手"。不知不觉中，他成为吉田的心腹，经常出入其寓所。

田中的能力还表现在其天马行空的想法上。当日本人普遍认为道路乃天下公有、理应免费使用时，田中却提议推行"道路收费法"（俗称）。面对质疑声，他辩解道："隅田川胜关渡口的渡船不是也收费吗？"建设省的人员被他问得哑口无言，法案最终被通过，田中成为"创造财源的名人"。一般官员都是在法律的制约下思考问题的，田中则认为，只要有必要，就可以修改法律。

中日建交的前奏

田中成为真正的大牌政治家是在池田内阁时期。因为帮助池田竞选有功，田中受封出任大藏相。在省内干部面前，他说："大家都知道我是高小毕业，诸位都是天下英才，是财政金融专家，而我是门外汉，但我吃的盐多，过的桥多，知道点儿工作的门道。在一起工作，关键是要互相充分了解。希望大家都别客气，到我的办公室来，随便说什么，不必得到顶头上司的许可。能干就干，不能干就不干，一切责任由我承担。"

这些话非常能打动那些自负的官僚，一群"高智商"精英就这样被"没文化"的田中收拢了。在此后的佐藤内阁时期，田中努力积攒实力，成为佐藤派干将，历任大藏相、干事长和通产相，一直是支撑内阁的台柱子。但是，在这一时期，他也尝到了寄人篱下的滋味。

田中的宝贝女儿真纪子高中毕业后想去美国留学，田中虽然不舍，但还是同意了。临行前，女儿答应他绝不交美国男朋友。结果，计划没赶上变化，她确实没交美国男友，却交了个日本男友，名叫河野洋平。两人一见钟情，坠入爱河，已经到了想谈婚论嫁的地步。

洋平的父亲是时任农林大臣的河野一郎，借着父亲访美之际，洋

平把真纪子介绍给了父亲，并与随访团共进晚餐。河野一郎显然对真
纪子非常满意，吃完饭后，还主动把其他人带到隔壁，让两人多些时
间独处。

　　然而，他们高兴得太早了。田中角荣是佐藤荣作的"良驹"，而
河野派与佐藤派一直水火不容。还没等田中做出反应，消息灵通的佐
藤就找他谈话了："田中的女儿与河野的儿子谈恋爱，简直是荒唐，
这绝不能允许。"政治面前是不计较感情的。在派内的强大压力下，
田中狠下心做女儿的工作。为了父亲的仕途，真纪子含泪与河野洋平
分手，美好的爱情成了祭品。

　　由此可见，一个政治实力不济的人，连女儿的恋爱自由都保不
住。田中不知是怎么想的，即使他也不赞成这段恋情，但女儿感情的
结束方式肯定不是他希望的，他是个好面子的人。

　　田中表面上虽仍在继续帮助佐藤延续政权，实际上却是在为自己
积蓄力量。如果佐藤早两年辞职，他就不是福田的对手了。时间站在
了54岁的田中这边，使他成为战后最年轻的首相。民众期待一位与
冷冰冰的前任截然不同的意气风发、朝气蓬勃的人走进永田町（首相
府）。田中内阁成立时创下了62%的战后最高支持率。

　　田中上台后，摆在他面前的第一件事就是中日关系。准确地说，
田中不擅长外交，更善于"赌博"。虽然他与大平正芳、三木武夫在
选举前达成共识，将共同促成中日建交，但阻力依然巨大。

　　中国当时正处于非常状态，老练的佐藤连送封信都那般费劲，要
想建交，难度可想而知。但田中觉得，中国是希望谈判的，只是不想
把机会留给即将下台又没魄力的人。现在，尼克松已经于1972年2

月访华，在中日建交问题上日本必须当机立断，以免错过时机。

1972年7月7日，田中角荣在内阁成立后的记者招待会上表示："中日关系正常化的时机已经成熟。"新任外相大平正芳说："为了实现中日关系正常化，首相或外相有必要访问中国。"同一天，日本四十二个都道府县举行集会，纪念"卢沟桥事变"三十五周年。中日两国的复交问题受到关注。7月9日，中国发表声明："欢迎田中首相关于愿为实现中日邦交正常化而努力的谈话。"

可是，在大是大非的抉择面前，人们很少有意见统一的时候。中日建交问题在自民党内部引起了激烈争论，多个派系对此都有所保留。岸信介、滩尾弘吉、椎名悦三郎都表示反对中日建交，福田赳夫主张缓进。党内希望在建交问题上采取谨慎态度的不在少数，在是否要与台湾当局"断交"的问题上，争执尤为激烈。

8月3日，在自民党常任干事会议上，大平正芳就中日建交的基本态度做出说明，他说道："在与台湾继续保持'外交关系'的前提下，日中双方很难就邦交正常化达成一致。"对此，"台湾帮"首领贺屋兴宣非常不满，他说："台湾问题是极为重要的问题，不应该轻易做出'断绝外交关系'的决断。""光是中国方面提出许多原则，而我方却没有原则，这太不可思议了。"其他亲台干事也纷纷发言，反对日本与台湾当局"断交"。

亲台派认为，除非台湾当局做出有损国际信誉的事，才能与之断绝"国交"。如今，台湾方面并没有做出任何非礼之举，日本却主动放弃"中华民国"，这是一种"（对中国的）下跪外交"。他们对此提出质疑：如果台湾方面就此采取报复措施，中国能制止吗？政府是否打算全面屈服于中国？

面对质疑，8月15日田中内阁对外宣布，首相将应周恩来的邀请访问中国。大平正芳同时表示，如果日本与中华人民共和国就两国关系正常化达成协议，日本与台湾当局的"国交"自然断绝。第二天，台湾当局的"驻日大使"彭孟缉提出抗议。大平表示，日中关系正常化是时代的潮流，对不能继续维持对台关系，他感到非常痛心。此言引发了台湾当局的猛烈攻击。

为平息愤怒，8月下旬，田中请佐藤内阁前外相椎名悦三郎出任自民党副总裁，并封其为首相特使，让他访问台湾说明"详情"。8月底，田中角荣访美，他告诉尼克松总统一旦日本与中国实现邦交正常化，即与台湾当局"断交"。

从美国回来后，田中与大平加快了中日建交的步伐。这样一来，访问台湾一事就成了燃眉之急。但形势的突然变化让台湾当局异常愤怒，拒不接受日方派出的特使，亲日派处境尴尬。为了打破僵局，9月8日，日方派曾担任"日华青年亲善协会"事务局局长的松本彧彦前往台湾解释。松本与"总统府"秘书长张群会面后，得到了同意派遣特使的答复。

9月17日，椎名悦三郎终于抵达台北机场，受到了当地群众的"热烈欢迎"。大家高呼："椎名，滚回去！"机场出口被围得水泄不通，椎名悦三郎车上的太阳旗被撕得粉碎，其助手松本险些头破血流。处于戒严状态的台湾出现了反日游行。但椎名既然敢来，就一定有准备，他个人与台湾当局的关系就更不必说了。在会见了包括蒋经国在内的台湾当局政要后，椎名在19日与台湾"民意代表"的座谈会上发表讲话，就中日实现邦交正常化后双方保持"历来关系"做出说明。

他说："众所周知，去年联合国正式承认'中共'为中国的代表。基于这种情况，我国政府正在想方设法与'中共'恢复外交关系。这样一来，毫无疑问就会涉及如何处理与'贵国'的关系……经过很长时间的激烈争论，终于在一周前就这一问题做出了决议。根据决议，日本政府考虑到与'贵国'历来的亲密关系，决定与'贵国'继续发展各方面的历来关系，在此基础上进行（中日）邦交正常化的谈判……"

所谓保持"历来关系"，即包括外交关系在内的其他所有关系，都维持历来的状态，在这一前提下进行（中日）两国间的交涉。

椎名的发言赢得了与会"民意代表"的掌声。大陆也听到了这个掌声。周恩来于是连夜召见正在北京访问的自民党代表，指出椎名的发言表明日本政府仍然坚持"两个中国"的立场，如果这样，中日建交就无从谈起。

9月19日下午，椎名一行从台北飞回日本。在羽田机场，他们还没下飞机，外务省亚洲局局长吉田健三就钻进机舱向其通报了北京方面的反应，而椎名却说："谁要你来多嘴？"

在他看来，他所做的关于日本与台湾当局保持"历来关系"的发言基本没错。因为自民党在日中邦交协议会上做出的决议是"政府特别考虑到与'中华民国'的密切关系，认为应当在充分考虑继续维持'历来关系'的前提下，进行日中邦交正常化交涉"。决议中并未写明"历来关系"不包括外交关系。

　　椎名正是钻了这个空子。何况，在接受首相特使的任务后，他曾
与大平谈及此事，他问大平："有没有一个既不与台湾'断交'又能
与大陆复交的两全之策？"大平回答："既然选择了一方，就不得不
与另一方绝交。朝鲜半岛是这样，德国和越南也是这样。与处于分裂
状态的国家交往，除此之外，别无他法。"处理敏感的外交事件时，
有些话不好言明是情理之中，椎名也应该清楚。他在出访前完全知道
政府的真实意图，但还是那样讲了。

　　令人没想到的是，这次安抚行动反而给亲台派帮了倒忙。原本台
湾方面正在讨论对日本采取强硬手段，却因椎名的发言放弃了。假
如当时他们封锁台湾海峡，拦截日本的运输船，田中可能就去不成
北京了。

　　田中出行前，自民党内的两派势力仍在激烈交锋，约有九成人反
对中日复交。田中家还接到不少恐吓电话，最典型的内容是"如果去
北京，浅沼稻次郎就是你的下场"。

　　有鉴于此，田中改变了以往带女儿真纪子出访见世面的习惯，他
说："任何国家我都可以带你去，只是不能带你去中国，因为去中国
有可能会被暗杀。我们家只有你这么一个女儿，你要是有什么意外，
我们家就断后了。"大平正芳在出行前也对后事做了安排。

　　在前往中国的前一天，田中整整打了七个小时的高尔夫。这是他
的一个习惯，每次要做重大决定时，他都会去打球，接触自然，减
轻精神压力。他最担心会被人在饭里下毒，或有日本或台湾地区的
刺客潜入中国大陆。田中并不清楚中国大陆当时的国情，他是抱着
必死的决心去的。

当田中率领外相大平正芳、官房长官二阶堂进准备登机的时候，外务省官员还追到机场告诫他们说："这次访华与对方交换交换意见即可，千万不要做最终决定。"那段时间，右派的宣传车整日围着田中的官邸和事务所叫骂："国贼，田中角荣！"

中日邦交正常化

1972年9月25日，秋高气爽，田中角荣带着赌博之心飞往中国，在野党干部也前来送行。田中曾说，如果下了飞机，见到的中国领导人说无法合作的话，他们就从机场直接返回。

飞机在北京降落后，田中角荣怀着极其忐忑的心情下了飞机。见到周恩来时，他的态度有些生硬，出口的第一句话竟是"我是田中角荣，54岁就当上了日本首相"。接着，他又重复了一遍，然后上了前来迎接他们的车。

周恩来把田中等人一直送到了钓鱼台国宾馆条件最好的18号楼。到了之后，周恩来正要脱风衣，田中角荣突然抢在中方人员之前上去帮忙。不知他是否是跟尼克松学的这招，简直太像了。周恩来说："我是主人，怎么能让客人做这种事情呢？"田中角荣则说："你把我安排在国宾馆18号楼，这几天我就是这里的主人了。那你就是我最尊贵的客人，我应该为客人服务的。请允许我帮你把风衣脱了。"

令人诧异的是，就在这时，田中角荣又冒出了一句"我54岁当上了日本首相"。他的意思似乎是，自己年轻有为，应当被夸奖几句。周恩来笑着说："田中先生，我51岁就当上了中国的总理，而且一直当到现在。"自此，田中在访华期间再没提过自己54岁当首相之事。

9月25日当天，周恩来为田中举行了欢迎宴会。田中角荣在致答谢词时首先感谢了周总理，然后感谢了来欢迎他的中国朋友。紧接着，他代表日本政府对过去给中国人民"添的麻烦"表示歉意。此言一出，横扫会场，宴席间"友好"的气氛顿时消失，中方所有出席人员都面带怒色。第二天，在双方会谈时，周恩来郑重提出，日本军国主义的侵略战争给中国人民带来了深重灾难，日本人民也深受其害，说"添麻烦"是中国人民无法接受的，而且会引起强烈反感。接下来的几天，双方谈判时，没有一件事是完全按照对方的意见进行的。

9月28日上午，为解决有关表述的问题，日本外相大平正芳与中国外交部部长姬鹏飞在去长城的路上举行了"车中会谈"。在会谈中，姬鹏飞提出"反省"和"麻烦"等词都过于轻描淡写。大平正芳说："那场战争的性质，中国人所坚持的那些观点，我个人都同意，当年我在张家口待了一年零十个月，我没有参军，我是大藏省的一个官员，在张家口做调查。我怎么会不知道那场战争对中国人民意味着什么呢，我怎么会不知道中国人民是怎么看待我们日本军队的呢，我太清楚了。"其实，那时候田中也被征去当兵了，他被派到了中国东北。但他没打过仗，因为到东北后不久他就病了，所以他没有拿过枪，也没杀过人，可他知道那场战争意味着什么。"现在日本和贵国台湾地区还有所谓的外交关系，亲台湾的势力也比较强，自民党内的反对势力也很强。在这种情况下，你让我们完全承认这一点，完全按照中方的要求表述，我们是没法回日本的。回去以后我们也站不住脚。就算我们签订了《联合声明》，或者签订了其他什么政府文件，一回去也许我们就倒台了。我们如果下台了，也就没有人能够来执行这个《联合声明》了。"

会谈的内容随后就被上报给了周恩来。有关战争性质的问题当天晚上必须解决，因为第二天上午就要签署《中日联合声明》了。那天深夜直至凌晨，谈判双方都在靠咖啡强撑着。最后，大平正芳从衬衣里拿出一张字条说："姬鹏飞外长，这是我们日本方面的最后方案。如果你们中方还是接受不了的话，我和田中先生就只好打包裹回家了。"日方翻译读出了字条上的内容："日本国政府对日本过去通过战争给中国人民造成的重大损害痛感责任，深刻反省。"（正式写入《中日联合声明》的文字是："日本方面痛感日本国过去由于战争给中国人民造成的重大损害的责任，表示深刻的反省。"）字条是由大平手写的，姬鹏飞让中方翻译核对，他说："你一个字一个字地准确给我翻。"翻译确认后说："就是这个意思。"

那时已是凌晨三点，负责印刷的工人都在等待，因为《中日联合声明》第二天上午就要签字了。

随后，姬鹏飞表态道："大平先生，我建议咱们休息十分钟。"大平听了很高兴。"好，休息十分钟，"他说，"我刚才递给你的那个条子，我还没给老头子（田中角荣）看过，估计他还没睡着，还等着呢，我得拿去给他看一看。"其实，田中能不知道字条上的内容吗？而且，他也不可能睡得着。大平离开后，姬鹏飞马上去见了在钓鱼台等待的周恩来。

十几分钟后，双方都回来了。姬鹏飞说："大平先生，就按照你提的建议，按这个文字表达形式定下来。"日方高兴得鼓起了掌。

在田中此次的六天行程中，中日双方最终在台湾问题、战争赔偿问题等重大原则问题上达成了一致。

9月29日，两国签署了《中日联合声明》。日方对此次取得的成果非常满意，在会后举行的晚宴上，大平正芳高兴得喝多了，连田中都惊呼："从来没见大平这么乐过！"

那次他们喝的是茅台。田中返回日本前，周恩来还特意送给他两箱茅台。时至今日，田中家中仍珍藏着其中一瓶。田中真纪子曾表示，这瓶酒将作为田中家最珍贵的礼物被永远保存。中方赠送茅台的消息被日本媒体报道后，茅台酒顿时成为日本的抢手货，售价一下涨了三四倍。

在中国，田中和大平可以尽情欢乐，回到日本就另当别论了。9月30日，田中返回东京后，先面见天皇做"国政报告"，然后去参加了自民党的大会。其间，他遭遇了连续几个小时的集中攻击，许多人质问他为什么要和共产党联手，以及怎么可以和台湾当局"断交"，还说这样做太过分了。在会上，他们强烈要求田中辞去议员职务，甚至要求他剖腹谢罪！那天，田中被攻击得汗流浃背，到家的时候饭菜全凉了。他跟家人讲："对付'亲台派'比和中国交涉还辛苦。"随后，田中带着些许后悔的口吻对真纪子说："真应该带你去北京！应该带你去见毛泽东和周恩来！"

上任仅两个月，田中就给日本留下了一笔重要的外交遗产。在内政方面，田中也希望自己能早日有所作为。日本的经济增长状况在佐藤执政末期已显出疲态，田中想添把火让它再烧起来，他很欣赏池田勇人时期经济的高速增长。凭着多年做土建的经验，他提出了雄心勃勃的"日本列岛改造计划"。

该计划的起源可以追溯到1966年。那年，因其盟友与弊案有牵连，田中被免去干事长的职务，改任闲职——都市政策调查会会长。当时正值自民党在东京、大阪等中心城市纷纷败选，急于拿出城市发展对策。田中在刊物上看到从西德留学归来的自治省年轻事务官武村正义（后任先驱新党总裁）的文章《日本列岛均衡发展的可能性》很感兴趣，便请他帮忙拟定了"城市政策大纲"，即"列岛改造计划"的蓝本。

在田中担任首相前，《日本列岛改造论》已被刊印成书，民众被书中真切的理想所打动，热烈追捧，书一上市便大卖50万册。

书中描绘了一个没有城乡差别、表日本（太平洋沿岸地区）与里日本（日本海沿岸地区）均衡发展的社会。在那个理想社会中，每个家庭都能欢聚一堂，老人们安度晚年，青年们充满理想。

该计划提出，为解决日趋严重的空气污染、交通堵塞、住宅紧张、城乡人口疏密不均等问题，需要重新激发日本经济的余力并将其引向整个列岛。为此，须在全国建立一批可容纳25万人口的城市，通过国家制定的工业税收政策，将集中于大城市的企业、资金、技术和人力，移向新建城市和不发达地区，并修建1万千米铁路和1万千米公路，形成遍及全国的高速铁路网和公路网，使城乡之间紧密结合，彻底改变工业生产型人口格局。

为实现这个理想，田中把它当作内政的头等大事。内阁于1973年
1月和3月先后提出《土地对策相关法案》和《国土综合开发法案》，
并制定了具有"列岛改造"特色的1973年年度大型财政预算。同时，
政府开始实施第七次道路整顿五年计划和农村综合整备事业五年计划。
虽然列岛改造计划一开始便展示出宏大气魄，准备却很不充分。

流产的宏图

列岛改造计划虽有一定的合理性，但实施这一计划需要以经济的
高速增长为前提。日本经济高速增长的20世纪50、60年代已经过
去，现在是70年代。在国土和资源有限的日本，市场已接近饱和，
支撑经济高速增长的条件正在急剧丧失。此时若再用旧的经验去追
求倍增式的增长速度已不现实。城乡差别更不是靠投钱就能解决的。
可以说，田中对宏观的经济发展规律根本没有概念，他更擅长解决
具体问题。

因此，计划刚一实施便遇到了重重阻力，特别是工厂迁移和新城
市建设，长时间都没有进展。资本是追逐利润的，计划再好，如果没
利润，资本只会对其视而不见。相反，利用该计划图利的机会，资本
绝不会错过。1973年4月，建设省公布了全日本5490个地区的地价，
在列岛改造的潮流中主要城市的地价在一年内竟平均上涨了30%，城

市与土地、住宅的矛盾更加突出。有钱投资的人获得高额利润，没钱
投资的人则要遭受严重的通货膨胀。1973年，日本的消费者物价指
数（CPI）同比增长了15%以上。对此，田中却未察觉到异样，仍在
积极推行计划，因为自民党和他的派系也能从中大捞一笔。而百姓的
生活却因此受到影响，民众对首相的追捧开始退潮。虽然田中希望能
继续坚持，但远在天边的"黑金"重创了日本的"大跃进"，彻底击
碎了他的宏伟蓝图。

　　所谓"黑金"，就是石油。曾几何时，石油像水一样便宜。20世
纪60年代，随着利比亚和波斯湾沿岸的石油被大量开采，石油行业
的竞争日益激烈。任何人在任何时间、任何地点都能买到石油，而且
价格低到你出价多少就是多少，市场简直瘫痪了。

　　然而，战争毁了这一切。1973年10月6日，第四次中东战争爆
发。以色列的军队虽然迅速扭转了败局，但阿拉伯世界开始以石油为
武器，使整个西方都为之动摇。10月下旬，沙特阿拉伯率先发难，决
定每月减产石油5%。其他阿拉伯产油国紧急跟进，减产加禁运双箭
齐发，并迅速将制裁对象扩大到一切被认为支持以色列的国家。长期
追随美国的日本赫然在列。石油价格从3.5美元每桶增至5.5美元每
桶，且仍在飙升。从此以后，西方世界享受"廉价石油"的日子一去
不复返。其他国家还能自产些能源，日本的石油几乎全靠进口，所受
冲击可想而知。

　　第一次石油危机吹响了日本新一轮通货膨胀的号角，因能源价格
飙升，日本经济受到严重冲击。战争爆发后，日本的石油和燃气价格
顷刻间暴涨六倍。油价与地价比翼齐飞，狂乱物价袭击日本全岛。家

庭主妇为此掀起了一场超市抢购战，连卫生纸都被抢光了。哄抬物价现象的出现激起人们的极大不满，民众对田中内阁的热望开始冷却。在这种局面下，首相紧急派代表团前往沙特，希望他们能对日本网开一面。经过一连串秘密交涉后，日本背着美国宣布支持阿拉伯，石油禁运才宣告解除。

为了挽救自己的支持率，内政乏善可陈的田中又把赌注压在了外交上。1973 年 10 月，田中角荣访问苏联，希望能再次取得突破。勃列日涅夫虽然亲自接见了他，可北方四岛问题并没有取得任何进展，田中相当于白走一趟。然而，1974 年国内就要举行参议院大选了。

石油危机仍未摆脱，国际收支的高额赤字又向日本袭来。如何拯救经济已成为关乎田中政权存亡的关键问题。田中感到，仅凭自己的力量已不能维持局面，况且，负责经济的大藏相爱知揆一也倒下了。

1973 年 11 月，在家赋闲半年多的福田赳夫突然接到了田中角荣的电话，田中在电话中说："爱知君病危，我想让你先知道这件事情。"仅过了一天，田中又来电话了："爱知君最终还是不行了。我有事与你商量，请你立刻返回东京。"福田马上意识到爱知肯定死了，而且是被经济问题活活给逼死的。

当他赶到首相府的时候，田中说："很遗憾，爱知君去世了。对不起，我希望你接受大藏相的职位。"福田接过话茬，连珠炮式地发问道："经济的运营与骑马是一个道理，缰绳有两根，一根是物价，你认为另一根是什么？"

还没等田中开口，福田就给出了答案："就是国际收支。用人来比喻的话，呼吸是物价，脉搏就是国际收支，必须将这两根缰绳紧紧地控制在手中。然而，现在这两根缰绳已经乱成一团。你认为，造成这种后果的根源是什么？你想过没有？"

田中答道："那是因为石油危机才导致……""不是！"没等田中说完，福田就纠正他道："你说是石油危机，这是在打落水狗。根源在于你的日本列岛改造计划。从去年7月到现在，内阁成立尚不足一年时间，物价持续飞涨，国际收支陷入前所未有的大混乱。你若一日不改变这个（日本列岛改造计划）旗帜所象征的超高度成长论，事态就一日得不到扭转。"

福田把田中的政策狠狠地批了一通。田中没有再为自己辩解，或许，他也听不明白。但他知道，福田才是真正的经济通。临别时，田中说了一句："我们明天再见一面吧！"

第二天早晨，田中开门见山地对福田保证将撤回"列岛改造计划"，不再采取任何相关政策，并保证今后有关经济的问题都交给福田决断，自己绝不干涉。福田看到田中已下定决心，于是说："既然你有如此诚意，那我就接受吧。"这是日本政治非常可贵的一点，为争权夺利，双方可以打得你死我活，可如果国家需要，双方仍然可以合作。

1973年11月，福田赳夫出任大藏相，自诩为"消防队员"。他开始实行抑制总需求的政策，努力控制财政，同时提出三年恢复经济的目标。1974年，日本的实际经济增长率下降到-0.8%，为战后首次出现负增长，但此后日本逐渐走出了石油危机的阴影。在此期间，田中把主要精力都投向了将要进行的参议院选举。

金钱选举

选举是政治家的命根，需要以充足的支持者（议员）为支撑。田中在担任首相后就已开始布局，除收拢佐藤派的大部分人马外，他又吸收了很多新人。福田派渐渐被挤到了一边。

为赢得参议院选举，田中投入了大量金钱。依靠金钱的力量，田中派已成为自民党的第一大派，鼎盛时期曾拥有120多名议员，几乎独霸政坛。政界被田中控制，财界也支持他，坐拥财、政两界还有何可惧？当派内元老二阶堂进听到些对田中不利的风声、试图提醒他时，田中说："我什么时候给你们惹过麻烦？"

田中的金钱从何而来呢？如何收取政治献金是门学问，属于政治家的必修课，很多大佬都对此保持一份戒心，而且谨慎地戴上了白手套（让亲信替自己收钱）。

然而，田中角荣不一样，他觉得收钱办事理所应当，不用遮遮掩掩，对此根本不在乎。他的事务所被称为"综合病院"，对他而言，收人钱财帮人办事就跟给人治病、救死扶伤一样。

要做到"救死扶伤"，就要像八爪章鱼一般，哪儿都能通才行。田中初次组阁时，曾任命年过七旬、经验退化，既无魄力又缺乏领导力的值木庚子郎为大藏相，为的就是方便自己操纵财政。此外，田中派在大藏省和建设省等中央省厅都有强大的影响力，党派内部有很多与特定行业关系密切的"族议员"。因此，各种纠纷到这儿都能被摆平。"发现问题靠群众，解决问题靠干部。"田中就是这句话的最好实践者。

田中并不为坐地收钱而感到羞耻，他的一天是这样度过的：早上7点看完日本放送协会（NHK）的新闻后，走出居住的母屋来到事务所，开始会见前来陈情的客人。事务所分为办公室、等候室和会客室，面谈被安排在会客室。秘书将访客名单整理好后一式两份，一份放在田中的桌子上，一份自己拿着。秘书通常站在会客室与等候室的交界处，看着来客名单按顺序点名。会谈中，不管是否认识对方，田中都会表现出一副非常关心人的样子，这让求他办事的人很感动。一轮面谈结束后，田中会按下桌子上的电铃，秘书再叫下一位进去。田中会在名单上对陈情的处理意见做简单记录，然后交秘书处理。整个流程跟开方抓药的门诊别无二致。

如果认为"综合病院"只产生腐败，那就错了。找田中办事的不一定都是坏人。你要真有困难找他，他也能帮你（只要他觉得值）。乐于助人是他的天性，跟那些怕麻烦的人相比，田中喜欢有人来求他办事。

问题是，好人和坏人的做事方式是不同的。"综合病院"的门诊模式违反程序，显然坏人更容易适应。久而久之，去他那儿的大多是什么人就不言自明了。

田中曾经非常辛苦地挣过钱，因此他深知金钱的力量。一个想与情人约会兜里却只有五毛钱的人和一个去哪里购物都有管家结账的人，对金钱的看法是不同的。对于一个受过穷的人或一个因为穷困失去过尊严的人而言，赚再多的钱都不够。金钱让他感到安全。

1974年7月的参议院选举变成了金钱选举，大企业主们动员所有员工给自民党候选人投票。

然而，谁又能想到，花费了这么大的力气，自民党最终却仅有62人当选，甚至没有达到改选议席的半数，这无疑是一场失败。百姓非常清楚，政治家只关心选举。可物价天天涨，谁又来关心呢？只要民众没得到实惠，你用再多的钱，做再多动员，也换不来选票。

田中还不知道，此时他已经走到了井口，对手是不会袖手旁观的。

最早对田中出手的是他七拼八凑的"盟友"福田赳夫。"这可真是给我们惹下大麻烦了！"福田正这样想时，三木武夫就找上门了。两人相约在上野池边的梶田屋旅馆密谈。三木敞开心扉说："我在田中内阁里已经做不下去了，我要辞去职务（副首相兼环境厅长官）。福田君，你怎么样？我们为什么不一起辞职呢？"福田当时没有答应他，只是说："要想一个万全之策。"他知道，作为世人眼中的田中劲敌，如果他率先辞职将有损其声望。

三木说完便走了。两人见面后的第三天清晨，三木打电话给福田说："今天早上，我出其不意地给田中打电话，说我想马上见他，然后我直接赶到他家，把辞呈放到他桌子上就回来了。这事我通知你了，下面该如何做就是你自己的问题了。"福田为之一惊。

三木之所以这么坚决，是因为他不满田中使用金钱的方式。此外，在参议院选举中，在三木的家乡德岛县，田中支持自己人，排挤了三木的盟友。在这种情况下，首相明白，多米诺骨牌已经开始倾倒了。他凭直觉意识到福田将是第二块，于是他马上请保利茂（行政管理厅长官）前去劝说。福田听了保利茂的严词慰留后，还是没表态。福田的亲信也劝他不要辞职，免得从头再来。但对福田而言，把田中拉下马的机会岂能轻易错过，就算杀敌一千自损八百，有些时候也得干。只要田中还在台面上，其强劲派系就无法被撼动。福田最终还是做出了自己的选择。

富有戏剧性的是，福田并不是第二个辞职的。那个说客保利茂竟然抢先一步交了辞呈。风向决定信念。当福田赳夫把辞呈交到田中手里时，首相的地位已经动摇了。不过，压垮田中的最后一根稻草却不是这三位。

1974年11月，与讲谈社和新潮社齐名的《文艺春秋》杂志爆出两篇雄文——立花隆的《田中角荣研究——他的金脉与人脉》和儿玉隆的《寂寞的越山会女王》。杂志揭了盖子，把首相的金钱和女人这一锅"美食"全给端了，此举直接威胁到了内阁的安危。

立花隆的文章严肃而有深度，以第一手材料详尽地讲述了田中政治"现金流"的内幕。儿玉隆则使出小报娱记的浑身解数，用八卦形式和狗仔手段撕开了首相背后的推手以及越山会（田中后援会）女掌门的画皮。

此女正是田中的老乡佐藤昭子。她身世凄苦，少年时父母兄姐依次亡故。她曾两次离婚，还在酒吧做过陪酒女郎。1946年竞选众议员时，田中来到昭子开的小杂货铺拜票，两人由此相识。

此后不久，田中的身边就出现了一位身材苗条、英姿飒爽的妙龄秘书昭小姐。她的气场颇强，很快就跟记者们混得烂熟，还经常带他们出去喝花酒，亲自陪他们跳舞。党内众多"田中派"青年议员都习惯叫昭子"妈妈桑"或"姐姐"。

第二次离婚后，昭子仍然抱着女儿应对越山会繁忙的事务。昭子的女儿并非其前夫所有，而是她与田中所生。昭子后来成为越山会和砂防会馆（田中事务所）的主宰者。她不仅掌管着田中金库，还与各大媒体的政治记者打交道，收集信息，培植亲田中的政治土壤和舆论。所以，田中能任首相，跟昭子的辅佐密不可分。

1972年，就在田中当首相已成定局的时候，他身边两位新闻界出身的男秘书就曾向其进言，要求辞退昭子。田中也明白，这块软肋如果被人拿来爆料的话，后果必定极其严重。但考虑几天后，田中流着泪说："你们的想法我明白，但我和昭子是剪不断理还乱的情分。"他拒绝了秘书的谏言，其中一位因此离他而去。除了昭子，田中还在年轻时包养了艺妓辻和子，四十年间两人共生下两男一女。

回顾苍然的历史，恐怕再难找到田中这样的大政治家了。他没能及时斩断与旧日红颜的情感，坐视新闻炒作，进而引发负面连锁反应，乃至事情恶性发酵，不可收拾。也许，只有田中本人才能理解其中的滋味。

《文艺春秋》的文章一发表，立刻在全国掀起狂涛巨浪。田中的金脉及其后援团负责人佐藤昭子成为街谈巷议的热门话题。内阁的支持率下降到12%，首相再也经不起如此沉重的一击。

按照自民党的潜规则，形象不堪的人是绝不能待在台面上拖大家的后腿的。纵使你依然强大，若"条件"凑齐了，也得走人。

　　1974年11月26日，送走首次访问日本的美国总统福特后，田中角荣极不情愿地宣布辞职。他在辞职声明中说："最近政局混乱，不少是启端于我的个人问题，作为国政的最高责任者，我痛感政治上的道义和责任。我的个人问题一时为社会所误解，完全是公务人员不明不德所致，我感到难忍的痛苦。希望公务人员能尽快搞清事实，使我得到国民的理解。当我沉思国家前途之时，心情犹如彻夜倾听沛然落地的大雨。"

　　田中的文采快赶上莎士比亚了，老百姓对自民党的不满正在积聚。此时，由谁来收拾残局至关重要，如果不能及时为自民党的伤口止血，民意早晚会流干。当时，很多人想到的是福田赳夫。上次总裁选举时，他和田中的选票相差不多，拥有近一半议员的支持。现在田中惨退，自然应该让福田来。但经历了上次的波折后，福田已有所感悟，他虽有强烈的抱负，却不愿收拾这个烂摊子。不过，为了政治生命的跃进，他还是参加了新总裁的选举，同时报名的还有大平正芳、中曾根康弘和三木武夫。

英明的裁定

　　由于是非常时期，下任首相不由选举产生，而是交由自民党副总裁椎名悦三郎仲裁决定。12月1日上午，他把几位候选人聚到自民党总裁室，准备当众宣布结果。椎名早已心有所属，却还在那儿主持仪式，好像在通过神灵启示来决定总裁归属。其实，连旁边的福田都清楚，新任总裁是三木武夫。

椎名的裁决可谓用心良苦。他知道，福田和田中两派已经出现严重对立，如果此时选择福田或田中的盟友大平上台，自民党就可能分裂，所以他先把这两人排除了。当时，中曾根康弘资历尚浅，还剩下谁就不言自明了。

结果一出，福田当即表示赞同，而大平正芳说了句："请容我考虑一下。"说完，他便匆匆退席去找田中。三木把福田拉到隔壁会客室，他先向福田道谢，然后说："总之，仲裁的结果就是这样，虽然大平没有表示赞成。如果他赞成的话，我会更加诚心诚意地肩负起重任。不过，我没有一个人去做的想法，我想和你共同成立一个合作内阁。"三木继续说："既然由我来做总裁，那么我希望你能担任副首相，同时兼任经济企划厅长官。今后对于经济我不会做任何干涉，全权由你来负责。怎么样？你来帮我吧！"

福田回答："可以。不过，由谁来担任干事长还是一个问题。既然中曾根也参与了'椎名仲裁'，就由他来做吧！让大平出任大藏大臣。你觉得这个体制如何？"三木答应了。

但作为保守派旁流，三木派是自民党内最小的派别，属党内左翼。三木武夫能行吗？

三木武夫1907年3月17日出生在德岛县，是家中的独生子。他在念小学的六年中，除图画和手工课外，其他各门功课均属优等，操行（品德）分数尤为突出。小学毕业后，他考入德岛商业学校。入校后，他受聘管理校棒球部，为筹措活动经费，他组织了义卖会。但义卖的大部分资金却被校方扣留。三木代表学生与校方交涉，反遭校长训斥。为此，他号召全校学生举行了该校有史以来的第一次罢课。学潮的最后结果是，校长被降级，三木被开除。

离开学校后，三木考入明治大学商学系。1929年毕业后，他前往美国加利福尼亚大学深造。1935年毕业时，他又绕道欧洲，在日内瓦旁听了国际联盟大会。这些经历为他日后从政打下了思想基础。三木归国后，重回母校明治大学学习法律。由于学习时间过长，毕业时，他已经30岁了。

与池田、佐藤和田中不同，三木1937年离开学校后就投入竞选，并成功当选众议员。在那里，他的岁数变为优势，他成为全国最年轻的众议员。此后，他一直连续当选，是名副其实的"议会之子"。他既不认同社会主义，也不主张纯粹采取资本主义制度，认为应当施行"革新的保守立场"。早在自民党1955年创立的时候，就有人提出要排除三木而后建党，由此足见他的特立独行。三木是一个修正资本主义者，经常对自民党的金权政治和资本主义的过分行为进行抨击，给民众留下了"诚实和清廉"的形象。

田中涉嫌贪腐，三木的形象在党内独树一帜。在纠正党风、挽回民心的关键时刻，三木自然成为最佳人选。自民党把化解金钱丑闻的使命寄托在了三木身上。

1974年12月9日，三木武夫组阁。走进首相官邸的时候，他神情拘束，如有芒刺在背，对自己缘何上台，他心知肚明。

为改革自民党，将党带向新的发展道路，三木上台后推出三项立法：一是《政治资金限制法修正案》，对政治资金进行量和质的控制；二是修改《禁止垄断法》，从社会公正角度出发，限制公司、金融机构拥有的股份数量，遏制田中政权暴露出的金权勾结和企业的利己行为；三是《公职选举法修正案》。

三木改善体制的主张受到了民众的热烈欢迎。自民党多数派对此却无法承受，因为政治资金的多少直接关系选举的成败和党的存废，议员们不愿意筹钱时受到限制。财界则认为，对《禁止垄断法》的修改会使日本企业的国际竞争力下降，因此强烈反对。就连三木政权的"生身之母"椎名悦三郎也感到"三木不懂经济"。

虽然对《禁止垄断法》的修改未获通过，但由于舆论的强烈支持，《政治资金限制法修正案》和《公职选举法修正案》都通过了。这对金权政治起到了一定的遏制作用。

对此，自民党内又有人提出批判意见，认为三木利用舆论，挟持民意强硬推行政策。而实质是，因为这些政策与自民党的思维模式和历来方针格格不入，所以才无法被党内人士普遍认同。此时，一种"现政权是紧急避难'临时内阁'"的说法兴起。三木武夫坚持认为，没有"临时内阁"，只有"真正的政权"。

三木武夫经受的考验还不止这些。1975年，日本参加了由法国提议召开的发达国家首脑会议，这标志着日本的经济实力已被西方认可。同时，这一年也是第二次世界大战结束三十周年，一座神社的问题凸显出来。

那就是靖国神社，该社1869年设立于东京都千代田区，原名为招魂社，1879年改为靖国神社。社内供奉着明治维新以来的246万余阵亡军人，其中多数是在与中国有关的战争及太平洋战争中阵亡的日军官兵及殖民地募兵。靖国神社大门旁的一座纪念碑上有两幅浮雕，一幅描绘的是甲午中日海战，另一幅描绘的是抗日战争初期日军进攻上海的情形，都从正面彰显了日军是如何"英勇"作战的。

第二次世界大战后，日本实行政教分离，靖国神社改由宗教法人负责。1969年，自民党议员提出《靖国神社法案》，希望重新将其收归国有。在连遭国会否决后，自民党于1975年4月宣布放弃该提案，转为实施另一策略。

1975年8月15日，三木武夫第一次以私人身份在终战纪念日参拜靖国神社，结果遭到亚洲各国一致抗议。第二次世界大战时，三木凭借其在美国留学时的见闻，曾与贺川丰彦（日本著名基督教思想家兼社会活动家）一道反对日美开战，并因此受到了大政翼赞会的排挤。虽然东条英机等甲级战犯此时还未进入靖国神社合祀（1978年进入），他的参拜仍是对其当年行为的否定。

1975年年底，国铁工会进行了规模空前的"夺回罢工权的罢工"，引起社会极大混乱。政府苦无良策，三木试图与社会党和工会妥协，却遭到自民党内部的批判。批判者还把矛头指向了推出三木的椎名。最后，政府仍然剥夺了公职人员的罢工权力。三木的良好形象被打上了马赛克。就在民众对首相的不满逐渐积聚的时候，一颗"重磅炸弹"被引爆了。

"炸弹"不是由日本引爆的。1976年2月，美国参议院举行听证会，追查著名飞机制造商洛克希德公司海外非法支付问题（行贿），"洛克希德事件"因此曝光。该公司为获得日本政府的飞机订单，通过日本右翼分子儿玉誉士夫和小佐野贤治及代理商丸红公司的介绍，曾向政府高官提供巨额政治捐款，前首相田中角荣就名列其中。

这种损公肥私的行为发生在本国人之间尚且不能容忍，更何况当事人还把手伸进了外国人的钱袋。此事在日本国内引起轩然大波，舆论一下聚焦于此，朝野上下一片震动。

三木首相生正逢时，他本着净化政界、消灭金权政治的理念，喊出口号——"干净的三木"，作为内阁招牌。此外，首相还紧急召开了自民党和内阁会议，宣布支持司法部门开展调查，并成立了专门的调查委员会。同时，他命令外交大臣开展"办案外交"，要求美国提供所有涉及日本的材料，为国内办案提供证据。

这还不够，三木直接给美国总统福特写信，希望对方协助调查，并亲自与被称为"一彻居士"的法务相稻叶修紧密配合，严查真相。

只要肯查，真相不难查清。在日本的强烈要求下，美日之间签订了《司法协助协定》。在美方提供的相关材料中，检察机关发现了一张领受人为田中角荣的5亿日元收据。于是，日本检察厅、警视厅和国税厅联手行动，对丸红公司及涉案人员的住宅等三十七处场所进行同步搜查，果然大有收获。据此查明，田中在执政期间依据洛克希德公司和丸红公司希望日本全日空航空公司进口其客机的请求，利用首相职权指示运输大臣引进其生产的客机，并于事后受贿。

1976年7月27日，东京地方检察厅正式逮捕田中角荣，并以违反外汇兑换法和受托受贿罪对其进行起诉。前首相被捕，政坛为之震惊。"活力门"创始人堀江贵文的父亲曾说："为了争夺利益，你可以无限接近监狱，就是千万不能进去。"田中可能也这么想，但日本的司法权是独立的。

田中被捕之时，日本众议院正在开会。田中派议员听到消息后，个个如火烧眉毛，喊着："真是一个打击！真是一个打击！"没错，拿钱的时候他们都有份儿，今后钱要变少了，确实是个打击。如果就此认为田中即将垮掉，那就错了（被捕后，他交纳2亿日元保证金获得保释）。

"洛克希德事件"瞄准的是田中，击中的是整个自民党。田中派是该党第一大派，这下连椎名悦三郎都坐不住了。他本指望三木当个改善自民党形象的标本，希望他弄得雷声滚滚、雨点稀稀，做做样子就可以了。没想到，暴雨却降临了。田中被捕，舆论大哗。至此，国会不得不做出要求美国提供相关资料的决议。这样下去，火很快就会烧到自民党其他大佬的身上，谁比谁干净呢？由于椎名是三木政权的"生身之母"，已经有人在背后对他指指点点。

果然，田中被捕后，三木的反腐倡廉运动招来怨声，"倒三木"的势力开始集结。福田、大平都站到了三木政权的对立面，田中更不用说，对于三木，他恨得咬牙切齿。椎名也动摇了，他批判三木"没有恻隐之心，逼人太甚"，并最终举起了"倒三木"的大旗。

福田赳夫

成也椎名，败也椎名。在福田看来，三木把田中的头"砍"下来挺好，然后他就应该功成身退了。可三木"砍掉"田中的头后，毫无隐退之意。老练的福田深以为不妥，他自己还没当过首相呢。作为最小派别领袖的三木武夫压力空前之大。事实证明，田中依然在自民党里如鱼得水，他的势力依然庞大，且仍在不断扩充。

田中派决定带头推翻三木内阁。8月，自民党成立了"确立举党体制协议会"，要求积极追查"洛克希德案件"的三木辞职。福田、大平、保利茂轮番上阵与三木会谈，但彻查"洛克希德事件"一事得到了舆论的支持。面对口水战，三木没有退缩，那正是他的长项。三木与人面谈时总是探着身子，有时还会把手放在对方的膝上，以显得态度诚恳。他讲话大气、正统，这样可显示其坚忍的性格，使对方最终接受他的观点。要求三木下台的攻势一次次地被他顽强地化解。

三木一直坚持到了1976年12月众议院选举的日子，选举结果是自民党落败，继参议院之后，众议院也出现了朝野势均力敌的局面。民众不是没看到三木的努力，而是对自民党太失望了。可以说，如果不是三木锐意改革，自民党会败得更惨，但自民党内没人会这么想。现在自民党只想赶紧利用这次失败把三木赶回老窝，让大家安心睡觉。

1976年12月17日，三木武夫走下首相宝座，继续回去看守那个自民党的最小派别三木派。

"最恨奸谋欺白日，独持义气薄黄金。"三木确实是条汉子。他为人清廉，大义从政，做事不存私心。他非常清楚自己的实力和处境，却一直坚持到最后，拼尽浑身解数在自民党的伤口上缝了几针，然后匆匆离去。就这样，自民党亲手将一次自我革新的机会断送了。

接下来会轮到谁接任首相呢？恐怕要轮到福田了。可他本人并不敢大意，有了两次与首相之位擦肩而过的经历后，他显得谨慎多了。在三木政权末期，福田就"开渠引水"，多次密会同样觊觎大位的大平正芳。据传，双方最终达成了密约：由福田接替三木出任首相，任期两年，期满之后将首相之位传给大平。当时，铃木善幸、园田直和保利茂在场见证。

有了这番运筹帷幄后，自民党内再没人站出来跟福田竞争了，这回终于水到渠成了。不过，这水恐怕也是苦水。在选举前的1976年6月13日，河野洋平脱离自民党成立"新自由俱乐部"，卷走17张选票。在众议院选举后，自民党的席次首次低于半数，如果再争下去，政权就将易主。自民党只能靠吸收新当选的无党派议员突击入党来凑数。众议院进行首相选举的当天，连生病住院的自民党议员都被动员来投票了。

在这种局面下，福田赳夫获得255票，仅比过半数的当选门槛多出一票，以尴尬的优势击败社会党的成田知巳当选首相。福田一天之内就完成了组阁。政、官、财三界普遍都对他表示欢迎，认为他是久违的专家内阁。但民众反感他驱逐三木的动机，因此内阁的支持率并不高。

日本战后的很多首相都出身于地方实力派，福田也不例外。1905年1月14日，福田赳夫出生于群马县，祖上三代都是当地的町长。青少年时的福田学习成绩优良，先后就读于东京第一高中和东京帝国大学。1929年，他参加高等文官考试，以优异的成绩被大藏省录取，第二年被派往日本驻英国大使馆任财务秘书。1933年，福田奉调回国，在大藏省所属部门历任税务署长、省参事官和陆军省主计官，其在财务方面的能力受到上级的认可。

1940年3月30日，汪精卫伪国民政府在南京成立。1941年福田奉命来到中国，任伪政府的财政顾问。福田在中国工作的两年间，汪精卫曾对人说："福田顾问最适合穿中国服装了，穿上后和中国人一模一样，我可以随意和他交谈。"可见，汪精卫格外器重他。

在福田即将离任之时，汪精卫亲自设宴送别，并赠送了写有"梅花有素心……"的诗文挂轴，还给他颁发了一份感谢状，编号为"第一号"。福田非常高兴，晚宴结束后，他特意跑到同僚犬养健住的酒店，拿感谢状给他看。没想到犬养健竟不以为然，说："中国人待人很周到，顾问回国时都会收到这样的感谢状，而且上面也一定会写第一号。"福田没说话。等到犬养健回国时，他特意去问："你收到感谢状了吗？"那位挠挠头没言语。如此看重汪伪政府发的感谢状，可见福田的荣誉感很强，但同时也显出其平庸的一面。

不仅如此，在中国任职期间，福田与伪国民政府的陈公博、周佛海、褚民谊、梅思平以及汪夫人陈璧君等都有往来。作为日本人，能跟这些伪政权头面人物交往，福田引以为荣。

返回日本后，福田出任大藏省文书科科长。东京大轰炸时，他曾亲眼看见上司津岛寿一的豪宅化为灰烬，自己也被美军扔下的燃烧弹甩出两米多远，背部被烧伤，自此对战争有了切身的体验。第二次世界大战后，福田出任银行局局长、主计局局长，职位一直在升，但1948年6月的昭和电工事件使福田告别官僚生涯，进入政坛。

1952年，福田以无党派人士的身份首次当选众议员。不久，因理念相合，他投入了岸信介的阵营，并加入自由党。岸信介也很欣赏官僚出身的福田，将其引为心腹。自民党成立时，福田仍是一名小卒，但很快就得到了提拔。除了因抨击池田勇人的治国理念而受到过排挤外，福田基本没离开过权力中枢。在岸信介和佐藤荣作担任首相期间，他更是获得重用，被公认为保守派的王子。但大树底下难成大木，长期活在几位保守派大佬的阴影下，也是要吃亏的。跟田中角荣对决的时候，福田就显得有些缺乏特色，不吸引眼球。

"角福战争"失败后，他曾说："不久的将来，日本再次需要福田的时候一定会到来。"1976年12月24日，两次与首相之位失之交臂后，福田赳夫终于以71岁的高龄成为日本第67任首相。

福田以"政治就是最高的道德"标榜。他虽不满三木的作为，却接过了改革的旗帜。福田主张解散派系。说穿了，他就是派系政治的受害者，因为按既定的游戏规则总是玩不过人家，所以他要改规则。福田1977年3月解散了八日会（福田派），并且关闭了事务所。

这个动作可谓不小，接着他召集长老开会，要求其他派系也如法炮制。福田考虑得很细致，为了继续给议员提供交换意见的地方，他在自民党总部分别设置了北海道间、东北间、关东间等，议员们可按照地区进行聚会，需要恳谈的时候，就上总部的9楼，那里有"自由俱乐部"茶座。

福田还向媒体发出呼吁："今后的各类报道中，请不要再在议员的名字后面加上括号，注明他们的所属派系。"各大媒体纷纷支持，各派别也摘掉了事务所的牌子。实际上，这些派别仍以政策集团或个人事务所的形式，改头换面继续存在着。福田派也是名亡实存，不打掉派系的生存基础，是不可能消灭派系的。

另一项改革直指选举制度。自民党的总裁选举向来被派别和金钱把持，福田延续了三木的政策，提出"你也可以选总裁"的口号，导入预备选举制度，让普通党员也有机会投票。他希望能实现"开明的总裁选举"。可是，改革需要一环套一环，前一环没套好，后一环就会走样。最终，解散中央派系沦为形式。预备选举制度会怎么样呢？福田以后就知道了。

赤军问题

在福田进行党内改革之际，亚洲的形势已发生变化。1975年3月，趁南越内乱，北越大举进攻南越，攻入西贡，完成统一。此后，越共领导人黎笋没有收手，继而对老挝、柬埔寨虎视眈眈，连泰国都感受到了威胁。福田在此背景下提出"全方位和平外交"政策，意在扩大外交框架，让日本在国际社会上负起与其经济地位相符的政治责任，以此抗衡共产势力在东南亚的扩张。

1977年8月，福田仿效岸信介出访东南亚，参加在吉隆坡举行的东盟首脑会议。访问的最后一站是菲律宾，此前福田一直是"日菲友好协会"会长，通过岸信介的关系，他与菲律宾政界长期保持着来往。在菲律宾首都马尼拉，福田发表了著名的演讲《日本的东南亚政策》，主要内容如下：

> 日本绝对不会成为军事大国，要为东南亚以至世界和平及繁荣做出贡献。
>
> 日本承认与东盟各国之间的"特殊关系"，同为亚洲一员。日本要在政治、经济、社会、文化等各方面与其他亚洲国家加强交流，并作为真正的朋友，建立心心相印的互信关系。
>
> 以对等合作者的立场，积极配合东南亚各国的团结和坚韧性，并致力于改善印支半岛各国之间的关系，努力促进整个东南亚地区的和平与繁荣。

西贡解放后，对东盟来说，"福田主义"是值得欢迎的，雷鸣般的掌声经久不息。同时，日本承诺给东盟提供4000亿日元的开发援助，与此前的金额相比，这次多了一个零。不过，日本想与亚洲国家建立心心相印的关系，尚需时日。而且，日本马上就将面临考验。

1977年9月28日，日本航空472航班在印度孟买机场暂时停靠后再次起飞，然而飞机起飞后不久遭到劫持。机长在与孟买机场塔台的通信中大喊："red army(赤军)。"没错，是赤军！这个老牌恐怖组织出手了。当天下午两点左右，原定飞往东京的航班被强制降落在了孟加拉国首都达卡。

劫机者要求立即释放在国内服刑的赤军成员，即原京都大学学生奥平纯三等人，并支付600万美元赎金，否则立刻开始处决人质（包括机组人员共157人）。

面对突发事变，日本政府措手不及。这个国家曾经制造过无数的恐怖袭击，枪口都一致对外。这回劫机者和被劫者都是自己人，政府显然缺乏应变机制，临时成立了以官房长官园田直为首的对策总部，开始与劫机者交涉。究竟是答应赤军的条件还是拒绝，内阁成员争论不休。答应的话，违反法律，而拒绝的话，又没有能救出人质的方案。更糟糕的是，当天孟加拉国发生军事政变，这对劫机者来说有如神助。

福田首相最后拍板，认为"人命重于泰山"，因此全盘接受了劫机者的要求。政府释放了赤军成员，并支付了600万美元的赎金。被释放的犯人在达卡机场与赤军成员会师。飞机再次起飞，经叙利亚首都大马士革机场加油后，降落在阿尔及利亚的达尼尔机场，此时，赤军才释放全部人质。

人质是活了，政府的脸却丢到大海里去了。这次事件后，日本政府吸取教训成立了特殊警察部队。法务大臣因采取"超法规措施"引咎辞职。

　　赤军在达卡日航劫机事件中全身而退，还大捞了一笔。他们在荷兰的那次行动也很成功（赤军为救出被捕成员而袭击荷兰海牙的法国大使馆，法国政府被迫释放了四名赤军成员）。他们究竟是什么组织，竟如此胆大妄为？

　　赤军共分"赤军派""联合赤军"和"日本赤军"三个组织，相继成立于1969年至1971年。

　　1972年5月30日，三名化装成游客的赤军在以色列特拉维夫的卢德机场下飞机，他们解开身上背的小提琴箱，取出配件迅速组装成机枪，向在场的密集人群疯狂扫射，造成24人死亡，80余人受伤，震惊世界！赤军由此成为与意大利红色旅、北爱尔兰共和军齐名的国际恐怖组织。令人惊诧的是，在这支崛起的恐怖新军背后，有一个柔美的女人的身影。

　　她就是重信房子。其父重信末夫是日本战前有名的暗杀组织"血盟团"的成员，参加过暗杀犬养毅的"五一五"事件。不过，不能因此就简单地把房子归入右翼分子家庭。

　　重信末夫经营了一家小烟酒铺，收入微薄。作为政治煽动家，他显然志不在此。女儿出生的那天是1945年9月3日，刚好赶上第二次世界大战结束。末夫把希望全寄托在了女儿身上。房子天生可爱、娇美，从小就讨人喜欢，"血盟团"团长井上日昭常常抱着她玩。

　　房子的家靠近朝鲜人住宅区，她从小就亲眼见证了日本人对朝鲜人的歧视。但重信末夫不歧视朝鲜人，因为有一次他被街头痞子敲诈的时候，朝鲜人挺身而出救了他。父亲对房子的教育让她很小就成了一名亚细亚主义者。

　　房子长大后，父亲更加注重她的思想教育。女儿也把父亲视为从事革命的精神支柱。高中毕业后，她进入一家食品公司工作，同时考入明治大学文学系，白天上班，晚上学习。

　　20岁时，房子开始参加学生运动，起初她都采用和平方式抗议，但父亲说："不流血的革命是不会成功的。"他还教导她："跳出民族主义的圈子，成为国际主义者。"

　　此后，重信房子逐渐走上暴力革命的道路，坚信"武装斗争是最大的宣传"。1971年2月，房子与赤军骨干奥平刚士结婚，随后义无反顾地离开日本，同丈夫一起前往反美的前线中东。1972年卢德机场袭击事件后，房子失去了深爱的丈夫。重信末夫特意写诗鼓励女儿，内有"大义不孝，大义灭亲，尽天命"等语。

　　房子继承丈夫的遗志，成为赤军的领导者。最鼎盛时，她手下拥有二百多名死士。

　　重信房子宣称："是时候向帝国主义者表明，斗争是解放受压迫人民的唯一人道的方式。"她的坚定信念鼓舞着赤军战士们前进，但现实也在教育这个女人。

　　1972年2月，正值广播中宣布尼克松访华的消息，这对赤军来说无异于晴天霹雳。由于担心成员的思想出现混乱，联合赤军在山区进行肃反运动，12名成员被处死，部分成员逃走，其中5人闯入长野县井泽浅间山庄劫持了管理员的妻子。日本警察将浅间山庄包围，赤军激烈抵抗。一位赤军成员的母亲向困兽犹斗的孩子哭喊，绝望的儿子遂向母亲开炮……

　　重信房子此时已意识到他们的斗争将要失败。以"浅间山庄事件"为分水岭，日本的左翼运动转入低潮。当年许多激进的青年在这一时期相继自杀。

赤军分子多是京都大学等顶级名校的高才生。他们对世界革命拥有赤诚的幻想与热情，时刻准备为信仰献身，杀一求百生。他们相信，天堂是有的，是可以实现的，但在现实世界与天堂之间隔着血海，一片血污之海。人类要渡过这片海，才能登上彼岸。他们要先渡过那片血海。

赤军是日本固有的极端军国主义（含部分亚细亚主义）和极端共产主义结合的产物。在别的国家，两者都是平行发展的，只有日本赤军让两者水乳交融了。然而，无论其动机多么纯粹，其行动多么无畏，都不能抹杀恐怖组织这一本质。

随着日本经济的发展，赤军的生存基础被逐渐削弱。1977年，日本人的平均寿命超过瑞典，成为世界第一。显然，钟情于恐怖主义的赤军成员是活不了这么久的。

1987年后，房子的两名重要助手相继落网。2000年11月，重信房子在日本被捕，被判处二十年有期徒刑。当她再次出现在镜头前时，人们无不惊叹她的美艳。

2001年4月，重信房子在狱中宣布解散赤军，一个存在了三十年的恐怖组织就此完结。

搁置出的和平

福田首相自称"扫除大臣"，但在他任内，赤军运动却如火如荼。他有机会"扫除"的是三木内阁留下的一件大事——缔结《中日和平友好条约》。

中日已经建交，缔结合约按说很容易，实际上却障碍重重。1978年5月，福田首相重启中日缔约谈判，首先需要过的就是台湾问题这一关。台湾当局深刻吸取了上次"断交"的教训，开始采取强硬手段。早在1973年中日谈判《航空协定》的时候，台湾当局就宣布：如果日本在空运方面不与台湾合作，那么当日本飞机经过台湾上空时，将被视为不明飞行物处理。

中日缔约谈判时，台湾当局依然百般阻挠。不过，这次情况略有不同。作为岸信介的亲信，福田本就是"台湾帮"成员。田中角荣访华时，福田就曾派议员抗议。但当了首相的人就要有高度，福田需要为年底的总裁选举积累政绩。因此，他亲自对滩尾弘吉、町村金五等亲台派进行劝说，因为全是老战友，工作很容易就做通了。福田向他们承诺，《中日和平友好条约》根本不涉及台湾问题。只要能维持住政权，一切就都好办。岸信介为此还亲自访问台湾，会见蒋经国说明情况。

　　这事刚了，谈判又被另一问题卡住，那就是"反霸条款"。已经被写进《中日联合声明》的"反霸条款"显然是针对苏联的，但签署条约的时候再写，福田有点儿拿不准了。他不希望条约具有中日建立反苏同盟的性质。首次组阁时，他任命鸠山威一郎（鸠山一郎之子）为外相，就是在给苏联传递友好信号，想在中苏之间维持等距离外交。

　　相比于中国，日本更怕苏联。福田认为，跟一方友好，让另一方产生敌意的事不能干。甚至，首相希望能在这种博弈中捞点儿好处，有利于解决北方四岛问题，但其实日本与苏联的敌意早就有了。为了阻止中日缔约，苏联不仅出动了军舰和飞机侵入日本边境，在北方四岛举行大规模登陆演习，还督促日本与苏联缔结《睦邻合作条约》，并约定不能讨论北方四岛问题。

　　推迟与中国缔约没能使日本在苏联那边要到好处。而且，中国正在打开国门，日本经济界对中日缔约态度积极。1978年5月，福田赳夫访美，会谈时卡特总统询问他为何还没签署《中日和平友好条约》。福田谈到"反霸条款"时，卡特说："把它写进条约又有什么问题呢？"国务卿万斯说得更透彻："中苏是一块铁板，对世界是威胁"，"美、日、欧要一起帮助中国"。美国的鼓励最终坚定了福田的决心。

　　福田决定派外相园田直访华，专职进行最后的谈判。园田直被认为是亲中派，福田想利用他完成签约，却又不放心。在园田直行前，滩尾弘吉等人突然对他发难，说："如果谈判的结果不能令人满意，就必须批判。"幕后指使滩尾向他发难的，正是福田赳夫。首相暗算外相，目的是不希望谈判完全按照中国的意图进行，福田想要牵制园田直，避免他过于"自作主张"。

园田直感受到了危险，他在离家前对夫人说："如果签约不成，就暂不回日本了。"园田直甚至在夫人为他送行时，与夫人喝了永别酒。

1978年8月8日，园田直代表团飞抵北京。正当他准备在谈判中施展一番的时候，日本驻华大使告诉他，他们已将外务省告知的两种新方案全都提交给了中方。这等于亮了底牌，让中国自己挑。园田直大为光火，事情一下没了回旋余地。国内的意思很明确：就这方案了，能签就签，如不能签，你园田直也别费劲了。

这下全看中方的态度了。1978年，中国的政策已经变得十分开放、灵活，中方同意了第一方案，即在将"反霸条款"写入条约的同时，写明"本条约不影响同第三国的关系"。这下取得突破了，可以签约了吧？然而，在缔约的前一天，日本国内又提出要求，要求先谈清钓鱼岛的归属问题，这基本上是把园田直推向死路，他不得已推迟了回国日程。

这次，中方再次表现出开放、灵活的态度，提出搁置争议，最终使这一问题暂时解决。1978年8月12日，两国终于签订了《中日和平友好条约》，有效期为十年。

大平正芳

完成缔约后，福田获得了经济界的好评，其所奉行的"稳定增长论"得以执行。福田在任内发行债券，克服了日元升值危机，把日本经济逐渐带出了石油危机的低谷。眼见福田政权有稳固之势，有一个人再也坐不住了。

作为自民党第一大派的首领，田中有着"幕府将军"的权力。他一再怂恿大平："如果大平派再不开始行动的话，可能就来不及了。"大平正芳期待着福田能说话算话。当初他与福田约定，福田的两年总裁任期结束后，首相之位由他接任。他没想到福田早已把这事忘了。

谁坐上宝座都有瘾，拿针扎都不愿下来。大平视首相之位为必争之物，更不愿放过食言者。对此，福田不以为然，他相信自己的力量胜过大平。随着预备选举的临近，民调显示，福田有绝对优势。

可问题是，民调看好福田，田中看不看好呢？按照改革后的新程序，两人首先要在总裁预备选举中对决。当天，"大角联军"急起直追。让福田始料不及的是，因解散中央派系沦为形式，预备选举制度不仅没有达到扩大民主的效果，反而导致派系势力向全国扩散。

选举结果是，大平正芳胜出。福田创立的制度，头一个绊倒的就是他自己。看来，他是绕不过田中这只拦路虎了。预备选举输了，正式选举是不会赢的。审时度势的福田准备宣布引退，虽然他的盟友石原慎太郎和中川一郎拼命阻拦，仍无济于事。

1978年12月7日，福田毅然走向了离任记者会会场，他说："即使是天的声音，有时也有杂音！"语气中满是感伤，无意中把田中捧得跟天一样高。面对权力，福田内心充满矛盾。

又败给一个辈分比自己低的人，福田明显憋了一口气。福田擅长围棋，在他心中，这盘棋还没下完。出来混早晚是要还的，未来坐上首相之位的人，绝不会舒服。

大平正芳1910年3月12日出生在香川县，祖上据说曾是战国时代的豪门，到他这代改务农了。大平记事以后，身上穿的是邋遢衣裳，脚上穿的是草鞋，吃的是酱汤和咸菜就麦饭（掺八三四成大米）。尽管家住海边，但只有过节时他才能吃上点儿鲜鱼。上学后，他边学习边劳动，母亲给他规定工作定额。

大平上高中四年级时，父亲去世，家里经济困难，他于是转考不花钱的海军军官学校，结果因患中耳炎而未被录取。幸好他有个嫁给警官的姑姑，对方建议他到高松高等商业学校走读。

在校期间，大平受到佐藤定吉和贺川丰彦的影响，培养了基督教信仰。1933年"高商"毕业后，他瞒着家人报考了一桥大学（该校财界精英辈出），靠家乡育英会的助学贷款交学费。

大三的时候，他就开始找工作了。他去见了担任大藏省次官的同乡津岛寿一，对方很爽快地答应要录取他。可是，第二年正赶上"二二六兵变"，津岛决定辞职。大平跑去问津岛："听说您这次要辞职，我的事情不会有问题吧？"津岛气得说："你胡说什么？！好好学习去，争取以优异成绩毕业！"

最后，大平还是顺利地进入了大藏省。跟新同事第一次聚餐的时候，大平说："今后咱们要学中国的办法，彼此之间多说好话，少说坏话。将来咱们中间有人成了大人物，大伙就可以到他家蹭饭去。"

滑头的大平很快获得了一个"升迁"机会。当时，日本成立了兴亚院，专门管理占领区，在北京、上海、张家口和厦门都设有联络处。领导建议他去张家口，对他说："在那里，你能像个大藏大臣一样放手去干，在那里工作简直就像在白纸上画画一样。"大平没细想就去了。

大平到张家口一看，那儿连一棵树都没有，完全是座土城。当地的行政权早已被军令部控制，校尉级军官都可以任意横行。但他是从兴亚院来的，明显被认为是来抢夺胜利果实的，因此，大平每天工作得都很不愉快，直到1940年才被调回东京。他认识到，要想有前途，他需要一个可靠的上司。从1943年起，他开始追随池田勇人，任东京财政局间接税部长。收听终战广播时，大平没像同事那样痛哭流涕，因为他家的房子早已被烧光。

1952年，大平正芳首次当选众议员，成为"吉田学校"的门生，培养了强烈的保守主流意识，并跟着主流派起起伏伏。到池田勇人内阁时期，他终获重用，但好景不长，因不赞成"池田三选"加上自立派系的嫌疑，他一度被池田疏远。

比这更揪心的是其长子大平正树的病情。正树出生在第二次世界大战前，1945年美军大举空袭东京的时候，他还是个孩子，他从防空洞里溜出去，看炸弹雨点般倾泻而下，一片火红，把夜空照得如同白昼。正树高兴地拍手说："爸爸，真好看，快出来看呀！"大平永远忘不了儿子天真的表情，那时他们的家已化为灰烬。

正树得的是一种难治之症，起初为眼球出血，结果治疗时又是注射、服药，又是指压、按摩，反而越治越坏，最终双目失明。大平的岳父曾赠送给他一块多摩灵园，1964年8月，正树先住了进去，白发人送黑发人的事情落到了大平身上。家庭的遭遇使他感到晕头转向。池田勇人也于当年年底因病交出政权，大平正芳随后辞职。

此后，大平正芳虽继承了宏池会的部分实力，却常有势单力孤被人欺之感。一次，佐藤荣作内阁改组，当晚田中角荣明明通知他仍将让他留任通产大臣。结果，次日宣布内阁成员名单时，却没有他的名字。第二天早晨，大平便驱车赶往池田勇人的墓地诉说心中的愤懑，恩师过去的责骂此刻被他抛却了。

"时运不可思议，恰如川流。祸多生于得意之时，福几无例外育于隐微之中。"这是大平自己说的。他希望能"活在永恒的现在"，将自己磨炼成战后精神性最高的政治家。

他的精神性到底如何呢？上任伊始，他就面临着考验。为求得派系之间的平衡，自民党有个不成文的规定，即干事长须出自与首相对立的派别。可是，大平组阁时偏偏选择了本派的斋藤邦吉任干事长。福田赳夫立刻起而反对，组阁成果险些流产，最后两人会谈，大平被迫做出"这样的干事长安排仅限此次"的表态。1978年12月7日，大平正芳完成组阁，比原定时间推迟了一天。

下台如同夺命

　　与福田主张遣散派系不同，大平主张派系效用论，一上来就把福田下的功夫全废了。最典型的是他跟田中的关系，尽管田中角荣牵连弊案，大平仍与他保持着友谊，在政治上互相取暖，以确保自己的执政地位。大平一改依靠官僚机构制定政策的做法，重视听取专家意见进行决策，他以选举时承诺的"田园城市构想"为中心建立了多个研究会，充当其智囊团，以降低决策风险。可是，专家也有解决不了的事情。

　　1978年，伊朗爆发伊斯兰革命。巴列维国王把国家建成现代化强国的理想破灭。由于他强制推行世俗化改革，在1974年的德黑兰亚运会上，很多妇女已不戴面纱。但改革并没有让普通民众获得多少好处，反而两极分化严重。过分世俗化成为宗教领袖攻击的靶子，并借机煽动民众情绪。最终巴列维流亡海外，他临终前说："我的致命错误之一是盲目相信西方，为了相信西方的友谊，我让国家（改革）超过它所能接受的程度……"随后，伊朗的国内政策发生180度大转弯，从而引发第二次石油危机。

　　随着石油产量的剧减，油价在1979年开始暴涨，一桶汽油的价格在两个月内从14美元升至24美元。令人吃惊的是，这次日本已不再那么脆弱，消费者物价指数虽然上涨了，但没有超过8%。1973年后，日本政府大幅削减公共开支，将大笔预算转入国民福利领域，确保了民众对政府的信心和社会的稳定。第一次石油危机后，政府全力调整产业结构，转向发展能耗较少的服务业，通过技术革新，成功将产业结构转为低能源依赖型。当石油危机再次降临时，日本消化危机的能力已显著提高，成为西方世界受损害最轻的国家。能有如此成绩，福田赳夫功不可没。

尽管如此，1979年上半年，大平在各地演讲时仍流露出对通货膨胀的担心。他认为削减财政支出的效果已达极限，希望引进消费税，呼吁国民对"增加消费税或所得税予以悲壮的理解"。他认为日本人的国民性很高，增税措施会被容忍的。

但消费税是要从每个公民口袋里拿钱的，用国民性去赌，风险大了点儿。毕竟，增税不是为了防止战争，只是为了防止通货膨胀而已。不仅如此，1979年10月，大平正芳竟然解散众议院重新大选，他认为时机已经成熟。

选举前夕，日本铁道建设公团人员以出差名义骗取补贴的事件被爆出。民众抓住由头，要求在增税前先把公务员的作风整顿好！日本人的国民性确实很高，选举结果是自民党惨败。

在自民党的体制下，执政者可以犯政治错误、经济错误、作风错误，就是不能犯选举错误，选举是不能有闪失的。对手一抓住这个命门，事情就麻烦了。福田坦诚地向大平传达，目前唯一的出路就是大平辞职。

在福田的苦劝之下，大平只好说："我可以听从你的意见辞职，但此时你难道有更合适的后继人选吗？"福田立即回答："有，就是滩尾弘吉。"大平考虑了片刻说："不，滩尾年纪太大了，我认为不合适。"福田毫不给他留机会，说："你说滩尾年纪太大不合适，但如果你真的辞职了，后备人选要多少有多少，完全可以商量解决。"

大平被逼得最后说："不，福田，让我辞职就是让我去死！"

这就算杠到头儿了。福田把三木和中曾根都拉到了自己这边。大平见大势不妙就去找田中角荣。对于"哥儿们"的求助，田中肯定是要帮忙的。

由于双方僵持不下，最终出现了惊人一幕：众议院进行首相选举时，自民党居然提出了两名候选人——大平正芳和福田赳夫。这次，连在野党都在偷着乐，这在宪政史上极为罕见。

结果还是后台硬的大平正芳胜出，得以继任首相。从自民党败选到表决确定首相人选整整折腾了四十天，史称"四十日抗争"。这些天来，大平经常夜不能寐，苦思对策，权力的阴影始终笼罩着他。从表面上看，这是"大福之争"，其实质却是"角福战争"的延续。

这下相位保住了，大平决定出国透口气。1979年12月5日，大平正芳访华，决定向中国提供日元贷款（有条件），在北京兴建一座中日友好医院。日本这般向中国示好，与当时亚洲局势的发展息息相关。

1979年12月27日，苏联军队入侵阿富汗，迅速推翻了不听话的阿明政权。苏联为打通印度洋通道蓄谋已久，首次对一个社会主义阵营以外的国家发起攻击，不仅取得了"辉煌胜利"，也彻底改变了阿富汗历史和苏联历史，甚至世界历史。

苏军的攻击激起了全世界的反对。日本参加了对苏制裁，大平正芳在国会演讲时说："无论我国付出多大的牺牲，也要和美国保持一致，强化对苏联的出口限制。"同时，日本响应卡特总统的号召，抵制1980年的莫斯科奥运会，不派日本运动员参加。之后大平访美，正值美国营救驻伊朗大使馆人质失败，大平对卡特说："作为美国的盟国，日本将不惜代价提供一切支援。"

粉肥皂运动

大平曾引用过一位蒙古宰相的话："兴一利不如除一害。"琵琶湖的污染治理确实就是这样。

琵琶湖位于本州中西部的滋贺县，四面环山，面积约为674平方千米，是日本第一大淡水湖。湖面四周布有众多古迹，有丰臣秀吉留下的长滨古城、德川家康大将井伊家的彦根城，还有织田信长当年所建的安土城遗迹，登高可眺望整个湖面。每年6月2日，安土城总见寺都会举行法事祭祀信长，到此可感受当年战国枭雄的执着和天下布武的野心。

因为邻近日本古都京都和奈良，且横卧在经济重镇大阪和名古屋之间，所以琵琶湖又是这一地区的重要水源。

　　然而，1977年5月，琵琶湖发生赤潮，距岸边300米以内的湖区全被染成了红褐色，岸边弥漫着刺鼻的气味。当时的滋贺县知事（县长）武村正义感到此事非常棘手，因为这次的污染与以往不同。

　　以往引起水俣病和四日市哮喘的严重污染都有比较集中的污染源，只要下决心治理源头，就能速见成效。可这次调查发现，赤潮污染是由于湖内氮和磷的含量大幅增加，促使浮游生物异常繁殖引起的。氮和磷是哪来的呢？肥皂。每个家庭洗完衣服剩下的废水里都含有这类物质。也就是说，污染源涉及所有人，所有的家庭都是污染源。

　　这样还要治理污染吗？治理。滋贺县知事发起了要求全县三十万人共同参与的"粉肥皂运动"，即改用含磷量少的粉肥皂替代传统肥皂。但粉肥皂有很多缺点，它不仅贵，洗涤方法也麻烦，在冬天不用热水，污垢就洗不干净，而且洗完后，洗衣机内侧还会留下污垢。

　　这样的东西还推广吗？推广，因为它能保护水源。武村正义希望制定法案限制高磷肥皂在滋贺县的销售，但实行起来相当困难，于是他向中央省厅求助。环境厅、自治省和通产省给出的答案都是否定的，他们认为，仅在某个特定的地区限制某种商品不合情理，也没有这样的先例，并且质疑含磷洗涤剂与琵琶湖污染的关系。尽管滋贺县拿出美国五大湖区地方政府限制含磷洗涤剂来治理污染的例证极力劝说，仍无济于事。中央各部门认为限制销售不仅违法，而且违反《宪法》中的营业自由原则。

　　在没有退路的情况下，法制局的前辈给武村出了个主意：为保护琵琶湖，可以套用公共福利政策，以公共福利的名义制定条例，这样就可以限制私权。

这让武村正义大为振奋，他立刻召集县干部制定条例，但拥有花王、狮子等大牌厂商的日本肥皂洗涤剂工业协会闻风而起，全力阻止政府以环保为名断绝他们的财路。他们在琵琶湖饭店设立总部，分别拜访县议会议员，对有势力的人进行游说，向数万县民邮寄信函，甚至还在报上刊登反对广告。为了控制支持禁售高磷肥皂的媒体，他们专门向报社广告部施压，这下算是打到七寸上了。报纸于是一改口风，出现了反对制定条例的声音。

武村正义就任知事尚不满两年，正是因为环保运动，他才得到了民众的理解和支持。妇女成为运动的中坚力量，农协和工会的妇女部，以及生活协同组合、环保组织都加入进来，共同倡导环保理念。妇女们自觉自愿地奔走呼号，到处举办粉肥皂洗涤讲座，街头巷尾出现众多"肥皂阿姨"。

在民众的支持下，1979年10月，《琵琶湖富营养化防止条例》在县议会全票通过。1980年，粉肥皂的普及率已超过70%，曾经喊着要上告的肥皂洗涤剂工业协会不仅撤回了起诉，还宣布今后将不在滋贺县销售无磷合成洗涤剂。于是，环保洗涤剂开始进入商业化生产，并很快被推广到全日本。一县的胜利保护了全日本的河流和湖泊。1980年5月，大平正芳亲自视察琵琶湖，他从试管里的水样中看到湖水已经开始变清。

死于任上的首相

污染治理虽取得了成效，但只要自民党的体制不变，乱象就不会停止。1980年，国际电信电话公司滥用公款的事件被曝光，不透明的公款使用再度受到民众强烈谴责。在野党趁机对内阁提出不信任案。因为自民党在众议院仍有优势，这种提案一般不会被通过。但是，由于福田派的人没有参加投票，致使内阁不信任案以悬殊比例通过。该案一旦通过，首相只有辞职或解散议会两条路。大平不愿辞职，只好解散众议院。因为参议院也将举行大选，于是政府决定把两次选举合并，定于1980年6月22日同时举行。

又要大选了，还是在内阁不信任案已通过的情况下进行大选，谁都知道这次大平很难赢，一旦输了，他是要下台的。这种感受没有经历过谁都无法体会，经历了也无法表述。

1980年6月12日，大平正芳突然去世。无论胜负，他再也不用面对下台的危险了。

这一年多来，大平的心弦一天到晚都绷得紧紧的，少有松弛的时候，时间一长，这根弦再也无法收回了。大平可谓鞠躬尽瘁。

一代名相死于任上，民众对其充满同情，纷纷把选票投给自民党，使自民党意外大胜。大平没有想到，他用自己的生命做了最好的助选，若其在天有灵，不知是否会笑？

首相突然去世，朝野陷入动荡。福田赳夫、中曾根康弘、宫泽喜一和河本敏夫都跃跃欲试，想从大平身上踏过去。田中则随时准备阻击任何他不喜欢的人。一场混战眼看又要开始了。

残酷的派系斗争令党内大多人都充满恐惧。自民党副总裁西村英一的裁定让选举之争还没开戏就落幕了。在田中派的支持下，大平派的负责人铃木善幸被推举为首相。对此，日本人都在问："谁是铃木善幸？"

铃木善幸1911年1月11日生于岩手县的一个小渔村，1935年毕业于农林省水产讲习所，此后长期从事渔业工作，在第二次世界大战前培养了丰富的基层工作经验。

1947年他以社会党党员的身份首次当选众议员，1949年转投吉田茂的民自党，一直与池田勇人相熟（后加入大平派），但不像大平和宫泽那般紧紧追随池田。铃木善于协调人际关系，没有政敌，曾连续八次当选自民党总务会长。他提倡"和的政治"，努力弥合自民党的裂痕，自己也经常书写"和"字，却曾九次参拜靖国神社，仅比中曾根康弘少一回。

1980年7月17日，铃木善幸出任首相，带着布满伤疤的自民党继续前行，为三木、福田和大平内阁积累下的财政债务收拾残局。吸取大平的教训，他强调进行不增税的财政重建，结果屡屡受阻。在外交上，1981年铃木访美时拒绝承认日美同盟包含军事意义。但外务省次官却说："不包含军事则毫无意义。"日美关系因此出现波折，导致外相伊东正义辞职。铃木政权的稳定度下降，岸信介等人强烈批判首相。

进入20世纪80年代，日本的教科书已不再像过去那样求实，政府开始尝试篡改历史，将对中国的侵略和占领朝鲜半岛写成"进入"，引起韩国和中国的抗议。

1982年9月26日，为纪念中日建交十周年，铃木善幸出访北京。谈到教科书问题时，铃木表示将按照《日中联合声明》的精神尽快加以解决，这一举措修补了受影响的两国关系。此外，他还在日本援建的中日友好医院里栽下了一棵松树。

铃木善幸对北京的访问巩固了其首相地位，党内已经达成共识，可以让他连任总裁，但铃木隐约看到了大平政权的轨迹。自己实力尚不如大平，而大平的下场又如何呢？与其被人赶下台，不如在尚有余地时急流勇退。铃木从中国归来后，突然宣布不再竞逐自民党总裁。

"女流剃髻，登程在萩朝。"这是铃木去北京访问前，同行的佐智夫人写下的俳句，其中已暗含夫君隐退之意。比起死抱权力不放的政治家，铃木此举堪称大勇。

1982年11月27日，铃木善幸辞职，赢得社会一片赞誉。算起来，他在位的时间反倒比福田、大平还长一些。日本利用两次石油危机完成了产业升级，成为西方世界中唯一顺利度过石油危机的国家。1980年，日本的汽车产量及外汇储备均超过美国，跃居世界第一。领土面积只占世界0.25%的日本，国民生产总值（GNP）却占全世界的8.6%。傅高义写了一本名为《日本第一》的书，在20世纪70年代末风靡日本。

第六章

发展进入瓶颈期

中曽根康弘

　　世间的争斗多半是同期之争。同一批到公司或政府部门工作的人，为了升迁和待遇，往往争夺得最为激烈。偶尔，面对辈分比自己低的人，又会互相庇佑。同辈间有时难得也会出现那种惺惺相惜的关系。日本政坛也不例外。

　　中曽根康弘之于田中角荣就是这样一种关系。他们是同年同月（1918年5月）出生的，都是自我意识和直觉很强的人。中曽根加入了海军，田中进入陆军。两人同一年当选众议员，中曽根拥护芦田均当首相，田中支持币原喜重郎。当国会提出促进增产的《煤炭国家管理法》时，中曽根赞成，田中反对。

　　田中角荣追随吉田茂，中曽根追随处于保守旁流的河野一郎。两人在议会上经常针锋相对，唇枪舌剑。当田中在保守主流中崭露头角时，中曽根却备受冷落。

　　但是，成为派系领袖的时间，中曽根却比田中早五年。正因为如此，在田中角荣角逐首相的紧要关头，中曽根才有资本出手相助。

　　中曽根常对年轻议员说："政治家就像蚊虫。漂在水面上有时同向而行，有时逆向而行，过些时候又会同行。但是，如果游入大河的话，就都会被急流冲走。今天的政敌也许就是明天的朋友。"

当中曾根吃过苦头总结出这些经验的时候，他早已成为政坛的"风向标"。铃木善幸辞职后，中曾根决意问鼎首相之位，也到朋友投桃报李的时候了。因为得到了田中的支持，实力有限的中曾根成为最有力的竞争者，在党内协商首相人选时，支持他的呼声最高。不过，福田赳夫设置了一项改革方案，要求打破以往自民党总裁即是总理（首相）的惯例，实行"总·总分离"。中曾根当首相，福田任总裁。

与其说福田提出的方案是改革，不如说是一个阴谋。如果中曾根答应，他可以不经预备选举就出任首相。但是，中曾根没有答应，他去找了田中。预备选举照常进行，中曾根轻松获胜，福田甚至退出竞选。

公布内阁成员的前一天，中曾根把名单拿给田中派元老二阶堂进过目，后者接过去看后"啊"了一声，说不出话来。他发现田中派占据六个高位，作为"首相内当家"的官房长官竟是后藤田正晴（田中亲信）。这种布局令二阶堂进惊奇不已。他问道："总理，您这是真的吗？恐怕难以持久吧？"中曾根回答得倒很坦率："我想明天的报纸和电视可能会以爆发关东大地震之类的醒目标题肆意非议吧，不过我早就做好了思想准备。无论如何我要聚集一批善于工作的人才，对此我将负全责。"二阶堂进说："既然总理这么说，那就……"

"金钱即人数，人数即力量。"田中很好地实践了自己的口头禅。想牢固地把握政权，就要看自己的派系里有多少人占据重要位置。中曾根是能接受这些条件的最佳搭档。

回到家后，中曾根对家人说："明天要下暴风雨，今夜要蒙上被子睡觉。"果不其然，内阁名单公布后，舆论一片哗然。报上公开把新内阁称为"田中傀儡内阁""田中曾根内阁"，报道中充斥着"金权与右派对接"的精辟分析。

中曾根康弘1918年5月27日出生于群马县，父亲经营木材生意，家境算得上殷实。兄弟姐妹共六人，他排行老三。虽然不是长子，说起自己名字的由来，他却非常自豪："康是德川家康的康，弘是弘法大师的弘。"

上小学第一天，父亲陪他一起去学校。见到班主任，中曾根脱帽行礼，老师摸着他的头说："这孩子不错，将来一定能成为西乡隆盛那样的人。"老师是觉得这孩子有礼貌，所以说了句客气话给家长听。中曾根听后却很满足。

儿时的中曾根认为女性是神圣的。小学三年级以前，他都深信漂亮的女老师不会去厕所。为此，他还和同学发生了激烈的争执。下课后，他前去蹲守，看见一个女老师从厕所出来，中曾根感到简直岂有此理，梦想和现实竟然不一样。

尽管经常胡思乱想，但中曾根的学业成绩还不错。他考入了名校静冈高中，那里的学生底子都很好。他被选为宿舍的炊事部部长，就是勤杂工一样的炊事员。这工作谁都不爱干，时间长了，中曾根也不想干了。于是，他找到附近的女子中学，以共同研究菜谱为名请舍监准许炊事员可以进入"男子止步"的女生宿舍，结果大家都挤破了头想当炊事员。

1937年，中曾根考入东京帝国大学。他对共产主义和纳粹思想都不感兴趣，他是一个民族主义者。1940年3月10日，中曾根的母亲突然病逝，面对将要进行的高级文官考试，他精神恍惚，无心恋战，没想到居然考取了行政科第八名。他的第一反应是"会不会搞错了"。

面试的时候，考官问他："为什么选择内务省？"他回答："因为内务省能让我发挥自己的能力。""如果不能发挥自己的能力，你怎么办？""那我就辞职，在外抨击以催促他们改正。"

由于那年的录取方针刚好是"不采用那些平凡型的人"，所以中曾根幸运地被录取了，并很快成为一名海军主计中尉。

"矫健目锐不马虎，不屈男儿方上舰。"1941年8月，中曾根被分配到第六战队旗舰"青叶号"巡洋舰上。因职务需要，他经常拆阅水兵们写给家乡妻子的信件，夫妇间饱含的深情令他瞠目，仍是单身的中曾根从中体会到了战争的罪恶。

三个月后，他改任设营班主计长，被派往占领地机场为日军提供后勤支援。中曾根于是带着手下两千多号人前往菲律宾。他在那儿拼命工作，忙得连胡子都顾不上剃，其狂热的"敬业精神"和学识风度深得少女们（在当地工作的日军女性）的芳心。当他转赴印尼的时候，第一次收到的慰问袋被塞得满满的，其中有好几封暗含爱意的情书，还有广受好评的小说《小指》。

中曾根认为，这只会影响他报效皇国的决心，于是一把火将信件全部烧光。其实，在他转战菲律宾、印尼和中国台湾的四年中，除了遭遇美机轰炸、荷兰舰偷袭之外，他几乎未与敌军照过面。最值得他骄傲的一次露脸就是当着部下们的面，用机枪射死了一只距离他一百五十米远的巨鳄，请大家饱餐了一顿腥臊的鳄鱼肉。当然，他为战争奉献的热情依旧燃烧着。

渐渐地，中曾根想结婚了。其主要原因是，他已经提前看到了日本的悲惨结局，所以想找到人生伴侣与之同生共死。友人建议他："缘分可遇不可求，觉得第一印象不错就要果断决定。"他一眼就看上了同事的妹妹小林茑子，两人于1945年2月结婚。

中曾根找的婚礼主持，正是夸他能成为西乡隆盛的落合达二老师。就在他新婚当月，他的弟弟良介阵亡了。在收听天皇玉音之前，他始终在慷慨赴死和希望战争赶紧结束的矛盾心情中挣扎、徘徊。

终战之时，列岛处处，蝉鸣不已。在那个慌乱的岁月，中曾根放弃了警视厅的优厚待遇。1947年，他成功当选众议员。在美国占领日本时，他致力于抨击占领军政策。有一次在议会辩论中，他把吉田茂气得差点儿脑出血。1952年，中曾根加入主张修宪的改进党，开始追随河野一郎，成为其心腹。自民党成立后，河野派虽是一大派系，却长期处于保守旁流。1959年，中曾根第一次入阁，出任岸信介内阁的科技厅长官。此后数年，他没再入阁。在池田内阁末期，河野一郎获得重用，大有问鼎首相之势，最后却意外地败给了佐藤荣作。中曾根自然非常失望。

"政治家必须安于做一名浪人。"1965年7月，河野一郎气病交加而死，派内群龙无首。1966年，中曾根被推举为新任派系领袖。当时，支持佐藤连任的森清、园田直等人成为主流派。中曾根、樱内义雄等人则信誓旦旦地宣称："誓将河野先生的遗志（反佐藤路线）继承到底！"

但是，1967年11月，佐藤荣作为了实现冲绳回归，出于整合党内力量的需要，悄悄约见了中曾根。谈话后，中曾根立刻改变了主意，加入佐藤内阁，并出任运输相。面对左翼阵营和保守派内部的指责，他若无其事地说："在远处叫的狗没法改变政治，不走到够近的地方就打不到对手。"

"风向标"的称号就是那时被叫响的。中曾根出身于海军，而识别风向正是驾驶舰艇的第一步。对于驾驶员而言，虽然身体在顺着风向而动，脚跟却要稳稳地固定于一点。政治家若为意识形态或名分所束缚，那他的行动力就将大打折扣。

中曾根志在进行"战后总决算"，总结战后日本在政治上的得失，为推动日本成为政治大国形成统一认识。他立志要在20世纪末率领日本做最后冲刺，使21世纪成为日本人的世纪，完全是一副承前启后、继往开来的架势。而要实现这一切，没有随机应变、讨价还价的本领是不行的。

中曾根康弘的内政外交

1982年11月27日，中曾根康弘的"实干家内阁"起航了。当时，日美关系陷入战后低谷，日韩关系也处于封闭状态。中曾根决定打破惯例，首访韩国，然后再去美国。

此时的韩国总统是全斗焕。他于1979年的"12·12肃军政变"

后上台，虽实行军人独裁，却也是民族主义者。对日本篡改历史教科书一事，他非常愤慨，曾毅然宣布韩日断交。中曾根知道，要想跟这种人打交道，须花一番心思。

1983年1月11日，中曾根的座机降落在金浦机场。作为战后第一位踏上韩国土地的日本首相，他看见了飘扬的日之丸旗，听到了《君之代》的旋律。中曾根深知，这个旧日的殖民地正期待着他的表演。

为了这次访问，中曾根一年前就已开始学习韩语，在欢迎晚宴上致答谢词时，开头和结尾部分（占整个演讲的1/3），他都是用韩语讲的。遥想当年"日韩合并"时，日本人曾禁止韩国人说韩语。如今，日本首相口中所说的正是他们曾禁止的语言。在场的韩国人很多都热泪盈眶，气氛一下子完全变了，中曾根还用韩文唱起了韩国民歌，全斗焕则用日语演唱了《知床旅情》。

演出圆满成功。中曾根决定向韩方提供40亿美元援助贷款（大部分用于购买日本产品）。对于这份"礼物"，韩国乐于笑纳。日韩两国关系出现缓和，两军交往空前活跃。

借着韩日关系的回暖，中曾根于1月17日出访美国。铃木内阁期间，日本对日美同盟的军事性质的暧昧态度曾引起美国的不安。

访问的第二天清晨，中曾根在接受《华盛顿邮报》采访时称："要把日本列岛构筑成一座巨大的堡垒，如不沉的航空母舰一般，以抵御苏联逆火式轰炸机的入侵。"这句名言让里根总统兴奋不已，为日本终于出了一位肯在军事上与美国合作的首相感到惊喜。

美国提出的"武器技术出口"要求一直是日本内阁的悬案，中曾根想积极地解决。他主张必须优先考虑《日美安保条约》的内容。虽然出口武器不太合适，但是"提供技术"可以从相互合作、援助的层面进行解释，这在《宪法》上也行得通。于是，日美签署了《武器技术转让备忘录》，使苏联以为"星球大战计划"确有其事。

在经济方面，中曾根降低了巧克力的进口关税，并增加了巧克力的进口量。这些都是美国国会权威议员提出的强烈要求。

访问结束前，里根总统邀请中曾根一家去白宫，在其私人居所共进早餐，这种殊荣也就伊丽莎白女王等人享受过。从此，两人结下"隆康关系"（里根的第一个音节的日语发音是隆）。

在外交上，中曾根可以说打了个漂亮的组合拳。不过，只有建立在内政业绩基础上的外交才是稳固的。于是，中曾根极力推动日本向政治大国迈进。就任首相时，他就宣告："内阁将是一个办实事的内阁，要向所有的禁忌挑战！"

他最想挑战的是《和平宪法》，修宪是他年轻时的梦想。不过，出任首相后他还是修不了，因为哪怕改一个字，都必须获得众、参两院2/3的多数票。自民党从未达到过此票数。所以，他把目标锁定在了扩军上。

在担任防卫厅长官的时候，中曾根就提出过日本独立发展军事力量的"自主防御论"。现在时机已到。在中曾根任内，日本的军费开支突破了1976年三木内阁规定的不超过国民生产总值1%的界限，达到1.004%。1983年9月，日、美海军在广阔的太平洋水域举行了大规模的联合军演。之后，演习、训练的次数越来越多。正当中曾根忙于提高日军战斗力的时候，他驾驶的这艘日本轮却突然"触礁"。

1983年10月，田中角荣被一审判处四年有期徒刑，追讨5亿日元罚金。漫长的"洛克希德事件"定案了，前首相被判刑，牵连众多。自民党及整个政坛都受到巨大冲击。田中本人并不认罪，当即上诉。面对政界要求他立即辞去众议员职务的呼声，田中及其周围人士完全不予理会。这下究竟该如何收场？一边是法律，一边是田中，对此自民党没有做出任何表态，企图瞒天过海。自民党是有理由对此视而不见的，因为田中早在被拘捕时就宣布脱党了，但谁都清楚他就是这一切的幕后操纵者。

礼崩则求之于野。11月28日，在野四党联合提出内阁不信任案。中曾根不肯辞职，他祭出首相法宝，解散众议院，重新大选，试图在严峻的舆论下正面突破。

自民党宁肯带着个"大地雷"参选，也不愿认输。1983年年底选举时，田中角荣在家乡以近23万票的个人最高纪录再次当选众议员，而自民党却在选举中惨败，议席跌破半数。

田中能收买他家乡的选民，但他能收买全国的选民吗？在之后的自民党最高顾问会议上，众人纷纷表态："选举败北的最大原因就是没有在田中问题上划清界限，现在应该清除田中在自民党内的一切影响力。"

看来，这一刀不切不行了。那么，谁来为败选负责？现在有两个备选弃子，一个是中曾根，一个是田中，到底切谁？

选举结束后，中曾根康弘以自民党总裁的身份发表"重要讲话"，宣布与腐败划清界限，与田中角荣划清界限，并将彻底清除他的残余力量。为了实现未尽的理想，他毅然砍断了与田中连接的绳索，将自己留在了岸上。

然而，界限划得清吗？你把绳索砍断了，田中自己也能爬上来。以福田赳夫为首的党内重镇很快察觉，"重要讲话"根本没有被认真执行，自民党只是在做样子，它谁也不愿放弃。

在之后的总裁选举中，福田赳夫等人借机推举二阶堂进，试图分裂田中派。但其意图很快就被识破，田中决定继续支持中曾根，还让他当首相。两人的"团结"经受住了历史的考验，中曾根得以拖着"地雷"继续前进。不过，自民党已进入危险水域，他必须在内政上下狠功夫。

中曾根以"小政府、大社会"为目标推进行政改革，削减政府开支，建立不增税的财政，同时实施国有铁路以及电信电话公司的民营化。

岸信介曾对中曾根说过："日本的行政改革只成功过两次，一次是明治维新，另一次是战后麦克阿瑟将军进行的改革。若不发动革命或政变，行政改革的路是行不通的。"

所谓改革，就是要重新进行利益分配。无论在哪个国家，推行改革都很难，这跟社会制度没关系，也不是决心的问题，关键在利益双方，哪一方的力量更强，哪一方就能决胜。

对于改革，出身于海军的中曾根非做不可。要想改革成功，选对有实力的合作人非常重要。他任命经团联主席土光敏夫出任临时行政调查会（简称"临调"）会长。土光虽然已80多岁，却有"财界武僧"之称，德高望重，而且愿拼老命。中曾根还召集了自己过去在海军就职时的同伴和内务省的前辈，组成了一支肯坚持改革的队伍。

行政改革实施后，还是让人吃了一惊。为削减财政，各省厅的负责人都被召集起来，并被要求按照临时行政调查会的方针对各自部门的预算动大手术。这下算是把火点着了。各省厅强烈反对，而且斗争马上就转入自民党内部，非难和压力如烈火般不断升腾。自民党政调会各部联手和临调委员展开车轮大战。以土光为首的临调成员全是一副悲壮面孔，部分人开始动摇。为此，中曾根白天开大会推行政策，晚上开小会商量对策。在内阁会议上，他严厉声明："将对不支持行政改革的官员进行降职、调职处分。"

削减财政的同时，中曾根又将目标转向民营化改革，却发现这块骨头更难啃。日本有一批大型国企，它们占据垄断地位，经营得却不怎么样。其中，国有铁路、健康保险和粮食管理并称"三大亏空"。带着这些亏空，想要重建财政几乎不可能，特别是国铁，其财政赤字都快扩散成癌细胞了。

国铁员工众多，涉及千千万万的家庭，牵扯的利益相当复杂。过去麦克阿瑟进行国铁改革时，国铁总裁曾以卧轨自杀相抗衡。这次一听说要分割国铁，实行民营化，工会组织和在野党就强烈反对，一些靠国铁吃饭的族议员也极力支持他们。霎时间，风起云涌，大家纷纷上街游行，改革举步维艰。

中曾根说："行政改革是日本版的二万五千里长征。"改革绝非一朝一夕所能完成的。然而，就在改革与反改革双方角力的时候，一件足以影响日本经济数十年走向的事情发生了。

日元急剧升值

20世纪80年代中期，日本已成为世界上最大的债权国（主要购买美国国债），对外净资产高达1298亿美元，而同一时期美国的项目赤字经常达到创纪录的1000亿美元，对外贸易逆差连年增长。日本的产品物美价廉，深受消费者追捧，而美国和西欧的产品成本较高，在竞争中处于劣势。看着日本狂赚世界的钱，西方各国实在坐不住了，尤其是美国。为改变恶化的国际收支，美国希望美元大幅贬值。

1985年9月，美、日、英、法、西德五国的财政部长和央行行长在纽约召开会议。大藏相竹下登踏上美国土地的时候，发现自己备受瞩目，媒体特意把美国和日本并称为G2。他走进广场饭店的时候，其他四国的财长都对他笑脸相迎。

1949年的"道奇计划"规定1美元兑换360日元。而现在，1美元只能兑换241.7日元。日本足足发展了四十年，这个汇率确实太低了。与会各国财长共同向日本施压，希望达成五国联合干预汇市，诱导美元对主要货币有序贬值，以解决美国巨额赤字的方案。据传，竹下登在谈判中说："（美元）贬值20%OK。"9月22日，"广场协议"

签署。协议发表后，有记者问："日本为什么会容忍日元升值？"竹下登开玩笑地说："因为我的名字叫'登'啊。"

"广场协议"之所以能够签订，其主要原因是日本只是经济大国，不是政治大国。一个连自身国防都需要外国保障的国家，拿什么顶住压力呢？美元一旦大幅贬值，日本的国债就会缩水。中曾根的努力并非没有道理。

五国联合干预汇市，从此日元一路飙升，到12月30日，1美元只能兑换200.5日元。五国政府大量抛售美元，自由市场的资金随即就跟进来了，局面很快失控。美元具体将贬值到什么地步，就不是某个人或某份协议能说了算的。

日元升值之初，财界特别是实业界人士就曾尖锐地指出："日元剧烈升值且一路攀升，这种现象实在反常，政府却迟迟没有干涉，究竟所欲何为？说什么事业规划，百年大计必须从长远考虑，道理说得堂而皇之，但经济一旦崩溃，恐怕什么事业都休想成功！"

现在说什么都为时已晚。一年后宫泽喜一接任大藏相，日元仍在升值，那时的1美元只能兑换155.5日元。

日元时时刻刻都在升值，不到三年，日元相对于美元升值了一倍。宫泽几乎每晚都出席企业界人士的宴会，谈论的话题往往是"今天可又涨了2日元啊"。面对抱怨，宫泽一直在行动，经常大举买进美元阻止日元升值，有时一出手就是20亿美元，结果还是杯水车薪，无济于事。最后宫泽形成了条件反射，一看到日元上涨就肚子疼。

时间一久，日本的出口产品也受到影响。国内物价上涨，劳动力成本攀升。企业坐不住了，与其留在日本，不如趁着日元升值到中国和东南亚投资建厂，那样成本更低，竞争力更高。于是，制造业大批迁往海外，造成国内就业问题突出。在企业密集区，求人倍率一度跌至0.1，出现产业"空心化"。

水满则溢，盛极则衰。以非正常手段干预汇率让日元短期内大幅升值对日本来说是吃亏的。要不是日本积累了足够的软实力，恐怕早就垮了。美国和西欧的愿望实现了，却给日本的经济发展造成了至今难解的困境。

不过，若只看到"广场协议"的"罪恶"，也是不对的。日元上涨是把双刃剑，也带来了很多好处。日本企业借机到处攻城略地，完成了国际化生产。当时世界排名前30位的跨国公司，日本占22家。"广场协议"的负面影响经久不退，其实与日本政治体制改革迟迟未见成效分不开。

为抑制日元升值，政府一面调低利率，一面投放大量货币干预市场，结果资金顺势冲入获利高且快的房市和股市，国际游资大举跟进。在国内和国际资本的共同推动下，"广场协议"后五年间，股价每年以30%的幅度增长，地价每年以15%的幅度增长，而同期日本的国内生产总值的年增幅却只有5%左右。泡沫经济起来了，东京的地价能买下整个美国！拥有住房变成普通市民遥不可及的梦想。

日本资本疯狂对外扩张，收购帝国大厦、洛克菲勒中心等高档写字楼和高尔夫球场。安田火灾（保险公司）不惜花费上亿美元购入凡·高的名画《向日葵》。对这种炫富行为，国民普遍感到骄傲，出国旅游热兴起。

民心不可欺

　　在表面的繁荣之下，中曾根继续推进行政改革。他深知改革犹如一架滑翔机，如果没有国民的支持之风，立刻就会坠毁。因此，在民营化改革的关键时刻，他向民众求助，得到了多数百姓的支持。国铁工会最终分裂，支持民营化的一派占了上风。中曾根撤换了态度消极的国铁总裁。最终，国铁被分割成七个民营企业，形成现在的JR公司。电信电话公司也实现了民营化，行政改革取得成功。

　　中曾根接着面临的是税制改革。考虑到增税不可避免，中曾根希望导入被称为销售税的大型间接税。但是，众、参两院大选将至，为了淡化民众对增税的印象，他首先调低了所得税。选前，中曾根还明确宣布："没有增设国民和党员都反对的所谓大型间接税的考虑。"民众听到首相的承诺后感到安心。

　　由于这颗定心丸，自民党在1986年7月的众、参两院选举中取得大胜，在众议院更是一举获得了300多个稳定席位。按照"永田町的规则"，有人气的首相是不能下台的，因此，自民党破例将总裁的任期从两年提至三年，中曾根政权得以延长一年。

　　对于意外获得的任期，中曾根踌躇满志，感觉自己终于登上了权

力顶峰。选举结束后，对间接税问题，他不再缩手缩脚，而是积极
推进。1987年2月，中曾根将销售税等相关法案提交国会审议。百
姓对首相的出尔反尔大为不满。中曾根在说谎，其所为与他选举前
的承诺完全不符，道貌岸然的首相是骗子，这种负面印象在民众中
扩散开来。

　　舆论突然转向，内阁的支持率从1986年5月的53%一下跌到
20%。中曾根终于尝到了坐滑翔机俯冲的滋味。由此引发的愤怒让
在野党抓住机会，接连提出内阁不信任案，中曾根四面楚歌。一天晚
上，他回到家，看到妻子在黑暗中孤单地看着谴责他的节目。望着她
的背影，中曾根一下子苍老了，人生匆忙之间垂暮逼来。1987年4月
30日，销售税法案被议会搁置，成为废案。

　　"有相证法尚为迷，人法双亡才是悟。"1987年11月6日，中曾根
康弘任满下台。下台前，他指定竹下登为下届首相。

　　五年时间，很难说中曾根是否完成了"战后总决算"。以后的首
相仍是各说各话。至于21世纪是谁的世纪，那就更难说了。因为与
田中派的合作，自民党的体制改革没有取得进展，但是行政改革确实
取得了突破。而且，中曾根在任时，日本政局基本稳定。他下台之
后，日本政局就基本没稳定过。

　　为什么中曾根会指定竹下登为继承人呢？因为最先瞄准首相空位的
是田中。他想通了，什么大平、铃木、中曾根都不如自己人靠得住。之
前为躲避公众视线，他不方便推举自己人，可现在判决都下来了，没什
么可避讳的了。再说，早已有人对不从本派推举首相心存不满。但是，
人算不如天算，当竹下登真的被指定为首相时，田中却乐不起来了。

竹下登

竹下登1924年2月出生于岛根县。他个子不高，长着一张娃娃脸。虽然县里并不富裕，但他家属于小康家庭，父亲是县议员。母亲对他管教严格，要求他在学习上不能有半点儿怠惰，同时还要求他遵守"任何时候不要让他人生气"的做人原则。在这种教育下，他的少年时代平淡无奇。

1942年，竹下登考入早稻田大学。当时正赶上日美开战，1942年4月17日，他亲眼看见前来轰炸的美军飞机把京都炸得血肉横飞，硝烟弥漫。这是日本偷袭珍珠港后首次遭遇大规模空袭，就让他赶上了。1944年，竹下登结婚，刚经历完洞房花烛，他就从军去了前线。不过，死于战争的并不是他。一次美军空袭，他的妻子在野外干活儿，遭到轰炸机扫射，身中数弹而亡。而竹下登一直在军队服役，从士兵做到了教官。

战争结束后，在复员归家的路上，看到故乡山河变为一片废墟，竹下登感伤不已，决意从政。重返早稻田大学完成学业后，1958年，他首次当选众议员，师从佐藤荣作，1971年任佐藤内阁官房长官。1972年，田中角荣竞选首相，竹下登全力辅佐，由此成为田中派的重要成员。1974年，他再次出任田中内阁官房长官。竹下为人低调，甘愿忍耐，等待时机。然而，越是这种人，其膨胀的野心越难平复。

有一次，在宴席上竹下登喝多了，说道："吉田内阁缔结了和约，鸠山内阁促成了日苏协定，现在佐藤完成了冲绳回归，十年后竹下会干什么呢？"

不管外表多么能伪装，从政之人都有野心。老辣的田中看得出来，他不能百分百地相信任何人，尤其是在自己不顺的时候。田中欣赏竹下的性情和能力，但同时也防范着他，因为他身边还有一个狠角色，这人将来很可能会拱卫竹下，而非自己。

此人就是金丸信。他是酿酒商出身，战争时期靠往酒里掺水发了横财。跟田中一样，他从政也是为了出人头地。他与竹下登同年当选众议员，最初也师从佐藤荣作，后为田中竞选首相立下汗马功劳，受封出任建设相肥差，掌握了资金雄厚的地盘。作为田中派的中坚人物，金丸深得田中赏识和器重，成为其"高级谋士"和"智囊"。他为何会去拱卫竹下呢？因为他们是儿女亲家，金丸的长子娶了竹下的长女。

有野心的人从不会在一棵树上吊死。1983年10月，田中被判有罪，已难东山再起。金丸信认识到继续跟着田中还不如辅助亲家。于是，金、竹两人一拍即合。密谋之后，他们策动田中派40多名（约占总数的1/3）议员于1985年2月7日在高级酒馆集会，举杯痛饮，成立"创政会"。当记者问"创政会"的成立是否意味着举兵政变时，金丸信露骨地说："创政会为什么要趁田中睡着时把他掐死呢？不，恰恰相反，我们要组成保护老爷子的卫队。"

听到这话，田中角荣几乎崩溃，外界无论有多少打击，只要自己的阵营不乱，他就能挺过去。现在人心已散，他陷入绝望。创政会成立后，田中借酒浇愁，不久即因脑血栓发作住院。但是，由于田中派内的元老实力尚存，因此金丸信认为，彻底决裂的时机还未到。田中也绝不会坐视自己任人宰割的局面。那段时期，二阶堂进等人与"创政会"展开内斗。

中曾根政权末期，竹下登任干事长，金丸信任内阁副总理。两人形成掎角之势，人称"双头鹰"。那时，竹下已拥有桥本龙太郎、小泽一郎、羽田孜、小渊惠三、梶山静六、渡部恒三、奥田敬和"七大奉行"（七大金刚之意），摊牌的时机终于成熟。

1987年7月4日，经世会（竹下派）成立，众、参两院共113名议员入会。成立大会上，金丸信睁大了整天打瞌睡的双眼，慷慨激昂起来："为什么要建立派系呢？不言而喻，是为了夺取天下。但是，我们田中派在最近十年取得过天下吗？没有。如果是缺乏人才，那是另一回事。既然被称为新一代领导人，将来就要有所作为。今天邀请信得过的同志来这里聚会，是为了拥戴竹下当总裁和首相！"

这帮人的运作手法跟当年田中对付佐藤派的手法异曲同工。他们都是那时的参与者，学得能不像吗？更令田中角荣痛心的是，他悉心培养的爱徒小泽一郎居然是新派系的发言人。

经世会几乎将田中派一网打尽。首相之位，竹下登唾手可得。然而，就在此时，跳出了一个大麻烦——皇民党。

极右翼的皇民党在全国展开宣传，他们打出"竹下登辉励会"的旗号，一出动就是几十辆宣传车，来往于东京、北海道等郡县，并在永田町扰乱交通。他们大肆呼喊："让赚钱高手竹下登当首相！""我们作为民族派青年的代表，呼吁竹下政权诞生！"甚至竹下派召开首次议员研修会时，皇民党也赶去"声援"了。

这就是捧杀，皇民党知道自己是一块臭肉，就使劲往竹下身上贴，好让他不能当选。这下把竹下登急坏了，如果皇民党的宣传车再这么开下去，民众会认为自己与极右翼有关系，也就不会给支持自己的议员投票了。

竹下登发动多名议员去做工作，要求皇民党停止宣传，结果都毫无成效。看来，对方的后台很硬。金丸信出马了，他请老朋友——东京佐川快件公司总经理渡边广康——去赤坂的高级料亭用餐。这种日式酒馆是不对生人营业的，客人来之前须提前预约。料亭内有独特的密道直通密室，在这儿，你绝对见不到不想见的人。

尝完高档料理后，金丸信挥手辞退艺妓，对渡边说："我们为了使竹下君当上首相，已经采取了各种措施，但眼下有一件事让我很担心。皇民党说，坚决不让竹下君当首相。我们必须设法阻止皇民党的企图。"

渡边呷了一口酒，说："最有效的办法是以毒攻毒。让稻川会出面怎么样？"

黑社会？金丸信听后一愣。他知道稻川会是警方正在打击的暴力团伙。这样太冒险了吧？沉思片刻后，他拿起酒杯对渡边说："渡边君，拜托你了。"

接着又是料亭。这次，稻川会的头目石井过来了。由于稻川会出面斡旋，皇民党终于同意了金丸信的要求，但条件是金丸信要拿出30

亿日元，这相当于一个小的地方政府的年度预算。但金丸信没在意，他同意了。他感觉这件事背后的操纵者可能就是……所以，他没多做纠缠。

利库路特事件

1987年11月6日，竹下登顺利组阁。他继续推行中曾根内阁实施的行政、财政和教育改革，落实日本经济从外向型向内需主导型转变的方针，并在控制地价方面采取了一些对策。他有意调整前任的防卫政策，对总决算之类的并不感兴趣。

1988年2月22日，竹下登在众议院预算委员会上强调，不做军事大国是日本的国策。他还表示，他将遵循防卫费不得超过国民生产总值1％的规定，从质的方面提高防卫力量。他柔和的姿态给人以鸽派印象。

对于间接税问题，竹下登也接了过来。他出任大平和中曾根两届内阁的大藏相时，就曾积极地推动引进消费税的工作。增税后政府就有钱花了，因此这件事要办。

虽然增税势必会加重国民的负担，但此事已讨论十年了，民众现在都已多少理解了税制改革的必要。现在，竹下登的主要任务是说服国会议员。这次，竹下登擅长私下做工作的调整型政治手法派上了用场。

竹下登曾说："首相是由国会指名的，因此，国会对我来说如同主人，尊重主人所说的话是理所当然的事。"其意思就是，我给你们面子，你们也给我面子，咱们都保全面子解决问题。

妥协谈判开始了，为使纳税人在申报收入时有一定的空间，政府决定采用台账方式。当导入新税与在野党的减税要求相冲突时，政府同意以给卧床老人发放补贴作为补偿，此举成功地分裂了在野党的阵营。最终，公明、民社两党站到了政府一方，引进消费税终于被议会通过。

消费税之所以会被接受，还有一个重要原因：当时正值泡沫经济全盛期，形势一片大好，股市一路飘红。

政府的税收一增加，国债赤字很快就消失了。众人都慨叹竹下命好，并预期此届内阁将成为长期政权。他们没想到的是，一颗"炸弹"正在被伺机引爆。

利库路特公司成立于20世纪60年代，成立之初是一家为企业发布招聘信息的小公司，70年代发展成中型企业，80年代跨入大企业行列。发展如此迅速，其创办人江副浩正到底有何神通呢？

其神通就是向政界和财界的高层行贿。与传统手法不同，利库路特集团没有直接赠送现金，而是把集团下属公司未上市发行的股票先行低价转让给政界高层，让他们抛售获利。虽然手法比较隐蔽，但集团名下有二十七家子公司，难免照顾不周。

有人举报，利库路特下属的宇宙公司将未上市的股票低价转让给川崎市长的助理小松秀熙，共计3万股，随后，宇宙公司得到了川崎市黄金地段的一块地皮。检方虽受理了此案，却封锁了消息。不过，情报还是被《朝日新闻》川崎分社的副社长山本得知，他认为这背后有文章，便率领几名记者跟踪调查，果然大有收获，成功掌握了前文部大臣森喜朗等人涉案的重要线索。

1988年6月18日，《朝日新闻》将利库路特事件披露：利库路特集团以转让股票、捐款等形式向多名政府高官和国会议员行贿，数额巨大。尽职的新闻从业人员又一次改写了日本历史。

江副浩正与常人不同，他行贿前往往不提具体要求，而是放长线，钓大鱼。最后，大藏相宫泽喜一、法务相长谷川峻、经济企划厅长官原田宪等都因此案先后辞职。弊案甚至烧进了党内，干事长安倍晋太郎、政调会长渡边美智雄、宫泽派领袖加藤纮一等都牵涉其中。还有前首相中曾根康弘，他从利库路特集团收受了1.1亿日元政治献金，被迫宣布退党。自民党五大派中除了河本派，其他四派全部沦陷。

最惊人的当属现任首相竹下登，他在1985年至1987年间通过秘书青木伊平和亲属的名义，收受该集团贿赂约1.51亿日元。

利库路特事件让民众对自民党有了全新的认识。此案牵涉人员之广，涉及金额之重，远超洛克希德事件。检方全面介入调查，民众强烈声讨首相，竹下甚至感到办案的检察官正在向他逼近。

一天中午，竹下登正在家看电视，突然他手中的饭碗掉到地板上，他一下痛哭起来。电视里出现的是其秘书青木伊平跳楼自杀的画面，鲜血染红一地。竹下登连连说："多么忠诚的人啊！你跟随我三十多年，这都是为了我呀，为了自民党……"他说得很对，但没说全，青木死了，他自己就可以活了。

死人是不会开口的，这下竹下登不至于像田中那样被判刑了。不过，他真能逃过此劫吗？与以往在腐败面前集体沉默不同，这次自民党内发出了声音。

一次，在自民党召开的国会对策委员会会议即将结束时，新当选的议员武村正义举手了。他提问道："最近报纸和电视每天都在报道利库路特事件，我们党内以党首为首的高级别人物的名字被很显眼地登了出来。不可思议的是，在民众议论纷纷的时候，我们党内却没有就此事进行任何讨论，党的干部一言不发。难道将探明事件真相的工作完全交给媒体或司法部门就行了吗？自民党难道不应该自己着手调查，总结政治和金钱的关系，认真地采取具体的对策吗？"

这番话在自民党内掀起了不小风波。第二天，经世会的鸠山由纪夫和三原朝彦来找武村，鼓励他说："昨天你（的发言）很勇敢，我们也深刻地认识到了这种状况，作为自民党成员，不能装作事不关己，应该举全党之力认真对待。"

一些新议员想要团结一致发起行动，他们说："如果自民党不将利库路特事件的全部真相搞清楚，就让我们这些新议员作为主力去调查吧。"

党内的另一些人则说："那些家伙真是狂妄自大。""只想做得外表漂亮。""光凭理论能搞好政治吗？"

尽管遭到了奚落，但在武村发言后不到一个月，武村正义、鸠山由纪夫、园田博之、石破茂等二十多名议员组成乌托邦政治研究会，围绕"政治与金钱"的课题商讨如何才能防止贪污渎职。他们希望能从政治的中心发起改革运动。每次聚会，他们都邀请各界专家做讲座。

乌托邦，这名字起得挺好，早就知道实现不了吧？

眼看已火烧眉毛，自民党试图阻止调查，利库路特集团也想用金钱了断此事。

1988年9月5日晚，日本电视台播放了利库路特集团领导层企图行贿调查人员被回绝的音像资料。原本就未平息的民怨一下翻起了更大的怒涛，舆论强烈要求彻底查清该案。此时的竹下登多么希望能发生一件大事，转移一下公众的视线。

1989年1月7日，在位六十年的裕仁天皇因肠癌去世。随着他的离去，漫长、跌宕的昭和时代终于结束。官房长官小渊惠三不紧不慢地把牌子一举，新年号定为"平成"。

内阁为天皇举行了隆重的葬礼，政府开动所有宣传机器，想把裕仁塑造成一位"和平天皇"。他们用尽所有手段，试图唤起人们对保守政治的感恩之情。

趁此良机，自民党高层把乌托邦政治研究会招安了。1989年1月，政治改革委员会成立，伊东正义任部长，武村正义任事务局局长。接着，政府推出了《1989年政治改革大纲》：所有国会议员都必须公开资产；禁止国会议员在本选区向有婚丧嫁娶事宜的选民家庭赠送礼金；禁止通过购买宴会券的形式提供政治资金；禁止用政治资金从事股票交易；在众议院选举中实行小选区比例代表区并立制。

该大纲确实把问题找得很准，改革委员会的成员也很有决心。

但事发到现在，只有个别秘书被免职或跳楼，那些大佬却都还好好的。竹下登自认捡了便宜，继承了中曾根留下的稳定的议会多数席位，使在野党无法通过不信任案弹劾他。但是，这样就能维持政权吗？

丑闻无疑是权力致命的弱点，金权丑闻都快成自民党的家常便饭了。但国民难以接受一个腐败的官员把持朝政，因为这会损害他们的利益。竹下内阁的支持率跌到3％。这是自民党创党以来从未出现过的局面。

1989年4月11日，竹下登在众议院承认受贿，并将竹下派会长之位让给了金丸信。

1989年6月3日，竹下登怅然辞职，还没来得及大展宏图便离开了舞台。

短命的首相

竹下倒下后，一场迫使自民党交出政权的危机随即出现。但是，只要扫帚不到，灰尘是不会自己跑的。这次，下任首相无须竞选，竹下登和金丸信全权包办了。他们首先看重的是热心于政治改革的伊东正义。然而，伊东以"即使书皮换了，内容不变毫无意义"为由拒绝了首相之位。他们只好另辟蹊径，让形象清廉的外务大臣宇野宗佑（中曾根派人士）出任首相。

宇野年少时即从军，第二次世界大战后被关押在西伯利亚服苦役，曾根据那时的体验写下《故乡东京》一书。他喜欢俳句，擅长绘画，是个业余才子。"金丸组合"希望他能把政局稍微稳定住，可结果完全出人意料。

宇野上任后，马上就被无数双眼睛盯住了。若不当首相，你干什么都行，而一旦你坐上大位，过去的一举一动就别想蒙混过关。这正是新闻自由的好处。

上任伊始，宇野就大喊要"恢复国民对政治的信任"。可没过几天，他就上了娱乐版头条，被爆出与某位艺妓有染。在日本，艺妓是体面的职业，私下包养情节不算严重。田中角荣曾包养艺妓四十年，也没出什么事。关键是，宇野对这位艺妓态度粗暴并最终将其抛弃，以致对方在报上大肆披露其恶行。这就不好办了，这种品质的人还配治国？

负面消息把本就根基不稳的宇野团团包围。自民党推他上台本是去洗刷罪状的，这回旧罪没洗掉，又添两条：对老婆不忠和欺负艺妓。这下宇野可把天下的女人都得罪光了。马上就要举行参议院选举了，这是自民党根本经受不起的。偏巧，这次与宇野对阵的是社会党新任女党首土井多贺子。在野党推出女党首，掀起"麦当娜"旋风。自民党正撞在枪口上，女性将选票一股脑儿投给了社会党。自民党惨败，首次丢掉了对参议院的控制权。8月9日，上台两个月的宇野宗佑闪电辞职。

又是腐败，又是桃色新闻，自民党各派大佬几乎人人带伤。面对这种情况，众人又想起了三木武夫那类人物。三木已于1988年去世，河本敏夫继承了他的衣钵。可"金竹组合"相中的是河本派的召集人海部俊树。

海部当年58岁，他若上台就是战后第一位出生于昭和时代的首相，而且还是战后第二年轻的首相，定会让人耳目一新，肯定能吸引选民。此外，他神情俊朗，仪表堂堂，50多岁看上去像40多岁。

一顶乌纱帽就这样砸在了海部头上。他此前只出任过官房副长官和文部大臣，既没有深厚的资历，身后也没有强大的派系支撑。而金、竹二人看中的正是这点，缺乏资历和靠山都没关系，这些他们都有。

1989年8月9日，海部俊树走马上任。作为三木武夫的爱徒，他不愿受人摆布，希望能有所作为，改变自民党金权勾结的现状，着手力推政治改革。但是，海部要跟时间赛跑，因为金、竹二人给他上了金箍：海部的任期为宇野内阁的剩余时日。

经受得住考验的人才能赢得时间。海部内阁组成仅半个月，官房长官山下德夫就被爆出包养艺妓的丑闻，海部毫不客气地赶他走人。1990年2月，众议院大选开始。海部率领自民党投入选战，他曾获得过全国辩论赛的冠军，口才一流。面对他清廉的形象和诚恳的话语，民众再次对自民党的改革报以希望，期待该党能独立完成自我更新。选举结果是，自民党赢得275席，扭转了因利库路特事件引发的颓势。"金竹组合"总算松了一口气，他们的目的已经达到。金、竹并不需要海部搞什么政治改革，只要能赢得选举就行了。

海部也不甘被人摆布，他趁机改组内阁，巩固自己的地位，抓紧进行他的施政重点：拟定政治改革三法案。法案的核心内容是把现行的中选区制改成小选区比例代表区并立制。结果，他正准备把法案提交国会时，一场战争爆发了。

1990年8月2日，伊拉克军队入侵科威特，这个刚刚告别"两伊战争"的国家再次被推向无尽的深渊。1991年1月17日，以美国为首的多国部队对伊拉克展开"沙漠风暴"军事行动，海湾战争爆发。日本起初想在旁观战，但这显然行不通。

美国要求日本拿钱，不能坐收渔翁之利。海部俊树只好多方筹措，先后为战争提供了100亿美元的资金援助。面对这场因石油而起的危机，自民党各派势力齐动，在出钱之后，有人进而要求日本出人。

党内部分人批判"日本只拿钱不流汗"，干事长小泽一郎公开主张派遣自卫队做出"人员贡献"。光流汗就行了吗？不，是要流血的。对此，海部俊树表示不能同意。但是，小泽是竹下派在党内的代表，他的意见就是竹下派的意见。面对小泽等人的施压，海部俊树改口同意派遣自卫队。首相左右摇摆的言行被人们抓住，借机抨击他缺乏领导力。

1991年9月19日，海部把《联合国维持和平活动合作法案》（简称"PKO法"）提交国会。

派兵法案遭到了在野党的猛烈攻击，社会党和共产党坚决反对。由于涉及违宪问题，法案本身的内容就含糊不清，首相回答质询时更是漏洞百出，舆论也强烈反对派兵，该案在审议阶段沦为废案。

海部缺乏领导力的事实大白于天下，照这样的发展，政权可能不保。但不久之后，有"宰相之才"的安倍晋太郎（岸信介的女婿，安倍晋三的父亲）患肝病去世。一时无人替代海部，政权得以延续。

当时，国际风云际会，东欧剧变，苏联面临解体。海部给美国总统老布什写信，提出"必须以美、日、欧三级为主导形成世界新秩序"。1991年4月，戈尔巴乔夫作为战后第一位苏联总统访日，海部答应为苏联经济危机提供援助，并趁机提出收复北方四岛的问题。

1991年8月10日，海部俊树访华，成为那段时期首位访华的外国元首。

海部在外交上的活动赢得了国内的喝彩。他的自民党总裁任期也临近了。为了延续改革的生命，1991年9月，政治改革三法案被提交众议院审议。

该案进入议会后，并没受到在野党的攻击，而是遭到了党内的强烈反对。政治改革法案是在自民党接连发生丑闻的背景下拟定的，本意只是想做做样子给民众看，并不打算实施。

选举制度关系到每个人的政治生命，中选区制对自民党成员是有利的，他们在中选区制度下构筑起组织和战略，现在要他们从零开始，怎会不强烈反对？小选区比例代表区并立制虽有利于规避腐败，但很多自民党议员将因此落选。

最后，党内各派对政治改革三法案采取了联合抵制。执政党反对自己的提案，岂非怪事？

1991年9月30日，众议院召开政治改革特别委员会会议，委员长小此木彦三郎以平静的语气通知首相海部，政治改革三法案"审议未了，作废案处理"。对此，海部事先毫不知情。这是小此木与竹下登、金丸信、小泽一郎等人商量好的。

该法案是海部最重要的政治资产，一旦作废，不但政治改革将被搁浅，其政权也将垮台。想到此，他的心情极为沉重。

心情沉重的不止海部俊树一人。当他恍恍惚惚地回到家时，自民党政治改革推进总部的人也接二连三地赶到其官邸。看着心血归于白费，大家群情激奋，总部长伊东正义用拳头怒捶桌子："简直是胡闹！这种做法绝不能容忍，如不制止，我也不当总部长了！"他们直逼海部表态，督促他速下决断。

海部也来了劲儿。他连夜召集自民党干事长、总务会长和政调会长来首相府。他慷慨激昂地说："作为内阁总理和本党总裁，我此时不能不向诸位表明我的态度和决心，即便是赌上内阁的命运也要推进政治改革。为了打开局面，我将下重大决心！"

海部所说的重大决心是什么呢？就是祭出首相的传家宝，解散国会，重新进行大选，以此争取民众的支持。

海部俊树深夜接通了金丸信的电话，听完海部的陈述，金丸信平静地说："如果总理的重大决心已下，那就沿着这条路一直走下去，解散国会举行大选不是很好吗？我支持这么做。"

金丸信是反对政治改革三法案的，但他看中了海部的支持率，海部首相此时的支持率仍然比较高，而有支持率就有选票，所以他不怕。

海部俊树的心情一下子就变好了，他又抓到了救命稻草。但奇怪的是，他并没有在第二天（10月1日）解散议会。在议会接受质询时，当有人问他什么是重大决心时，他竟然支支吾吾地回答："全力以赴把政治改革搞下去……"他的态度开始暧昧起来。

宫泽派、失去安倍的三冢派，以及继承了中曾根派的渡边派，都抓住时机猛攻海部，抨击他没有政治家涵养。三派已达成共识，要阻止海部连任首相。

时间一分一秒地过去，到10月3日时，海部仍没有出手解散议会。这时，他接到了金丸信的电话："你跟我说解散国会而又优柔寡断，驻足不前，令人遗憾。我们竹下派今后不再支持你了！"

在金丸信说这话之前，三派曾联合向他施压："你是要让自民党分裂，还是要海部？"即使第一大派也不能小看三派联合的力量，而且金丸信了解到，竹下派内部也有很多人反对海部。

海部这下也急了，他决定破釜沉舟，在10月4日宣布解散国会。4日清晨，他亲自给大臣们逐个打电话，要求对方与其合作，否则就地免职。就在内阁会议召开前一刻钟，海部正要向内阁会议厅走去时，电话铃声响了，电话里传来的是金丸信的声音："不能解散国会！"海部从中听出了威胁生命般的恐怖语气。

海部彻底绝望了，既不能解散国会，又得不到竹下派的支持，还能怎么办？ 1991年10月5日，海部俊树宣布不再参加自民党的总裁竞选。面对记者的追问，他紧攥着拳头，眼含泪花："重大决心就是重大决心，其过程和内容都已埋藏在我心中。"

若海部当初断然解散国会，也许还不至于此。海部倒台，自民党又丧失了一次自我更新的机会。

自民党的危机

此刻，自民党认为安定重于一切。"金竹组合"并没有忙着消化危机，而是在忙着找人。竹下派曾答应不从本派推荐首相人选，但交换条件是他们有权决定首相的派别。他们青睐的是宫泽喜一。

宫泽喜一是党内第三大派宫泽派的首领，双方有合作的基础。此外，宫泽不擅长密室政治，不爱搞人际关系，比较好控制。选择他还有一个重要因素，那就是泡沫经济已经被捅破，而宫泽是著名的经济通，曾从事过多年的财务工作。民众之所以能容忍自民党的腐败，是因为经济没出问题，经济一旦出问题会是什么后果，金丸信最清楚。让宫泽出任首相既可以应对泡沫经济的残局，又可以安心控制自民党。

让没有太大野心的宫泽上台确实比较保险，但他们忘了，在政权基础逐渐脆弱的时期，没有一个可以纵横捭阖的领袖，有再多的幕后将军也没用。从这一点看，宫泽不善权谋是个大问题。按田中角荣的话说："宫泽是个出色的秘书，但不是政治家的材料。"

宫泽认为，既然改革死得更快，不如不改革，混到哪天算哪天！为了控制政权，他找来了专家金丸信。当金丸信点头答应出任自民党副总裁和国家副首相的时候，宫泽说了声"谢谢"。

1991年11月5日，宫泽喜一完成组阁。竹下派有6人入阁，宫泽派阁僚只有2人。

在施政演说中，宫泽提出要把日本建成"生活大国"。他感到国家的经济实力与国民的实际生活水平有差距，九成以上国民都有中产阶级情结，因此要采取措施缩短劳动时间，改善居住环境，增加国民资产，扩大文化领域的投资，发展社会福利。

理想和现实是有差距的。内阁起航后，等待宫泽做的第一件事是继续推进派遣自卫队参加维和活动的PKO法。他有护宪情结，不喜欢干这个，但党内很多人都在马不停蹄地推进着这项工作，忙起来甚至都不向首相汇报。

为使法案能够通过，自民党联合了公明党和民社党，以三党为核心修改法案。在公明、民社两党的要求下，国会针对自卫队的出动和撤回规定了五项原则：出动时必须确认冲突当事双方已达成停战协定，恢复和平状态；必须得到所在国冲突各方的同意；维和部队严守中立，对冲突各方采取不偏不倚的态度；如果上述原则被触犯，保证自卫队能够撤回；自卫队的武器使用应控制在保护人员生命等必要的最小限度内。

经过轮番磋商，民社党最后又加了一条：派遣自卫队必须经过国会批准。1992年6月，修改后的PKO法案提交参议院审议。尽管内容有变，社会党和共产党仍以其违反了《宪法》中禁止向海外派兵的原则为由，提出强烈反对，千方百计地阻止审议。由于是临阵磨枪，宫泽喜一在接受国会质询时常说不清原委，弄得焦头烂额。表决时，两党采取"牛步战术"（以极慢的速度从座位走向发言台，以此拖延时间）连续对抗了75个小时，最终，法案在参议院通过审议。

接着，法案被转入众议院审议，社会党和共产党依然顽强奋战，提出议院运营委员长解任决议案，想以此拖延审议。解任议案被驳回后，社会党和社民联决定破釜沉舟，其所属141名议员向众议院议长递交了集体辞呈。对此，自民党议长不予受理。经过长期的反复较量，法案最终在众议院被通过。

至此，自民党不遗余力地推进的派兵主张终于实现了。1992年9月17日，日本自卫队终于踏出了国门。不过，海湾战争此时已结束，萨达姆虽还在台上，却不欢迎他们。自卫队退而求其次，只能去柬埔寨。1993年，日本赴柬维和人员在该国西北部遭到据称是波尔布特游击队的袭击，造成1人死亡，4人受伤。

PKO法通过，自卫队出兵海外，宫泽却高兴不起来。因为此事并非他的初衷，他却必须服从党的意志，这令他身不由己。而"佐川快件事件"东窗事发，更让他如坐针毡。

1992年年初，佐川快件的总经理渡边广康被捕，原因正是1987年他帮助金丸信找"稻川会"摆平皇民党那件事。那次事成之后，"稻川会"不断勒索佐川快件，把他们当提款机用。渡边后悔不迭，无奈之下给"稻川会"汇去数十亿日元。这么大一笔资金流向暴力组织，被捕只是时间问题。

该案只是渡边进去的导火索，在检察官的逼问下，他把所有事情都交代了。他承认佐川快件曾向朝野政党的200多位国会议员赠送政治捐款。金丸信本人接受过渡边提供的5亿日元。

这个案件比以往的腐败案更进一步，就像电脑病毒的升级版。百姓大跌眼镜，从前财界只管给自民党送钱，是权钱勾结。现在，连黑社会也被圈进来了，甚至已发展到雇用黑社会打击对手的地步。

随着泡沫经济走向崩溃，民众的生活开始受到影响，而自民党的腐败路数却不断增多。邮政大臣渡边秀央十年坚持不懈，利用职权让一些人的子女上高中或大学，收取的好处费超过1亿日元。民众中酝酿着一股彻底失望的情绪。这种情绪很快就传进了党内。

1992年5月7日，自民党原副干事长细川护熙宣布脱离自民党，成立日本新党。虽然刚开始只有四名参议员入党，但他率先拉开了与自民党决裂的序幕，其勇气可敬可佩。

在"佐川快件事件"中，有个人是躲不过去的，他就是金丸信。1992年8月28日，金丸信召开记者会，承认曾收受佐川快件5亿日元现金，表示他的"无德行为"给自民党带来了很大麻烦，将辞去自民党副总裁以及经世会会长职务。金丸信希望能以退为进，检察机关也有意放他一马，宣布对其免予传讯，罚款20万日元（相当于刚毕业的大学生的月工资）。昭彰的金权勾结使列岛响起了声讨金丸信的呼声，全国多地的县市议会都通过了严查此案的决议，有些民众甚至进行绝食斗争。检察机关于是再也不敢懈怠，在野党也趁机施压。10月，金丸信宣布辞去众议员职务，摘下佩戴三十四年之久的蓝菊花议员徽章，含泪退出政坛。

金、竹二人相继倒下，竹下派受到重创，派内一时群龙无首，急需选出新会长。小渊惠三和羽田孜宣布竞选。小渊背后有竹下登，羽田背后是小泽一郎。双方互不相让，争斗激烈。竹下登还亲自给羽田打电话，要他专心政务，其意不言自明。尽管如此，羽田、小泽仍没有停手，一直死咬到底，最后竹下派干部会裁决小渊惠三出任派首。

竞选至此本该尘埃落定的，但小泽、羽田等人决心"下克上"，宣布脱离竹下派，率35名议员自立门户（成立羽田派）。第一大派就此分裂，竹下派正式更名为小渊派，派内还剩50多人，沦为自民党第四大派。小泽如野马般脱缰而去，竹下登和金丸信对他恨之入骨，所以也没让他好过。小渊派沦为第四，羽田派连第四都排不上。

小泽一郎等人犹如一支乱军，成了没人管的孩子。按照党内的实力划分，该派的35名成员都没能在党内获得好位置。

满面憔悴的宫泽喜一（73岁的老人）眼看着形势变化却无计可施。金丸信的辞职使他失去了政治拐杖。由于竹下派的分裂，自民党的执政基础被严重削弱。不善于密室政治的宫泽只能试图从正面突破。

"佐川快件事件"余波泛滥，几家欢喜几家愁。为挽回自民党的颓势，宫泽打算把海部内阁时期沦为废案的政治改革法案再次提交国会。但干事长梶山静六认为现在还未到进行选举改革的时机，又把它变成了废案。宫泽的影响力大损，面子也全没了。国民更是极其失望。

6月17日，反对党联合提出内阁不信任案。这本来不算什么大事，只要自民党内部保持团结，通过的概率并不大。

可是，竹下派分裂后，自民党还能团结吗？弊案层出不穷，权力被世袭垄断，党内早就危机四伏。等待多时的小泽一郎伺机出手。

一个时代的终结

1993年6月18日是个值得载入史册的日子。这一天，众议院就内阁不信任案进行表决，社会党、公明党、民社党等主要反对党都支持该案，但票数仍凑不够。关键时刻，小泽一郎、羽田孜等34人突然"叛党"，对不信任案投了赞成票。最终，众议院以225票对220票通过不信任案，羽田派的倒戈发挥了关键作用。

于是，宫泽喜一解散众议院重新进行大选。6月21日，就在自民党败局已定之际，武村正义、鸠山由纪夫等10人宣布退出自民党，成立先驱新党。6月23日，小泽一郎、羽田孜、冈田克也等44人脱离自民党，成立新生党，羽田任党代表，小泽任代表干事。日本政治由此拉开新的一幕。

7月17日，众议院的选举结果出炉，自民党获得223席，未能过半数，可见选民对这个党已失去信心。社会党的席次大跌，只获得了70席（上次是139席）。首次参选的新生党获得55席，公明党51席，日本新党35席，民社党15席，先驱新党13席，社民联4席。

自民党的席位虽没过半数，却仍是众议院第一大党，只要其先发制人，拉拢两三个在野党，完全可以组建联合政府。这样，凭借席位优势，自民党人仍可出任首相。但这时谁去合纵连横呢？金丸信面临着起诉，竹下登弊案缠身。最后，只能宫泽出马了，他的缺点此时暴露无遗，在急需先发制人时，首相位置上却坐着一个善于后发制人的人。自民党数十年没遇到过如此被动的局面，前辈大佬英雄迟暮，后起之秀能力退化。自民党被赖以生存的金权政治打倒了。

7月29日，宫泽喜一承担败选责任，被迫辞职。他说："我一直在认真思考我的责任问题。我当然应该遵从党员们的意愿辞职。其实，我淡泊心志，不留恋总裁之位。"

为了与在野党抗衡，自民党选出素有"鸽派"之称的河野洋平继任总裁。没有一个政权能被轻易推翻。因为社会党的惨败，社会党、新生党、公明党、民社党和社民联加在一起的票数也未过半数。自民党的席位比这几党加起来还多。现在，两方争夺的重点是从自民党分裂出去的日本新党和先驱新党。这两党的去向将决定日本政坛的命运。

人生只有一次，必须将坚定的信念付诸行动。在这次竞争中，以改革为号召、战绩辉煌的新生党发挥了主导作用，确切地说是小泽一郎发挥了作用。他一方面拉拢刚刚分裂出来的先驱新党，同时又向实力更强的日本新党抛出了让人眼红的橄榄枝。

小泽最擅长的就是敢于将没得到的东西承诺给别人。他答应让新党党首细川护熙出任首相。他分析认为，社会党、公明党、民社党和社民联，这些老牌反对党不愿与自民党轻易妥协，容易拉拢。而从自民党脱离出来的党派，立场容易动摇。自民党只要与任何一个超过30席的政党合作，其票数就会过半（256席），所以必须出重手把拥有35席的日本新党拉过来。小泽认为，自民党肯定也在奋力争取新党。

没错，自民党在争取，但他们没给细川开出同样的条件。

细川同意了小泽的请求。刚刚脱离自民党的先驱新党也不想马上回去，党首武村正义表示愿意加入小泽一方，推翻自民党。小泽东拉西拽，合纵连横，硬是把社会党、公明党、新生党、日本新党、民社党、先驱新党、社民联和民主改革联合共七党一派黏合在了一起。而与此同时，自民党方面却没有取得任何进展。

1993年8月6日，众议院举行全体会议，投票选举首相。100多位新当选的议员满面春风地踏进议会大厅。七党一派推出细川护熙，自民党推出河野洋平，双方展开对阵。投票将结束时，自民党议员发出抗议，原来唱票环节出现了技术性错误，漏唱了自民党议员的名字。众议院随即宣布休会，两个小时后，选举重新进行。

投票的结果是，细川以262票战胜河野。众议院议长土井多贺子高声宣布："细川护熙先生当选首相。"而按照惯例，宣布者通常会称呼某某君。民众发现，会见记者时细川会用手中的笔指名提问，外出时会摘下议员徽章，完全没有自民党大佬那种架子。日本人终于看到了变化。

1993年8月9日，新内阁认证仪式在日本皇宫大厅举行。明仁天皇把"敕书"（委任状）交给前首相宫泽喜一，宫泽紧走几步，将"敕书"递到细川护熙手中。短短的仪式后，一个时代中止了。

三十八年来的政坛风雨，自民党一直在唱独角戏，在野党通通都是陪衬。今天他们组成联合政府，把这个"万年执政党"狠狠地教训了一下。航行了三十八年的"自民党"巨轮搁浅了。同时，伴随着社会党的惨败，"55年体制"就此瓦解。1993年7月，金丸信出庭受审，同年12月，田中角荣去世。

第七章

党派间的较量

新党改革

1993年8月9日，细川护熙内阁成立，除了外相羽田孜外，无一人曾担任过阁揆，全部都是新鲜面孔。

细川护熙是前首相近卫文麿的外孙，1938年1月14日生于东京。

有良好教养的细川喜欢随性而为。从上智大学毕业后，他进入朝日新闻社当记者，后来感觉自己更钟情政治，就回到家乡竞选众议员。初选落败后，他又竞选参议员，结果成功当选。他最早加入的是自民党田中派，后感到不能与之为伍，便辞职回乡参选熊本县知事（市长），以压倒性的优势当选。

在熊本县，细川进行了多项改革，努力解决县内的人口流失问题，同时发挥地方优势，把当地的木材产量提高到了全国第一。他还大力发展菜牛饲养，引进高技术产业，吸引青年人回乡就业。细川的工作赢得了不错的口碑。1991年年初，细川出人意料地放弃连任，转而到行政改革推进审议会担任会长，宣传自己的政治主张。

细川不仅继承了自己家族的贵族老宅，还继承了祖上敏锐的政治嗅觉。1992年5月7日，他率先脱离自民党，组建日本新党，在《文艺春秋》杂志上发表建党宣言，全面阐述自己支持改革、反对贪污的理想，并因此进入了人们的视线。

正是由于细川率先举义获得了威望，小泽的推荐才会被七党一派所接受。细川内阁一上台就获得了75%的支持率。不仅国内，连克林顿总统都对新政权充满期待。细川表示："要在所有方面都推行有别于自民党时代的政治。"他把政治改革作为第一目标。

鉴于政改法案曾两度被废，细川放出狠话："如果政治改革法案在年内没有通过，我将引咎辞职。"内阁迅速拟定了包括确认实施小选区比例代表区并立制、扩大反腐败措施、控制政治献金在内的"政治改革四法案"。

1993年11月，政改四法案在众议院修正后通过。但是，在1994年1月的参议院会议上，它又被扔了回来，原因是社会党的17名议员临阵倒戈，坚持中选区制，投了反对票。他们和自民党保守派一样，担心自己会因此败选。改革法案再次面临搁浅危险。

在内部无法调和时，讽刺性的一幕发生了。细川去找了自民党总裁河野洋平，表示愿意把政改的"糖果"跟对方一起分享。河野欣然接招，因为这样可以让民众看到，自民党是愿意改革的，自民党正在悔过。经过一番协商，双方定下了实行小选区比例代表区并立制的具体席次分配（小选举区300席，比例代表200席）。自民党同意配合。

有了自民党放水，困扰两届内阁的政治改革法案终于于1994年1月29日通过国会表决。1947年以来的中选区制被打破，细川长出了一口气。

但这件事情并没结束，既然实行小选区比例代表区并立制，就必然涉及投票方法的问题。如果是一票制，那么你投给候选人一票，他所在的政党就自动地增加一票。如果是两票制，你可以先投给喜欢的候选人，再投给喜欢的政党（两者可能不同）。这样，民众的选择余地将变大。

法案通过后，电视记者采访了官房长官武村正义，他明确地回答："既然是小选区比例代表区并立制，当然是两票制。"

第二天，八党派干事长和书记长在会议上就闹翻了。小泽一郎和公明党的市川雄一怒不可遏，他们认为，武村不应该在没有和政党协商的情况下就出口乱讲。他们狠狠地责骂了先驱新党的鸠山由纪夫和园田博之，要求把武村叫来问话。武村去了，只说了句："给你们增添了误会，对不起。"说完转身就走了。小泽和市川认为他毫无悔意，更加气愤。

他们为何如此动怒呢？因为这一票之差大有文章。一票制，党跟人走，政党在所有选举区都要推荐候选人，这样才能增加票源，做不到这一点的中小党就会消亡。这有利于形成两党制。美国实行的就是一票制。两票制，人党并立，有利于形成多党制。

武村所领导的是小党，他当然希望是两票制，而小泽的志向是把日本发展成像美国那样的两党制，所以他大为光火。

最终的结果是两票制。对此，小泽胸中憋闷，但他没有发泄出来，因为这时候危机尚可控制。细川基本保持中立，能够发挥一定的影响力。很多自民党人都是第二次世界大战时的当政者，而细川没有这样的包袱，他曾公开表示对日本"过去的侵略行为及殖民统治给众人带来的痛苦和悲伤表示反省和道歉"。他还敢对美国说不，在进口大米和设置进口美国产品配额的谈判中，他拒绝了美国的无理要求，受到民众好评。

如果细川能够随着性子干，对改革更有利。但是，总有人想控制他，不让他按照自己的意志前进。小泽一郎与市川雄一组成"一·一连线"，推出了一项政策——增加消费税。只要是从田中派出来的，都喜欢增税，他们还把消费税改名为国民福利税。他们希望能借着政治改革法案通过、细川内阁得到民众拥护的时机，一举实现增税。

增税关系政权的生死存亡，是一项重大举措，需要耐心说服民众，还要给在野党做大量工作，才能实施。然而，细川和武村并不支持增税。作为官房长官的武村希望在1993年年底完成预算编制，而小泽认为这干扰了他的计划。

小泽一郎更不能容忍的是武村与自民党人的往来。武村所领导的先驱新党是在"6·18政变"时脱离自民党后成立的，获得了自民党人的"好感"，森喜朗、石原慎太郎等人经常来找他。小泽因此认定，武村私通自民党。

1993年12月16日是田中角荣的忌日，小泽一郎出席了恩师的葬礼，吊唁完之后他直接来到首相官邸，在大门口对着细川大叫起来："请你马上解雇武村，否则我们什么事情都不会协助你。"说完摔门而去。

小泽当时醉得相当厉害，受过良好教育的首相对此很难适应，认为对方简直太野蛮了。武村和园田博之随后赶到，细川激动地说："没想到小泽是这样的小人！"

那次骂完后，小泽就失踪了。羽田孜也说不知道他在哪儿，预算编制被迫停了下来。12月26日，小泽出现了，并和细川、市川举行了会谈。会后，政坛形势出现戏剧性变化。

1994年2月3日清晨，细川举行记者会，宣布："改消费税为国民福利税，三年后将税率提高到7%（当时是3%）。"新闻界为之一惊，看电视的民众也是一惊。细川宣布消息时是拿着纸念的，当记者深层次追问时，他就卡壳了，什么"大概""可能"之类的词全出来了。细川显然没有准备好。事实上，这一决定是几个小时前小泽和市川逼他做的。

此外，他们还逼细川改组内阁，把武村正义辞掉。但武村自知增税绝不是那么容易的事，他决定去搬救兵。社会党首先表示反对："如果强行实施国民福利税，我们党的七位内阁成员就退出内阁。"这就意味着内阁将垮台。细川再次召开记者会，宣布撤销原来的决定。

武村拉来了与自己政见相同的社会党和民社党，实力明显增强，与"一·一连线"形成顶牛之势。

最难受的是细川，一边是有"恩"于他的小泽，一边是真心合作过的战友武村，他在中间受夹板气，已经动弹不得。

接下来，轮到在野党发难了。别人都在台上，台下就剩自民党和共产党了，你说他们难受不难受。自民党趁机动手，其在野时间虽短，手法却非常娴熟，而且他们手中有料。细川过去隶属田中派，在那里找些黑材料如同探囊取物。

自民党揭发，细川1982年曾收过佐川快件公司1亿日元，用于政治资金。他还以其岳父的名义获取过日本电信电话公司（NTT）的原始股，卖出后获利5000万日元。这给了形象清廉的细川政权一个重击。

在议会答辩中，自民党将年度预算审议抛掷一边，揪住细川穷追猛打，用丑闻抨击他。

但是，民众的眼睛是雪亮的，对自民党的伎俩，他们看得很清楚。联合政权尚有约50%的支持率。可是，细川已厌倦了这种生活，随性的想法又出现了。

1994年4月8日，执政仅八个月的细川护熙突然宣布辞职。有人问他是否会重归政界，他回答说："已经够了，创建日本新党以来，我就像跑百米一样，一直全力以赴。但不论有多大马力，（我）都不可能一直全力奔跑。"

七党一派的联合政权本来就很难维持，执政者若再缺乏韧性，政权注定不会长命。如果细川能坚持久一些，让民众多看到些业绩，后面的路定会好走些。细川的行为令许多支持改革的人感到失望，他们不再信任政治家。

"七党一派"陷入困境

联合政权本应就此检讨，但没人检讨，大家都在为今后做打算。小泽一郎开始物色新人，他看中了率领着自民党第三大势力渡边派的渡边美智雄。小泽与渡边密谈，约定只要渡边能从自民党内拉出五十名议员加入联合政权，就推举他出任首相。如果这招奏效，小泽分化自民党的策略就又往前跨了一步，自民党将彻底分裂。

不过，事情没那么简单。自民党毕竟是个老党，而且渡边派的老领导中曾根康弘还活得很硬朗，渡边虽然跃跃欲试，私下做起动员工作，但真心愿意出来的也就十几个人，远达不到小泽的要求，计划只能泡汤。

小泽手里就剩一张牌了——他的"叛党"同伙羽田孜。小泽推举羽田孜出任首相，为维持联合政权，七党一派同意了。社会党和先驱新党也投了赞成票。1994年4月25日，羽田孜轻松战胜河野洋平当选首相。

谁知，小泽这次竟使了一个非常不地道的手段。他利用社会党给羽田孜投了票，然后就打算把该党一脚踢开。选出首相后，社会党领导人村山富市多次向他询问有关联合内阁的人选问题，小泽都推说再等等。为何要等呢？因为小泽打算整合其他党派，联合建立一个新党"改新"，为此他已经递交了成立申请。如果"改新"成立，将拥有100多个席位，超过社会党成为第二大党，社会党将失去对众议院的控制权。当村山富市（社会党委员长）打听到这个消息时，这个70岁的老人震怒了。

社会党连夜召开紧急会议，决定退出联合政府。再加上已经退出的先驱新党，刚刚成立的羽田政权一下沦为少数派内阁。由于社会党人未入阁，空出好多职位，小泽一郎便把自己喜欢的人往里塞，羽田照单全收。

跟细川一样，羽田首相的家族也有来头。羽田自称是秦朝时跟随徐福东渡到日本的秦姓（羽田和秦的日语发音相同）部下的后代。因为中国情结，他经常穿中山装。1969年，羽田继承父亲的地盘当选众议员，一块儿当选的还有同样出身于政客家庭的小泽一郎。他们同时加入了佐藤派，同受田中角荣和竹下登培养，都为竹下派立过汗马功劳。但是，羽田热衷于改革，还为此受过金丸信的呵斥。他为人谦和，善于协调，其八面玲珑的个性被爱要毒招的小泽一郎看重，两人正好互补。从共同跳出竹下派起，他们一个在台前，一个在幕后，拴在一根绳上唱双簧。

当年，对竹下派的几员干将，金丸信曾有点评：平时靠羽田，乱世靠小泽，大乱靠梶山。问题是，现在是平时吗？成为首相后，羽田孜按照前任内阁的计划出国访问，先后到访着大利、法国、德国和比利时，可一路上并没人认真跟他谈事。稍微懂点儿的人都明白：一个没有自民党和社会党支持的政权能维持几天？只有德国总理科尔很体贴地说："希望长期担任首相。"

虽然国外没人和他谈，但羽田内阁的新人在国内可没少放话。有人放胆直言"南京大屠杀是捏造的""把太平洋战争定为侵略战争也是错误的"，他们是"为了生存下去，为了解放殖民地，确立大东亚共荣圈"。

疯言暴露了羽田内阁的不成熟。首相心里很恼火，这些胡乱说话的人可能是在讨好主子，但主子不是自己，是小泽一郎。很多迹象表明，羽田内阁就剩一件事要做了，即尽快通过年度预算案。自民党当然不愿轻易让少数派政府过关，但该案已拖了很久，如果继续阻挠，民众会厌恶在野党的。

预算案通过后，自民党便以"羽田内阁是少数派政权，不能代表民意，迄今为止未拿出防止政治腐败的具体措施"为由提出内阁不信任案。为阻止该案，羽田孜夜以继日地与社会党谈判，社会党最终决定见死不救。

没有社会党的支持，不信任案的通过已成定局。摆在羽田面前的只有两条路，要么解散众议院，要么内阁总辞职。眼看小选区比例代表区并立制实行在即，若此时解散众议院，按照规定还要沿用中选区制举行大选，这与改革的初衷相悖。

面对小泽一郎解散众议院的强烈要求，羽田孜做出了自己的决定。他当着各党党首的面表示："在政治激荡的关键时刻，政治家不应计较自己的政治生命。"

1994年6月25日，羽田孜在国会表决前半小时举行记者会，宣布内阁总辞职，执政仅两个月的政权就这样结束了。根据当时的形势，他唯一考虑的是，赶紧让佐川快件公司给自己搬家。

社会党东山再起

不到一年就换了两个首相，七党一派联合政府的矛盾至此完全暴露。自民党后发制人，开始绝地反击，要与小泽一郎领导的联合政权一决高下。这次，双方争夺的重点换成了拥有70个议席的社会党。

被人嫌弃的社会党突然成了香饽饽，小泽一郎马上放低姿态，希望社会党重新考虑加入联合政权。自民党也通过武村正义联系社会党，希望实现党首会谈。桥本龙太郎（政调会长）告诉武村："村山也好，你武村也好，我们都会赞成（当首相）。"自民党已经饥不择食。而以社会主义标榜的社会党，更像谁给钱多就跟谁的特殊职业者。

自民党明白，作为社会党的多年仇家，此次开价绝对不能含糊。在自、社两党的首次会谈中，河野洋平直接亮了底牌。他说："也许自民党要在它三十九年的历史上留下污点了。我们决定推举你为首相候选人。"村山深受感动，眼睛都湿润了，但他没有答应。因为他知道，这样做很冒险，会令支持者失望。所以，联合政权那边的开价，他也要估一估。如果那边能出同样的价钱，还不如去那边。

令村山没想到的是，联合政权突然放低开价，不同意村山出任首相，似乎连社会党是否会与他们合作都无所谓了。原来，小泽一郎又出花招了，他正在策划让联合政府内的新生党、公明党、日本新党和民社党都宣布解散，然后合并成立新进党，共同推举支持改革的前首相海部俊树为党首，他自己任干事长。

这位"破坏王"明白，以海部为首的部分自民党人，对河野洋平和桥本龙太郎推举社会党人出任首相非常不满，他们很可能会倒戈。如果这样的话，还有社会党什么事？武村等人得知联合政府推荐海部后，也着实吓了一跳。

一场村山与海部的对决展开了，角斗场是众、参两院。此次的关键在于，河野洋平能否控制住自民党，避免出现党员随意投票的现象。总裁河野、干事长森喜朗、政调会长桥本龙太郎等人为此做了大量工作。不过，有了几次分裂经历后，谁心里都没底。

1994年6月29日，众议院举行大选，投票选举首相。投票前，武村的心中掠过一丝不安。为放松情绪他去了洗手间，发现小泽一郎也在那儿。"小泽，您做了件很了不起的事啊。""嗯……""不知道会怎么样？""不知道。"突然，首相提名大会开始的铃声响起，两人结束简短对话，并肩向会场走去。

投票开始了，谁都不知道结果如何。最终，村山富市获得241票，海部俊树获得220票，双方都未过半数。纠缠到第二轮，村山获261票，海部获214票。众议院议长土井多贺子兴高采烈地宣布："本院任命村山富市先生出任首相。"并带头鼓掌，掌声和叫喊声四起。村山还没反应过来，在旁人的提醒下，他才起来行了个礼。从片山哲内阁算起，阔别政权四十七年的社会党终于再次尝到了梨子的滋味。村山富市出任首相，自民党和先驱新党加入政权。小泽一郎怒不可遏，抨击这是"野合政治"。

6月30日，村山内阁成立，为自民党重夺执政权迈出关键一步。在自、社、先三党联合政权内，自民党占内阁半壁江山。此时，它已摆脱了在野党的身份。然而，对战后第二次执政的社会党来说，这更是难得的机遇，毕竟社会党已经在野四十七年了。老党员村山富市应该最有感触。

村山富市

1924年3月3日，村山出生于大分县的渔民家庭，高小毕业后就来到东京打工，一边工作一边在夜校求学。日美开战后第二年，他从夜校毕业，随后考入明治大学夜间部攻读政治经济学。跟很多少年一样，他当时也有为国捐躯的情怀，但在穗积五一开办的私人学生宿舍住宿期间，村山接受了不同的思想。穗积五一对日本侵略战争给亚洲带来的灾难感到痛苦和自责，村山的思想也随之发生转变。1944年，他被招入军队当二等兵，才对所学有了切身的体会。那里是长官之命即为天条的野蛮训练营。幸好，一年后日本投降。

1947年，他加入成立不久的社会党。在那年的众议院选举中，社会党大胜，片山哲当选首相，但不到一年就倒台了。看到党内左右两派的对立致使政权瓦解，村山立志要维护党内团结。1972年，他当选众议员，进入国会社会劳动委员会。1988年，他进入预算委员会任理事。他不显山不露水，做了很多脚踏实地的工作，以"坚守自己的诺言"赢得了众人的信赖。

1991年，社会党召开临时代表大会，村山被推举为国会对策委员长。正是在他的领导下，社会党采取"牛步战术"，为反对通过出动自卫队的PKO法在议会顽强抵抗。1993年，山花贞夫承担败选责任辞去社会党委员长职务，69岁的村山富市当选委员长。根据规定，党干部70岁退休，推举他的人估计也没安好心。村山从没想到自己会当选首相，但命运往往出人意料。

面对汹涌澎湃的"6·18政变"，社会党稳扎稳打，虽然席位大幅减少，但村山后发制人，终使社会党取得政权。

1994年7月6日，刚刚上任一周的村山富市带领外相河野洋平、大藏相武村正义参加了在意大利举行的七国首脑会议。人们惊奇地发现，日本首相自己拎包，穿的西服不是量身定制的，而是匆匆选购的便宜货。鉴于村山连大臣都没当过，外交技术官员告诉了他三条秘诀：一是不讲话；二是见摄像机就笑；三是不要急着想回国。

想不讲话不太可能，过去社会党采取的是反美立场，美国对该党的上台必然有所顾虑。中央情报局提供给克林顿的材料称村山是"不可靠的、意识形态色彩很强的人物"。7月8日，村山首先与克林顿会谈，他上来就用"外交照旧，内政改革"堵住了克林顿的嘴，他介绍了自己的经历和社会党的政策调整，表示希望加强日美关系，坚持《日美安保条约》。克林顿亲眼见到的村山是堂堂长者，两道长长的白眉颇有仙风，气质跟林肯总统相仿。他觉得此人务实，没有意识形态色彩，更不是什么洪水猛兽。原定只会谈十五分钟，结果四十五分钟后，会谈还在继续。村山侃侃而谈地给克林顿上起了课。

或许是由于谈完之后精神一下放松，村山当晚就病倒了，剩下的工作只能由河野代劳。媒体这才发现，首相连随行医生和护士都没带。然而生病不是坏事，因为其他几国正打算联手让日本进一步开放市场。这下，大家都不好意思再提了。

回国后，为应对国会质询，村山主动采取了政策转向措施。社会党主张经济上的社会主义，承认阶级划分，要求实行某种形式的阶级统治。放眼望去，与其主张最相像的就是日本共产党了。遵守现行《宪法》，坚持非武装中立论，反对《日美安保条约》，认定自卫队的存在违宪，不承认太阳旗、《君之代》为国旗和国歌，反对建立核电站等，这些都是社会党的原则和立场。鲜明的特色使该党牢牢占据着第一大在野党的位置。

但随着冷战的结束，柏林墙倒塌，两德统一，苏联解体。外界的变化和日本的现实都已不允许执政的社会党再坚持原来的路线了。

1994 年 7 月 20 日，村山富市在众议院会议上说："请诸位听好，我认为自卫队符合《宪法》，日美安保体制也是必要的。"其话音刚落，自民党全体鼓掌。谈到非武装中立路线时，他说："在国际冷战结构瓦解的今天，其作用已经结束。"在把太阳旗作为国旗、把《君之代》定为国歌、建立核电站的问题上，村山表示赞成。9 月 3 日，社会党召开第 61 次临时代表大会，尽管意见分歧严重，大会仍然通过了《对当前政局的基本姿态》决议，同意了村山的主张。

虽然社会党在主动地适应变化，结果却是越适应死得越快。因为这样大转弯之后，他们跟自民党就没有明显的区别了，其铁杆选民将大量流失。社会党内酝酿着分裂情绪，然而，一场天灾又将它暂时平息了。

1995 年是日本不平凡的一年，当年的 1 月 17 日清晨 5 时 46 分，关西大阪至神户一线发生 7.3 级的阪神大地震，40 秒的剧烈晃动造成

6430人死亡，3人下落不明，43 782人受伤。房屋倒塌了20万余间，32万人需要住进合租屋。在灾害面前，政坛的纷争突然中止，原本打算脱党的社会党前委员长山花贞夫宣布将继续留在党内。新进党党首海部俊树表示"救灾是全体政治家的责任"。在野党对政府的质询也将推迟十天进行。然而，就算给村山再多时间，他也很难应付。

由于是联合政权，任何事情都得三方协商一致才能推进。这类政权就怕处理突发事态，却偏偏赶上了。地震发生时，村山还没起床，没人告诉他发生了什么，他是从电视上得知的。按照规定，出动自卫队救援需要受灾地区知事申请或首相命令。然而，兵库县知事接到的是"死亡4人"的错误报告，因此并没提出申请。而村山在召集内阁紧急会议时，连错误报告都没有，任何灾区信息全无，致使自卫队整整延迟半天才出动。

当时，许多国家的救助队申请前往救援，都被日本政府拒绝了。美国第七舰队都已停泊在神户湾，准备出动直升机搜救，却始终得不到日本政府的许可。

在受灾最重的神户，首先赶到救援的不是自卫队，而是黑社会暴力团伙山口组（该组织的总部在神户）。民众痛批政府应对迟缓、指挥不力。面对记者的逼问，村山竟然这样解释："怎么着也算初次应对这种状况吧？"即使其应对速度再快，也难免招致批评。但这样的回答太要命了，他天真的辩解给人一种社会党没有经验、无力担当大任的印象。《产经新闻》毫不客气地指出，为"日本丸"掌舵的应是在惊涛骇浪面前富有经验的"一流船长"，而不是连"驾驶执照"也没拿到的"水手"。

现在说什么都没用了。1995年3月20日上午，东京地铁正值人流高峰，一辆列车刚刚进站，乘客们蜂拥而出向公司奔去。这本该是个普通的早晨，然而，突然有人咳嗽，有人倒地，许多人因看不见东西而捂着眼睛。当场共有12人死亡，5500多人受伤。原来，有人在东京地铁的五趟列车上投放了沙林毒气。

事发后，村山首相指示，立即救助伤者并严惩凶手。可问题是，谁是凶手？日本警方一时找不到任何线索，最后还是美国方面提供了情报。3月22日，2500名警察和自卫队防化部队包围了奥姆真理教总部，并对该教的25个据点进行了强行搜查，最终将目标锁定在了教主麻原彰晃（半盲人）身上。

就在警方拼命搜捕的时候，3月30日，调查此事的警察厅厅长国松孝次在自家门前被枪击成重伤。事后，有匿名电话要求警方停止调查。4月19日，横滨候车站再次遭到毒气袭击，近400人中毒。舆论大哗，要求彻底剿灭奥姆真理教。

5月16日，搜查人员终于在上九一色村的"真理6号堂"二层与三层之间一尺高的密室里，发现了自称明太祖转世的麻原彰晃。警方还找到了其骨干成员早川纪代秀的笔记，上面清楚地记录着，他们准备利用当年11月的国会开幕之机，出动两架俄制军用直升机在东京上空喷洒毒气，计划消灭市民1000万以上。有一架直升机就停在其总部门口，看来他们已决定破釜沉舟了。麻原认为，如果这个计划得逞，他就可以趁乱控制日本。

日本人还没从大地震的阴影中走出，就又碰上了这样一个大疯子。经此天灾人祸，民众的怨气自然冲着政府发泄。更何况，社会党之前一直是反对增税的，执政后却在自民党的压力下通过了上调消费税的法案（由3%调到5%）。民众对其两面派的做法相当不满。

正在此时，1995年7月的参议院大选到来了，社会党再遭惨败，从61席直跌到38席。在数字就是力量的日本政坛，村山感到已力不从心。选举过后，他询问河野洋平有无接任意向。河野认为时机未到，固辞不就。河野老成持重，希望把社会党的实力彻底消耗光再上去。然而，他的党却不允许他这么做。

自民党已经按捺不住了，党内对河野洋平的"软弱"非常不满。在当年9月举行的自民党总裁选举中，河野迫于形势退出竞选，以重夺政权为号召的桥本龙太郎继任总裁。

假面的告白

种种迹象表明，社会党如果再不发挥其影响力，将会不光彩地下台。眼看就到终战五十周年了，为此，社会党希望将日本反省过去的决心写进国会决议中。在商讨决议的内容时，右翼势力成了拦路虎，自民党200多名议员组成联盟进行抗议。新进党中有很多人跟自民党意见相同，只是为了分化村山内阁才支持通过该决议的。在各方角力下，决议几易其稿，内容越改越模糊，字数越删越少。在表决前，新进党露出本色，又要求对其中两处内容进行修改。遭到拒绝后，新进党索性退出了投票。《接受历史教训再次表达和平决心的决议》最后以强行通过的方式被议会接受。

面目全非的决议最后只剩下几行字：

　　本院于战后五十周年之际，对全世界的战亡者及因战争而牺牲者，献上诚挚的悼念。

　　记取世界近代史上多次的殖民地统治及侵略行为，认识到我国过去的所作所为给他国国民特别是给亚洲各国人民带来的痛苦，在此深表反省之意。

　　我们必须超越战争历史观的差异，谦虚地吸取历史教训，致力于建立和平的国际社会。

　　本院根据《日本国宪法》持久和平的理念，在此表示愿与世界各国携手，寻求人类共同的未来。

此公约看上去像是给别国写的，改几个字用在意大利身上也行。首相明白这样肯定通不过。

1995年8月15日，村山发表了著名的"村山谈话"，称日本过去的殖民统治和暴行给亚洲和其他国家的人民带来了"巨大的伤害和痛苦"，他为此做出"衷心的道歉"。"村山谈话"曾被此后的日本首相多次引用。利用终战五十周年的和平契机，村山政府制定了《原子弹爆炸受害者支援法》。为解决慰安妇问题，政府建立了"亚洲女性和平基金"，向受害者提供一次性赔偿。至此，村山政府总算发挥了社会党的影响力。然而，突发事件又来了。

1995年9月4日晚8时许，家住冲绳北部的一个12岁女生出去买本子，迟迟未归。父母急得到处寻找，9时过后，留守家中的哥哥从电话那头听到了妹妹已不成声的哭泣。当家属随警车赶到现场时，少女衣衫褴褛，下体大量出血，惨不忍睹。驻冲绳基地的三名美军有预谋地强奸了该幼女，他们为此还专门借了辆车，待女孩出现后将其拖入车内强暴。

事件曝光后，冲绳民众走上街头抗议。外相河野洋平向美国驻日大使提出抗议，蒙代尔表示："三只野兽引起的可憎事件令人感到遗憾、可耻。"克林顿总统也说："感到愤怒，对事件极感遗憾。"虽然说得漂亮，但美方依据相关法律就是不将三名罪犯移交日方。

因为美军基地使用的部分土地即将到期，愤怒的冲绳地主表示不同意续约。村山政府感到为难，如果强制续约，民众肯定不能接受。如果解约的话，将动摇日美安保体制。执政三党经过协商，提出了对美军基地"整顿、合并、缩小"的方案。村山据此发表了尽量与美方达成协议的讲话。没想到，此言一出，防卫设施厅长官宝珠山升直接辱骂首相"愚笨"，认为政府不应感情用事。虽然宝珠被迫辞职，但仍对首相的权威造成了恶劣影响。

1995年是泡沫经济被捅破后最怪异的一年。日元狂升到了1美元兑79.75日元的历史最高点，同时股价跳水。日元升值的双刃剑发挥着奇妙作用。虽然日元在不断升值，日本产品在亚洲仍然大受欢迎。局势好坏参半，但首相对经济问题始终没有紧迫感。青年学生们大声呼吁："村山富市，剪掉你的长眉毛！"

村山没有剪掉眉毛，他已经打退堂鼓了。1995年12月上旬，村山和武村在赤坂的寿司店吃晚饭。"我很累了。"村山向着月光满照的庭院看了好几遍，轻声叹息着说。武村仍像以往那样极力劝说，但这次好像没用了。村山最终只答应坚持到过完元旦。

1996年1月5日，村山富市以"人心一新"为由突然辞职，把首相之位"禅让"给了桥本龙太郎。接着，他将社会党更名为社会民主党，自任党首。

自民党重夺政权

失落两年多的自民党重夺政权，首相宝座上终于换成了自己人。

桥本经"禅让"赚得首相之位，看似轻松，其实，他争取首相的路完全可以用悲摧来形容。桥本龙太郎的父亲桥本龙五是佐藤派的著名政治家，桥本继承其父衣钵得以进入政界，逐渐成为竹下派的一员干将。然而，他骄傲、易怒，性情乖张，在党内少有人追捧他，形同独狼。

于是，他自成一派。桥本头脑敏锐，果断敢行，"三角大福中"时代过去后，他被公认为党内的一流剑客（桥本是剑术五段）。1989年，桥本就已对首相之位发起冲击。当时宇野宗佑因包养艺妓下台，政坛波动，桥本极力争取，获竹下派推荐其接任首相。然而，就在基本已成定局的时候，一个女人给自民党元老打来电话，投诉桥本人品不正。经查发现，他确实跟夜总会老板娘和银座陪酒女等风流女性关系暧昧。刚送走一个宇野，哪敢再来一个这样的？自民党马上把桥本排除了。

海部俊树接任首相后，出于对桥本的照顾，给了他一个大藏相的美差。桥本于是又瞄准了海部之后的位子。当时《读卖新闻》做的下届首相人选舆论调查显示，桥本排名第二，仅次于海部。结果，在他任职大藏相期间，证券丑闻曝光，涉及十七家证券公司向大客户提供"损失补偿"，一些证券公司还向黑社会势力提供优惠交易条件，使之获利上亿元，而大藏省涉嫌与证券界勾结，默认此事发生。同时，桥本的私人秘书插手富士银行的违法交易丑闻也被爆了出来。严峻的事态让桥本出了一身冷汗，他想辞职不干，却被自民党元老拦住了，要他把事情摆平再走，桥本只好硬着头皮处理丑闻，再次与首相之位擦肩而过。

1993年，宫泽喜一内阁风雨飘摇时，桥本认为又有机会了，便再次出马捞取首相之位。结果，金丸信因弊案辞去竹下派会长之职，小渊与小泽发生一番争斗后，竹下派分裂，桥本所在的小渊派沦为第四大派，已无力推举他出任首相。不过，这次他不用嫉妒任何人了，自民党很快就成了在野党。

这回桥本彻底变踏实了，人踏实下来往往才能做出成绩。自民党在野期间，桥本任政调会长，他与河野四处奔波，共度党难，还写书为党打气，表现出了坚定的意志，让人们看到了其能力和忠心。桥本也很会展现"魄力"。在担任村山内阁通产相期间，他就曾带头参拜靖国神社，结果越参拜人气越高。他发型板正，头发油亮，日本女性反而更喜欢他。

当时是联合政权时期，自民党已经有过失败经验：不能只看派阀，更要看人气。桥本的高人气被大佬们看重，获得了跨党派的支持，河野洋平因此退出选举。

1996年1月，桥本内阁成立，依然是自、社、先三党联合，新内阁中自民党占12人，社会党6人，先驱新党2人。村山和武村都未入阁，自民党的发言权大增。

桥本上台伊始，有件事亟待解决，那就是冲绳美军基地征用土地的问题。因前一年发生的美军强奸少女案，冲绳县知事大田昌秀拒绝代表土地所有者在向美军提供土地的文件上签字。桥本被迫起诉大田昌秀。1996年8月28日，最高法院判决政府胜诉，命令大田签字。随后，9月8日，冲绳县居民投票表决是否赞成整理冲绳基地，结果投票率为59.53%，赞成票占有效选票的91.26%。9月10日，内阁决定拿出50亿日元作为基地特别调整费。同日，桥本与大田知事举行会谈，大田昌秀的态度有所好转。9月13日，大田知事表示愿意在相关文件上签字，桥本撤回诉讼。

1996年，日本经济出现回暖迹象。然而，几年经济萧条期间产生的不良债权问题不断涌出。其中，住宅金融专门公司持有大量难以回收的贷款债权，问题最严重，波及国际信用。由于在泡沫经济时期，"住专"曾大肆炒作房地产赚取横财，因此，如今他们投资的不动产价格大跌、出现巨亏时，百姓强烈反对用税金填补。但是，如果"住专"倒闭，牵扯面巨大，包括农协在内都会受到损失。1996年6月，国会以保护金融系统和存款者利益为名，通过了注资

6850亿日元挽救"住专"的《关于促进特定住宅金融专门公司债权债务特别措施法》。

不良债权的冰山一角暂时被封住了，日本政坛却依然波澜壮阔。1996年9月28日，鸠山由纪夫、菅直人、横路孝弘等人成立民主党。此时，新进党的党首已换成小泽一郎。所有的政坛重组都是冲着下届众议院大选去的。

1996年10月21日的众议院选举是民众对各政党三年来表现的总盘点。自民党获得239席（增加28席），首次参选的新进党获156席（减少4席），新成立的民主党获52席，而刚改名的社会民主党（原社会党）仅得了15席。

自民党虽然仍未过半数，席位却有所增加。民众对三年来政局的动荡心生不满，这让桥本的地位暂时得到了巩固。

昙花一现

1997年1月，趁着大选取得的业绩，桥本龙太郎同时推出行政、财政、社会保障、经济、金融、教育六大改革。这是历任内阁没人敢干的事情。桥本并不是头脑发热，他认为，如果将改革集中在某一点，必然会招致反改革势力的全力阻挠，而提出六大改革方案后，反改革势力看到其他领域都在变，也就不得不同意了。桥本利用了日本人喜欢横向比较的特点，以毒攻毒，确实收到了一些效果——中央省厅整编和金融改革部分实现。

不过，这只是昙花一现。随着1997年4月的到来，政府开始征收5%的消费税（之前为3%），医疗费上涨，财政改革产生的通货紧缩加剧。国民的消费热情随之降低，加上亚洲金融危机爆发，刚刚复苏的经济在1997年下半年夭折。因不良债权问题严重，山一证券和北海道拓殖银行相继破产。

为了稳住政权，桥本试图在外交上打开缺口。1998年4月，俄罗斯总统叶利钦访问日本。桥本深知俄国此时政局动荡，国力衰弱，想借机提出请俄国归还北方四岛，在此基础上划定新边界。叶利钦虽然对桥本的提议做出了积极回应，可谁又知道他不是想以此为诱饵换些经济利益呢？俄罗斯国力不济之时都不肯放弃其占据的领土，待其国力上升，就更不会放弃了。

由于外交上没能取得业绩，而内政上民众又把景气夭折的责任归咎于政府，在1998年7月12日进行的参议院选举中，自民党惨败，议席未过半数。当天下午，桥本龙太郎即宣布辞职。他说："失败的责任在我一人，所有责任由我一人承担。失败是因我力量不足所致。对此我不想讲更多。"

"独立三边静，轻生一剑知。"败选辞职者常有，但没见过这么快的。桥本毫不犹豫地砍下首级奉上。他下台后，自民党选举新总裁。小渊惠三、梶山静六和小泉纯一郎宣布竞选。《朝日新闻》刊登了一幅漫画，生动地描绘了当时的选情。漫画里，桥本背对着总裁候选人的招贴画心中窃喜："这三位还不如我呢。"

田中真纪子更是给予了尖刻评论，说这是"凡人"（小渊）、"军人"（梶山）和"怪人"（小泉）的争夺。在民众眼中，小泉纯一郎是改革派，梶山是保守派，小渊是最没个性魅力的中间派。

在夹缝中成长起来的人，在表面上你是看不到其个性的。小渊出生于群马县，虽说继承了父亲的从政地盘，但那地方还有福田赳夫和中曾根康弘，二者都不是一般的厉害。

小渊曾说："福田开的是高级餐馆，中曾根开的是大饭店，我则是被夹在中间的小拉面馆。"他说自己就像生存在福田和中曾根两座大山间的狭窄溪谷中的一朵百合花，但这朵百合还次次都能当选（中选区第三名）。

他是那种做事不爱说、富有洞察力的人。世事虽然磨去了他不少棱角，但"凡人"很有韧性。当初，小渊看中了有"日本美人"之称的千鹤子。为了追求美人，"凡人"九个月内寄出了三百多封信和明信片，终于用诚意打动其芳心，抱得美人归。

从政之后，小渊一直跟随着自民党主流，继而成为竹下登亲信中的亲信，竹下因闹独立惹恼田中而陷入窘困时，小渊一直陪在他身边出谋划策。但是，由于长期居于人下，小渊缺乏权威性。金丸信辞去竹下派会长后，小渊虽被指定为继任会长，但小泽一郎还是脱派自立了。但令人没想到的是，他仍竭尽全力，凭借出色的组织和斡旋，经过五年打拼，又把本派重新发展成自民党第一大派。

相比之下，梶山和小泉的实力就差多了。小渊在总裁选举中轻松获胜。不过，众、参两院提名首相时还是出现了尴尬的一幕。由于自民党在参议院的席位不足半数，参议院选出的首相是菅直人（民主党），众议院选出的是小渊惠三。最后根据众议院提名决议优先原则，小渊才出任首相。

在发表施政演说时，小渊提出了"富国有德"的概念，这是他的智囊团出的主意。他心里明白，德虽然重要，富才是前提，现在最要紧的是让日本经济尽快走出低谷。为此，他三顾茅庐请出前首相宫泽喜一出任大藏相，又延揽了包括堺屋太一（经济评论家）在内的四位民间人士入阁。1998年7月30日，小渊完成组阁。

为了刺激经济，小渊上台后将桥本的财政改革法无限期冻结。为克服金融危机，他制定了《金融再生法案》，实施积极的财政政策，推出了总额为10万亿的减税措施。从1999年起，日本经济出现缓慢恢复，但也累积了巨额财政赤字。

鉴于自民党在参议院的席位不足半数，小渊内阁要想重振经济，没有在野党的配合是不行的，为巩固执政基础，他仍须联合其他党派。小渊思虑再三，想到了曾经的对手小泽一郎。此时的小泽早已不那么威风了。1997年12月，曾经雄心勃勃的新进党在一片纷乱中解散，小泽带领部分议员另组自由党（共有54名议员）。

1998年4月，部分原新进党议员加入民主党，成立"新民主党"，使该党实力大增。在这种情况下，小泽的自由党出现被边缘化的趋势。为了寻求出路，他也想与自民党合作。小渊与小泽经过两个月的协商，最终达成协议。

1999年1月，小渊惠三改组内阁，组成了"自自联合"政权。有了自由党加盟，小渊钝牛研角的干劲上来了。

1999年5月，国会强行通过了"日美防卫合作新指针"三法案，

8月又陆续通过了《国旗国歌法》《组织犯罪对策相关三法案》等积压多年、久拖未决的法案。

1999年10月，公明党也加入政府，组成了"自自公"联合政权。按说联合政权应该更加稳固的，不过，那得看跟谁合作了。由于自民党和公明党在参议院拥有过半数的席位，自由党觉得自身的存在感降低。"破坏王"又想招了，他施展成事不足、败事有余的功力，不断向小渊发起挑战，公开批评自民党自食其言，不兑现当初联合执政的承诺。他建议小渊解散自民党（从自民党分裂出去），与自由党结成新的保守政党。

重要转折——森喜朗

2000年4月1日，最后的谈判开始。小渊惠三、小泽一郎和公明党的神崎武法举行三方会谈，一致同意取消三党联合政权。

4月2日凌晨，小渊惠三突然中风住院。首相以前也患过心脏病，一切既出人意料，又在情理之中。

4月2日晚，官房长官青木干雄召开记者会（持续4分钟）向媒体通报了首相生病的消息。记者们都感到突然，精力充沛的小渊怎么会突然病倒？青木只说首相是因过度劳累住进医院的，首相意识清楚，也可以说话。

　　4月3日上午，青木干雄再次召开记者会（持续15分钟）。他告诉记者小渊的病情急转直下，越发严重，现在已经处于昏迷状态，只能靠心脏起搏器维持生命，他本人将代理首相之职。

　　随着媒体的不断报道，民众越发感到震惊：从首相住院到召开记者会，青木干雄为何推迟了22个小时才通报消息？首相究竟是何时突然病倒的？一向健康的小渊又是如何生病的？日本民众不禁要问："到底发生了什么？"

　　这一切就像有一只手在背后操控着。小渊已没有苏醒的可能。4月3日，叫嚣脱离联合政权的自由党分裂，近半数议员成立保守党。4月4日晚，小渊惠三内阁集体辞职。4月5日，自民党、公明党、保守党联合推举森喜朗出任首相。短短四天，小渊就成了前首相，媒体的关注度立刻下降。关于他的病因，大家也就不再追问。

　　首相的突然倒下（5月14日病逝）让久违的密室政治又有了用武之地。4月2日，首相病发当日凌晨，青木干雄就通知了党内的重要人物，青木干雄、森喜朗（干事长）、野中广务（代理干事长）、村上正邦（参议院自民党会长）、龟井静香（政务调查会会长）五人出席会议，并就此事展开紧急磋商。

　　几经权衡后，加藤弘一和山崎拓两位派系领袖首先被排除，因为他们都反对联合政权。有力候选人还剩森喜朗和龟井静香，由于两人的立场不合，会上五人都长久不发一言。最后，村上猛吸一口烟后率先开口："为什么不选择森喜朗？"龟井表示同意。在密室呛人的烟雾中，首相人选确定了。

　　森喜朗与小渊两派实力相当，当初小渊上台，作为干事长的森喜朗曾鼎力相助。两人私交甚密，还是早稻田大学的同班同学，没人比他更合适了。

2000年4月5日，森喜朗获众议院同意当选首相。但这首相是谁"封"的呢？对此，自民党没有向民众做任何说明，不经过党内选举就任命首相，完全是暗箱操作。森喜朗本人仅有的名气都跟弊案有关。这位福田赳夫的"贴身保镖"到底是什么来头？

森喜朗是借给岸信介派的议员今松治郎当秘书的机会进入政界的。1967年今松去世，1969年森喜朗回到家乡石川县竞选众议员。因资金不足，准备又不充分，他未获得自民党提名，连家人都不看好他。凑巧的是，当时发生了一场火灾，森喜朗拼命跑去救火，冒险从火场抢出一座佛坛。当地人大多信奉佛教，因此对森喜朗的好感大增。投票前，岸信介还亲自前来助选，结果森喜朗以高票当选。此后，森喜朗加入岸信介派，岸信介又把他推荐给了福田赳夫。福田当时正在为手下缺少年轻人而发愁，于是对森喜朗悉心培养，森喜朗也自称是福田的保镖。在"角福战争"中，他到处奔走游说，当福田落选时，森喜朗竟难过得放声大哭。之后的三十年，历经变迁，福田派转为安倍派，安倍派又转为三冢派。1998年，森喜朗接替三冢博出任会长，成为首相也是实力使然。

森喜朗上台后留用了小渊内阁的全体成员，他宣称："我被赋予的责任就是继续执行小渊总裁的政策与课题，稳定日本经济。"与小渊一样，森喜朗也不擅长推出政策理念，但作为早稻田"雄辩会"的成员，他对自己的口才有"信心"。

5月15日，森喜朗在"神道政治联盟国会议员恳谈会"上致辞时说:"希望国民牢记,日本是以天皇为中心的神之国。正是在这一宗旨下我们努力了三十年。"这一讲话违背了日本《宪法》中主权在民和政教分离两项原则,立即遭到舆论痛批。5月17日,森喜朗就此道歉,但拒绝收回发言。

对于一个靠"克里姆林宫式决策"上台的首相,在野党正准备发难,机会就自己送上门来了。5月底,在野党以森喜朗缺乏做首相的资格和素质为由向众议院提交了不信任案。虽然该案通过的可能性不大,但按照自民党的规定,森喜朗借此提前解散议会举行大选,还处心积虑地将投票日期定在小渊惠三的生日——6月25日。

这届众议院大选将采取小选区比例代表区并立制,这对所有政党都是考验。在野党憋足了劲儿,森喜朗更是不敢怠慢,他在选前公布了日本经济由长期萧条转为增长的消息,以唤起选民对政府的信心。刚巧6月19日前首相竹下登去世,自民党又借给竹下登办葬礼之机进行宣传,以博取民众的同情。森喜朗站在两位巨人的肩膀上竞选。即便如此,他还不放心,选举前,即6月20日晚上,针对媒体报道的约四成选民还没有确定投票意向一事,森喜朗说:"希望在选举中尚未拿定主意的四成选民继续睡觉。"

在众议院大选中,自民党获得233席,民主党夺得127席,由于总席次的减少,自民党过关了。森喜朗的地位没有被动摇,他继续拉拢公明党的神崎武法和保守党党首扇千景维持联合政权,并进行内阁改组。

掌握了话语权的森喜朗内阁实施了中央省厅整编,为充分发挥首相的领导权,政府成立了内阁府,并在《新内阁法》中明确写入首相在内阁会议中拥有动议权。此外，大幅缩小大藏省的权限，改其名为财政省。大藏省是政府最重要的部门，在金融、财政和税收上起主导作用，还能通过分配经费、审批年度预算来牵制其他各省。该省历来与垄断财团关系密切。因此，单单缩小大藏省权限一项，就是了不起的业绩，透露出福田派对田中派盘踞之地的清算。而且首相还把"IT革命"作为振兴经济的关键政策，方向也是对的。

森喜朗并非没有作为，但他屡屡失言，严重影响了其执政绩效。面对在野党质疑他上台的方式，森喜朗反驳说："形容我像野种一样，关起门出生，是极为不妥的。"朝野闻之愕然，"野种"这种词，普通百姓都很少用，何况是用在首相身上。他还说日本色情业的泛滥始于大阪，可媒体随即就爆出他年轻时曾在东京红灯区召妓并被警察当场逮捕。

森喜朗内阁的支持率始终就没上去过，一直在低位徘徊，最低时只有6.5%。有家面馆老板干脆拿他的低支持率为顾客打折招揽生意。2001年1月，他接见悉尼奥运会冠军并与之握手的照片竟被《读卖新闻》的编辑裁掉一半，人们在照片中只能看到马拉松冠军高桥尚子，而旁边的森喜朗只剩一只手。这把他气得够呛。

2001年2月10日，美国一艘核潜艇在夏威夷附近海域进行训练时与行经此处的水产学校的实习船"爱媛号"相撞，九名船员和实习高中生落水失踪。森喜朗当时正在打高尔夫，得到消息后，他仍坚持打满全场。消息传出后，民众痛批他严重失职。实习船翻了，他的这条船离沉没也不远了。首相之位的继任者正是森喜朗派的前会长小泉纯一郎。

　　森喜朗内阁看似平常，只是小渊与森喜朗两个同学间的交接，实际上却是权力从旧田中派转向旧福田派的重要转折。若森喜朗没有上台，小泉内阁就不会那么快实现，安倍晋三和福田康夫内阁也不会出现。

后　记

本书完成于公元2000年，恰是日本平成十二年。完成此书的时候，我已经出版了一部白话韩国近现代史，截止的年份也是2000年。千禧之年，千年一遇，许多人在这一年都有不平凡的经历，国家也是如此。

历史需要有一定的空间来回味。虽然说，昨天就是今天的历史，但你若要回头细看，还是需要一定的时间沉淀的，这个时间点落脚在千禧年，我以为是最好的。

21世纪的日本就是延续着这样的轨迹走过来的。世间的神秘只存在于自然界，政治、经济和文化领域没有神秘可言，都是人创造的，或者人扮演的。如果谁确定地说有，只是做了坏事不敢承认罢了。

战后的日本具备了一个民主社会的基本要件。它拥有新闻自由、结社自由，还拥有具备实力的在野党和独立的司法系统。在这样的层层监督下，自民党内竟还生发出如此多弊案。设想，如果没有这些，将是什么后果？那样的话，日本可能只是个三流国家。是人就有瑕疵，政治家更不例外，相信人不如相信制度，但制度也要靠人来维持。

受政治变化不宁的影响，日本经济虽然曾走入瓶颈，但数十年的发展成就有目共睹。

日本是很善于吸收借鉴的民族，在国际交往中，他们更看重实际效益，而不是表面的风光。最近五年，日本吸引了大量的中国游客。2017年，赴日本旅游的中国大陆游客达735万人次，连续三年名列首位。最新统计显示，一年中，中日跨国婚姻超过一万对。现实表明，现在的日本已与过去大不相同。

然而，由于历史原因，部分国人至今仍不愿正视日本，依然用"二战"前的眼光看日本，对日本战后的巨大变化视而不见。他们眼中的日本与现实形成鲜明反差。

日本是一面镜子。当你用狭隘的眼光看这个世界时，你人生的道路也会变得狭隘。那些用与时俱进的眼光看世界的人，早已远远地把你甩在身后。

诚然，我们不能忘记历史，要声讨日本军国主义的罪恶，时刻保持警惕，但我们对日本的认识不能停留在以前。

我们经常讨论人与人的贫富差距，而人与人的真正差距，是在思想和格局上。只要你冷静地观察，就不难看出真相。

　　如今，中国人研究日本已经不能只看《菊与刀》了。同样，日本人解剖中国也不能只盯着《阿Q正传》。双方都在进步，都在为寻找新方向而努力。愿以邻为鉴，可知兴衰。

徐杭

2018.5.31 于北京